Wolfgang Koydl **33 Dinge, die man in der Schweiz unbedingt getan haben sollte**

Wolfgang Koydl

# 33 Dinge, die man in der Schweiz unbedingt getan haben sollte

Ein teutonischer Selbstversuch

**orell füssli** Verlag

Lektorat: Regula Walser, Zürich
Umschlaggestaltung und Motiv: Hauptmann & Kompanie Werbeagentur, Zürich
Illustration: Hans Winkler
Druck: fgb • freiburger graphische betriebe, Freiburg

ISBN 978-3-280-05494-9

Bibliografische Information der Deutschen Nationalbibliothek: Die Deutsche Nationalbibliothek verzeichnet diese Publikation in der Deutschen Nationalbibliografie; detail-
lierte bibliografische Daten sind im Internet über http://dnb.d-nb.de abrufbar.

# Inhaltsverzeichnis

## Zu diesem Buch

Als Erstes die einfache Frage: Warum gerade 33 Dinge, die man in der Schweiz unbedingt getan haben sollte? Warum nicht 42 oder 15 oder 100 oder gar 1001 Abenteuer, Ausflüge, Absonderlichkeiten oder auch Arbeitseinsätze, wie ich sie in den letzten Monaten unternommen und erlebt habe? In erster Linie sind es praktische Gründe, und sie haben mit dem Umfang des Buches zu tun, das Sie in der Hand halten. Enthielte es zu viele Abenteuer, dann würde dieses Buch enzyklopädisch anschwellen und die Ausmaße einer mittelalterlichen Kirchenbibel annehmen, die sich hervorragend eignet, schwere Türen am Zufallen zu hindern. Oder die einzelnen Einträge würden auf kleine Infohäppchen zusammenschnurren, wie man sie in Reiseführern findet, die aber weder den Appetit anregen noch satt machen.

Würde ich mich andererseits mit, sagen wir, lediglich einem Dutzend typisch schweizerischen Erlebnissen bescheiden, so würde es zu Recht Proteste hageln. Was, würde man mir entgegenschmettern, so wenig soll die Schweiz zu bieten haben? Für was hält uns dieser Deutsche denn eigentlich? Für Luxemburg oder Malawi? (Um Luxemburger oder malawische Proteste gleich im Keim zu ersticken: Ich bin sicher, dass man auch dort viel mehr erleben kann als nur ein Dutzend blaue Wunder.)

Wie bei so vielen Dingen im Leben lag also auch bei diesem Buch die goldene Mitte genau da: etwa in der Mitte. So zwischen 30 und 45 Stück Schweiz erschien als die ideale Größe. Und die Zahl 33 merkt man sich besser als 37 oder 41.

Nun aber die schwierigere Frage: Warum gerade diese Erlebnisse? Was ist mit Skifahren, Bergsteigen oder der Basler Fasnacht? Wo sind die Äpfel aus dem Thurgau, die Guggenmusik aus Luzern oder die Rätoromanen mit ihrer melodiösen Sprache? Wenn man Fondue essen will, muss man nicht unbedingt Straßenbahn fahren, und wo, bitte, ist die Schweiz von Wissenschaft und Forschung, von Kunst und von Kultur?

Diese Frage ist nicht nur gut, sie ist sogar berechtigt, zeigt sie doch vor allem zweierlei: dass die Schweiz noch reicher und vielfältiger ist, als man sich das ohnehin schon gedacht hat. Und dass man es nie jedem recht machen kann. Außerdem würde ich mir mit Skiern an den Füßen alle Knochen brechen.

Natürlich hätte ich auch andere Schweizer Spezialitäten studieren oder ausprobieren können – und obendrein noch Dutzende von anderen Abenteuern, die ebenfalls typisch sind für dieses Land. Aber es würde immer etwas geben, dem es ebenfalls gebührt, in so eine Sammlung aufgenommen zu werden. Denn in diesem Sinne ist die Schweiz wahrlich unerschöpflich – und damit reicher als so manches größere Land, das viele traditionelle Eigenheiten und Besonderheiten längst über den gleichen Kamm des globalen Mainstream geschoren hat.

All jenen Leserinnen und Lesern, die ihr besonderes »Ding« vermissen, sei zum Trost gesagt, dass man die Zahl 33 ja mit zwei oder gar drei multiplizieren kann. Soll heißen: Eine Fortsetzung dieses Büchleins mit 33 weiteren Dingen, die man unbedingt getan haben sollte, ist grundsätzlich und jederzeit denkbar.

Erklärungsbedürftig bleibt auch das Wörtchen »unbedingt«. Es ist nicht wirklich unbedingt notwendig, zu Fuß durch den Gotthard-Tunnel zu laufen oder bei einem eidgenössischen Schwingfest selbst Hand anzulegen, um die Schweiz und ihre Bewohner zu verstehen. Man kann sogar auf Schweizer Zeitmesser verzichten, da auch Uhren aus deutscher Fabrikation zuverlässig und präzise ticken. Und Genf kann sogar an einem hellen Sommertag reizvoll sein. Kein Grund, unbedingt auf einen Regentag zu warten, um die wahre Atmosphäre in sich aufzunehmen.

Aber auf irgendeine Weise sollte man den Gotthard schon einmal überwunden haben – mit Bahn, Auto oder als Wanderer –, wenn man ein abgerundetes Bild von der Schweiz erhalten will. Denn er ist ebenso Teil helvetischen Selbstverständnisses wie die vier verschiedensprachigen Landesteile und der Geschäftssinn, der Erfindungsgeist und die Tüftelei ihrer Einwohner. Und Brauchtum, egal ob in Form von Schwingerhosen, Kuhglocken oder »urchigen« Wetterpropheten, gehört noch sehr viel unmittelbarer zum Selbstverständnis dieses kleinen Landes als anderswo, wo Traditionen oft ausschließlich zu Touristenattraktionen verkommen sind.

Man sagt, dass Schreiben eine einsame Beschäftigung sei, und darin steckt viel Wahrheit. Bei diesem Buch war das nur teilweise richtig, denn meine Ausflüge brachten mich mit vielen Menschen in allen möglichen Berufen, Hobbys und Lebensbereichen zusammen.

Mein aufrichtiger Dank gilt ihnen, jenen 33-plus Schweizerinnen und Schweizern, die dem neugierigen Fremden gastfreundlich ihre Almen, Arenen und Arbeitsplätze geöffnet, ihn in ihre Geheimnisse eingeweiht und seine manchmal dämlichen Fragen mit Engelsgeduld beantwortet haben. Sie alle waren freundlich, herzlich und ausnahmslos stolz auf das, was sie tun: egal, ob sie einen Postbus durch die Berge steuern, Pferde und Hunde züchten, Absinth brennen oder höheren Töchtern aus aller Welt den letzten gesellschaftlichen Schliff geben.

Was mich vor allem beeindruckte, war nicht nur die Professionalität, mit der sie ihren Beruf oder ihr Hobby ausübten – in der Schweiz versteht sich diese irgendwo von selbst. Vielmehr war es die Leidenschaft, ja, das Herzblut, das sie antrieb und das mich bei meinen kurzen Schnupperstunden in den Bann schlug. Deutschen sagt man nach, dass sie eine Sache allein um ihrer selbst willen tun. Bei Schweizern, so meine Erkenntnis, schwingt immer eine gehörige Portion Savoir-vivre mit. Sie tun eine Sache auch deshalb, weil sie Spaß machen soll – ihnen selbst und anderen. Es ist also doch etwas dran an der klugen Beobachtung: »Schweizer sind keine Deutschen mit einem unverständlichen Dialekt. Schweizer sind eigentlich Gallier, die erstaunlich gut deutsch sprechen.«

*Wolfgang Koydl,*
*Stäfa, im März 2013*

## Der Kloß im Hals als Ausdruck schierer Lebenslust: **Von Juchzern und Jodlern**

Einem Thema kann man sich auf unterschiedliche Weise nähern, je nachdem, wie schnell man zur Sache kommen oder welche Botschaft man transportieren will. Recht beliebt bei manchen Schreibern ist die etymologische Eröffnung, bei der man den sprachlichen Ursprüngen eines Begriffes nachspürt, um daraus mehr oder minder zutreffende Schlussfolgerungen für die Gegenwart abzuleiten.

Beim Thema Jodeln würde man in diesem Fall sehr schnell beim Johlen und beim Jauchzen als Wurzeln dieses Wortes landen, mithin bei Ausdrücken purer, ungehemmter Lebenslust und Lebensfreude – vor allem im ländlich-bäuerlichen Bereich. Schon im Werk des Kirchenvaters Augustinus finden sich Hinweise auf »jubili pastorales« – das Jauchzen der Hirten –, das er wunderschön beschreibt als »das wortlose Ausströmen einer Freude, die so groß ist, dass sie alle Worte zerbricht«.

Ähnlich äußern sich die Gebrüder Grimm in ihrem Wörterbuch. Sie leiten »johlen« (»in Naturlauten schreien, lärmen, jauchzen«) von dem positiven Wörtchen »ja« ab. Das Verb würde dann die lustvoll gesteigerte Kadenz »ja, jaaa, jaaaaa« beschreiben, womit der Ur-Jodler gewissermaßen den Lenden eines besonders leidenschaftlichen Liebesspiels entsprungen wäre. Nicht die schlechteste Vorstellung.

Andererseits kann man ein Thema auch historisch angehen, was in meinem Fall eher familiengeschichtlich wäre. Dies würde in direkter Linie zu meinem Vater führen. Neben einigen Stärken besaß er eine, in meinen Augen, unentschuldbare Schwäche für alpenländische Volksmusik im Allgemeinen und für Jodler im Besonderen. Damit gepaart war seine unheimliche Fähigkeit, bei Autofahrten mit traumwandlerischer Sicherheit immer einen Sender mit seiner Lieblingsmusik zu finden – egal, wo wir uns befanden. Wie ihm dieses Kunststück in Zeiten lange vor der Erfindung digitaler Radios gelang, blieb sein Geheimnis, das er mit ins Grab nahm. Mir freilich verbaute es lange Zeit ein unverkrampftes Verhältnis zu dieser Musikrichtung. Insgeheim hielt ich es mit Goethe, der Jodeln »nur im Freyen erträglich« fand.

Bis ich Franziska Wigger kennenlerne. Tief holt sie Luft, streckt sich kerzengerade, blickt uns alle mit hell funkelnden Augen an, dann beginnt sie. Und ihrem Mund entströmen Töne, die so klar, so hell, so rein sind, als ob ein quicklebendiger Gebirgsbach über glänzende Kiesel herabhüpfte, in dessen Wassertropfen sich die Sonne bricht wie in funkelnden Diamanten. So sehr verzaubert sie den Zuhörer, dass er mit herunterhängendem Kiefer dasteht, als die letzte Note verklungen ist.

Mein Mund klappt allerdings rasch wieder zu, denn ich habe mich daran erinnert, dass ich schon bald selbst werde jodeln müssen, und dies nicht versteckt daheim im Keller, sondern vor aller Augen, vor einer Gruppe fremder, noch dazu schweizerischer Menschen. Linguistische und historische Theorien mögen zwar recht interessant sein, doch bei einem Jodelkurs kommt es auf die Praxis an. Und für das praktische Üben haben wir uns hier versammelt, notabene auch noch an einem ehrwürdigen Ort: im Haus der Volksmusik in Altdorf, wo seit jeher bodenständiges Musikerbe gepflegt, bewahrt und vermehrt wird.

Wir sind zu acht, sechs Frauen und zwei Männer, und ich wundere mich, wie viele Leute Jodeln lernen möchten. Es handelt sich zwar nur um einen Schnupperkurs, aber den meisten Teilnehmenden ist anzusehen, dass ihre Entscheidung schon feststeht. Was sie bisher vielleicht nur klammheimlich unter der Dusche praktiziert haben, soll nun hinausgetragen werden in eine größere Öffentlichkeit.

Wer weiß, vielleicht gibt es ja wirklich das berühmte Jodeldiplom. Ganz falsch kann Loriot nicht gelegen haben. Den Staub von Zeugnissen und Statuten verströmt auch die FKJ, die Fachkommission Jodelgesang, eine Unterorganisation des Eidgenössischen Jodlerverbandes. Sie hat sich der »Pflege, Erhaltung und Förderung unseres Liedgutes und des Naturjodels« verschrieben – »eine nicht leichte, aber schöne und fordernde Aufgabe«. Denn es geht um nicht mehr und nicht weniger, als den Naturjodel für die kommenden Generationen zu bewahren.

Wenn ich in die Runde blicke, müssen sich die Jodelfunktionäre keine Sorgen machen. Knorrig, altbacken oder verschroben im Sinne eines Volksmusik-Stadels nach dem Geschmack meines Vaters wirkt niemand von den Teilnehmenden. Viele sind sogar noch ziemlich jung. Das gilt vor allem für Franziska Wigger, die den Kurs leitet. Wer eine Art von breit in sich ruhender Jodelmatrone erwartet hätte, wäre schwer enttäuscht. Sie ist das, was man gemeinhin als »petite« bezeichnet: eher ein Püppchen von einer Frau. Mit ihrer schlanken, knabenhaften Figur und den feinen Gesichtszügen könnte sie glatt den Octavian im »Rosenkavalier« oder den Cherubino im »Figaro« geben. Singen könnte sie diese Rollen sowieso; vor dem Jodeln hat sie eine klassische Gesangsausbildung absolviert.

Nun ist das Jodeln keine exklusive Schweizer Beschäftigung. Wortlose Silbengesänge kennt man vom Nordpol bis ins Herz von Afrika, von den amerikanischen Prärien bis in die pazifische Inselwelt. Ganz zu schweigen von den Bayern und den Österreichern, die Generationen von ZDF-Zuschauern die Samstagabende – je nach Betrachtungsweise – verschönt oder vergällt haben. Ein Österreicher hat denn auch – wenn man Wikipedia glaubt – den Weltrekord im Dauerjodeln aufgestellt. Der schnellste Jodler der Welt aber ist erstaunlicherweise ein Schweizer – mit 22 Tönen in einer Sekunde.

Schweizer freilich wären keine Schweizer, wenn sie nicht auch anders jodeln würden als ihre alpenländischen Nachbarn. »Zugespitzt gesagt jodeln wir Schweizer seit Jahrzehnten nur noch auf die Vokale u und o«, hat uns Franziska gleich zu Anfang mit entschuldigendem Schulterzucken mitgeteilt: »Jo u lu lu, o lo u li u jo.«

Österreicher und Bayern hingegen erkenne man daran, dass sie das hellere i und e bevorzugten: »Je i li li, e le i la i je«.

»Na und«, schießt es mir durch den Kopf, und ich muss an das Ulk-Lied von den »Drei Chinesen mit dem Kontrabass« denken, bei dem jeweils der Vokal verändert wird. Doch dann jodelt Franziska uns was auf schweizerisch und dann auf österreichisch vor, und es klingt wirklich, als ob sie in zwei verschiedenen Sprachen sänge.

Gottlob hat sie uns noch nicht gebeten zu jodeln. Verstohlen schiele ich auf meine Uhr. Vielleicht geht der Kelch ja doch an mir vorüber und ich überstehe den Kurs, ohne vor den anderen Teilnehmern irgendwelche Töne von mir geben zu müssen, egal, ob auf u, o, e oder i.

Bis jetzt hat Franziska uns nur aufgefordert, Urlaute von uns zu geben: He, du da, holla, hei. Das geht, zumal wenn es alle tun, recht leicht von den Lippen. Verklemmter fühlte ich mich nur beim Indianergeheul, das ich seit meinen Knabentagen nicht mehr produziert habe. Gehorsam klopfe ich mit den Fingern auf die Lippen. Dieses Geheul, so meint Franziska, diene der Lockerung der Stimmbänder.

Lockern soll uns auch die Gymnastik, die sie uns verordnet hat. »Der Körper ist unser Instrument«, schärft sie uns ein, »und dieses Instrument muss man stimmen wie eine Geige.« Also: Rumpf beugen, Oberkörper strecken, gähnen, dass die Kiefer knirschen. Das sieht alles mehr nach Yoga als nach Jodel aus.

Inzwischen hat sie uns ums Klavier geschart und zu meinem Erstaunen erklärt, dass der Mensch insofern einer Kirchenorgel ähnelt, als auch er über Register verfügt, wenn auch im Wesentlichen nur über zwei: Brust und Kopf. Das Charakteristische am Jodeln sei der stete Wechsel von einem in das andere Register. Wir sollten doch nur einmal gleichsam erstaunt ausrufen, dass der Tiergarten geschlossen sei – Zoo (Brust) zu (Kopf) –, und fühlen, welche Körperregion ins Schwingen gerate.

Wir blöken also los – »Zoo zu, Zoo zu« – und tasten uns hektisch ab, wobei ich leider nirgendwo Schwingungen feststelle. Was ich bemerke, ist, dass ich mich anhöre wie ein liebeskranker Basset Hound bei Vollmond. Dies ist auch Beatrice (zehn Jahre Mitgliedschaft in einem Trachtenverein und Virtuosin auf dem Schwyzer-örgeli) nicht verborgen geblieben, die nun vorsorglich das Fenster schließt. Das spricht für ihr menschliches Mitgefühl, denn unten auf dem Lehnplatz herrscht samstagvormittägliches Treiben, und unsere Stimmen tragen weit. Da auch die Passanten das Plakat neben der Eingangstür zum Haus der Volksmusik bemerkt haben dürften (»Sirenenalarm. Was tun?«), könnten sie aus den von mir produzierten Tönen falsche Schlussfolgerungen ziehen.

Mittlerweile aber hat Franziska eine Melodie auf dem Klavier angestimmt. Sie animiert uns, ihr andere Silben und Töne nachzusingen, und in der Kombination hört sich das erstaunlich gut an. So gut, genau genommen, dass man inzwischen vermutlich sogar wieder das Fenster öffnen könnte.

Ich bin zwar noch nicht so weit, meinem Vater die quälend langen Urlaubsfahrten mit Holladriöh aus dem Autoradio zu vergeben. Aber mir dämmert allmählich, dass alpenländische Volksmusik mehr sein kann als das, was die Zillertaler Haderlumpen oder die Kastelruther Spatzen zur Aufführung bringen. Eine Theorie besagt sogar, dass das, was gemeinhin unter Volksmusik läuft, nicht aus dem Volk kam, sondern im 19. Jahrhundert eigens für die niederen Stände komponiert wurde – im Auftrag der besseren Kreise, die auf diese Weise dem Pöbel suggerieren wollten, dass es ihm doch – heissa, juchei – ganz prächtig ergehe in seiner unberührten Natur und seinem von hässlichen Zivilisationskrankheiten unberührten Dasein.

Das Jodeln ist inzwischen sogar salonfähig geworden, und nicht erst, seitdem Richard Strauss – immerhin ein Alt-Bayer – für die Rolle der Fiakermilli in seiner Oper »Arabella« einige Jodler komponiert hat, die nach Aussagen von klassisch ausgebildeten Sopranistinnen praktisch unsingbar sind. Aber klassische Sänger misstrauen dem Jodeln ohnehin, wie Franziska sagt. Der häufige Registerwechsel, so meint sie, bereitet ihnen Sorgen.

Sorgen, die auch von Beat aus Basel geteilt werden, der sich mehrmals besorgt bei Franziska erkundigt, ob allzu lautes Jodeln nicht seine zarten Stimmbänder beschädigen könne. Keine Panik, beschwichtigt sie ihn. Es könne nichts schiefgehen, solange der Wechsel von der Voll- zur Randschwingung gleitend verlaufe. Da er nicht der Einzige ist, der nun ein wenig verstört wirkt, fügt sie hinzu: Wenn er dennoch Sorgen habe, solle er sich auf gesungene Jodler beschränken. Die würden nur mit der Bruststimme gesungen. Mit dem Falsett, wie die Kopfstimme bei Männern heißt, tut sich Beat ohnehin schwer. Das ist beruhigend. Denn weder er noch ich könnten mit Freddy Mercury mithalten. In keiner Hinsicht.

Einen besonderen Platz im Jodeluniversum nehmen die Vereinigten Staaten von Amerika ein. Denn dass die Yankees sich darauf verstehen, weiß jeder, der sich auch nur ein wenig mit Country and Western Music beschäftigt hat. Nehmen wir Dolly Parton. Sie bringt nicht nur die zwischen dem Wallis und der Wachau hochgeschätzte Oberweite mit; sie könnte sich auch an dem brutal schwierigen Erzherzog-Johann-Jodler versuchen, ohne sich zu blamieren.

Die Schnittstelle zwischen alpenländischer Musik und irisch-schottischen Klängen lag nach der Überzeugung von Musikwissenschaftlern in den Appalachen, einem bis heute äußerst abgelegenen und kargen Mittelgebirge, das sich vom US-Bundesstaat Pennsylvania bis nach Alabama zieht. Helvetische und keltische Auswanderer entdeckten beim gemeinsamen Musizieren, dass sie kongenial waren (Kunststück, die Helvetier waren ursprünglich auch Kelten), und setzten so eine neue Musikrichtung in die Welt.

Heute wird in 30 verschiedenen Musikrichtungen gejodelt. Das haben Experten errechnet, die sich in diesen Dingen auskennen. Auch der Blues, der Jazz sowie Pop und Rock wurden beeinflusst. Sogar eine eigene Farbenlehre entstand: Es gab Black Yodelers, und es gab Blue Yodeling. Zu den bekannten Vertretern dieses blauen Gejodels gehörte der Westerndarsteller Gene Autry, der heute hauptsächlich wegen seiner Interpretation der Weihnachtsschnulze »Rudolph the Red Nosed Reindeer« in Erinnerung geblieben ist, die gänzlich ohne Jodeleinlage auskommt.

Jazzsänger jodelten zwar nie, jedenfalls nicht erkennbar. Aber sie übernahmen vom Jodeln dessen Silbensprache. Als Erfinder gilt Louis Armstrong, der sich bei einer Einspielung mit einem duba di du-da bah behalf, als ihm der Text nicht einfiel. Aus der Verlegenheit wurde ein Stilmittel – schubidubiududa –, Scat genannt. Und wenn die Beatles Jahre später in »Baby You Can Drive My Car« die Zeile »beep beep mm beep beep« einschmuggelten, dann ist das ein fernes Echo alpenländischen Jauchzens.

Zum Abschluss hat Franziska eine Überraschung für uns. Sie verteilt Notenbücher und lässt sie uns auf Seite 28 öffnen. Die Noten kommen mir seltsam vertraut vor. Genau, es ist der Jodler, den wir seit einer Viertelstunde aus vollem Herzen (von Brust und Kehle ganz zu schweigen) gesungen haben. Jodeln vor allen Leuten? Überhaupt kein Problem. Ich habe es die ganze Zeit getan, ohne es zu merken und ohne dass mir die Schamröte ins Gesicht gestiegen wäre. Jetzt ergibt auch das Motto der Zürcher Oberland Jodler, das ich irgendwo gesehen hatte, einen Sinn. »Drückt's dich wo, sing dich froh.«

Diesen Spruch muss wohl auch der berühmteste aller Jodler beherzigt haben. Er lebte nicht in den Bergen, sondern im Urwald, seine Freunde waren nicht Kühe, sondern Affen, und leider wurde er nie von Arnold Schwarzenegger gespielt. Aber den wohl modulierten Registerwechsel von Bruststimme zu Falsett, den machte ihm so schnell keiner nach. Ja, er war ein echtes Jodelgenie – Tarzan.

## Die Helden der Passstraße: **Wie wird man eigentlich Postbus-Chauffeur**

So also fühlt es sich an, wenn man am Steuer eines Autos sitzt, das 400 000 Franken kostet. Anders als erwartet, aber nicht schlecht. Gar nicht schlecht. Als geradezu königlich würde ich das Gefühl bezeichnen, was zunächst einmal an dem Fahrersitz liegt. Er ähnelt mehr einem Thron mit seiner hohen Rückenlehne, den Armstützen und dem weichen Lederbezug. Außerdem steht er frei, kein lästiger, quengelnder, nörgelnder Beifahrer rückt dir auf den Pelz.

Und hoch ist dieser Sitz, man blickt von ihm herab wie ein Pfarrer von der Kanzel auf seine Gemeinde, wie der Demagoge vom Rednerpult auf die Menschenmassen. Recht untypisch also für eine egalitäre Gesellschaft wie die Schweiz, wo man lieber unscheinbar bleibt, anstatt sich zu überhöhen. Es dürfte das einzige Land der Welt sein, in dem manche Besitzer teurer Fahrzeuge die Typenbezeichnung vom Heck abkratzen in der Hoffnung, ihre S-Klasse könnte für eine Mittelklassenkutsche durchgehen.

Aber in diesem Fahrzeug sollte man schon den Überblick behalten angesichts seiner Ausmaße. Ich werfe einen Blick in den Innenspiegel. Hinter mir erstreckt sich mehr Auto, als mein Wohnzimmer lang ist: 12 Meter sind es von der Windschutz- bis zur Heckscheibe. Das sei noch gar nichts, beruhigt mich Kurt Bürgisser, der meine Nervosität bemerkt haben muss. »Wir haben Fahrzeuge, die sind 25 Meter lang.«

Mir freilich reichen 12 Meter, schließlich sitze ich zum ersten Mal am Steuer eines Autobusses. Zudem ist es nicht irgendein Bus, sondern eine Legende: Es ist einer jener 2145 quietschgelben Postbusse, die auf einer Streckenlänge von 11102 Kilometern mehr als 14000 Haltepunkte in der ganzen Eidgenossenschaft miteinander verbinden. Dabei fahren sie Bestimmungsorte an, von denen man als Flachländer denken würde, dass sie nur mit trittsicheren Maultieren zu erreichen wären: abgelegene Gebirgstäler, hoch gelegene Almgasthöfe und Schotterpisten jenseits der Baumgrenze. Für den Schweizer ist der Postbus mehr als ein Bestandteil des ÖV, des Öffentlichen Verkehrs. 1906 nahmen die Busse ihren Betrieb auf, und seither sind sie eine Ikone, ein Mythos, ein episches Gedicht auf Rädern. Hört der Schweizer das unverkennbare Dreiklanghorn, dann öffnet sich sein Herz wie sonst nur beim Feuerwerk am Nationalfeiertag.

Die stillen Helden dieses Mythos sind die Chauffeure. Unerschütterlich steuern sie ihre Ungetüme Spitzkehre um Spitzkehre die Serpentinen hinauf und hinab. Ungerührt weichen sie Gegenverkehr aus und schrammen millimeterbreit an Abgründen vorbei, manchmal hängt die Führerkabine frei über der Schlucht. »Das ist doch kein Problem«, sagt Bürgisser, »solange die vier Räder noch auf der Straße sind.«

Seit mehr als drei Jahren bildet Bürgisser Fahrer aus, vor sieben Jahren ist er zur Postbusflotte gestoßen. Zuvor hat er Reisebusse und Lastwagen kreuz und quer durch Europa kutschiert. Das Ziel der Pöstler-Fahrschule, so verkündet deren Webseite, ist es, »sichere und kompetente Fahrerinnen und Fahrer der Königsklasse auszubilden«. Und nun also sitze ich hier, die Hände breit auf das ausladende Lenkrad gelegt, derweil mein Herz schlägt wie ein übertouriger Diesel.

»Erst einmal die Türe schließen, dann den Motor starten«, befiehlt Bürgisser. Mit einem Zischen klappt die Tür zu, und kehlig kollernd erwachen unter mir 360 PS zum Leben. Noch ist kein Gang eingelegt, noch ist die Handbremse angezogen, noch kann nichts passieren.

Selbstverständlich lässt Bürgisser mich nicht gleich auf der Straße auf andere Verkehrsteilnehmer los. Wir stehen auf einem Truppenübungsplatz auf dem Gurnigelpass nicht weit von Bern. In einem PKW käme mir diese freie Fläche ziemlich weitläufig vor. Aber nun bin ich mir nicht so sicher. Seitdem ich hinter dem Lenkrad Platz genommen habe, scheint das Areal dramatisch zusammengeschrumpft zu sein. Außerdem habe ich den Platz nicht für mich alleine. »Da müssen wir aber höllisch aufpassen«, sage ich und deute durch das Fenster. »Dort steht ein Campermobil, das könnte eng werden.« Bürgisser kneift die Augen zusammen, wie man es tut, wenn man ein fernes Objekt am Horizont zu fokussieren versucht. »Keine Sorge«, meint er schließlich, »der wird uns nicht stören.«

Tatsächlich gelingen meine Runden, die ich im Kreis rings um den Platz ziehe, problemlos. So problemlos, dass ich mit der tollkühnen Selbstsicherheit des Anfängers kurzfristig mit dem Gedanken spiele, Bürgisser zu bitten, mich bis zum nächsten Ort fahren zu lassen. Er muss meine Gedanken erraten haben, denn nun bittet er Daniel Messerli auf den Fahrersitz, damit dieser die Tour fortsetzt.

Der zartgliedrige Messerli scheint im Schatten des hünenhaften Fahrlehrers fast zu verschwinden, aber er schwingt sich in den Fahrersitz mit der Selbstsicherheit eines schmächtigen Jockeys, der einen Elefanten zu Zirkus-Kunststücken antreibt. Vor Kurzem hat Messerli die Fahrprüfung bestanden. Demnächst wird er das 2800 Männer und Frauen starke Team von Postauto-Chauffeuren verstärken. Sie alle leisten ihren Beitrag dazu, einen wichtigen Verfassungsauftrag zu erfüllen: Denn nach dem Buchstaben des schweizerischen Grundgesetzes hat jede Gemeinde mit mehr als 100 ständigen Einwohnern einen verbrieften Rechtsanspruch auf eine regelmäßige Anbindung an das öffentliche Verkehrsnetz. Da es noch nicht einmal der Schweizer Ingenieurskunst gelungen ist, im ganzen Land Zahnradbahnen zu verlegen, müssen Busse einen Teil dieser Aufgabe übernehmen.

Insgesamt 812 Linien durchziehen die Eidgenossenschaft – städtische Verbindungen ebenso wie Überlandstrecken. Am beliebtesten sind die touristischen Routen – bei Fahrgästen ebenso wie bei den Fahrern. Denn sie stellen die wahre Herausforderung dar – wie zum Beispiel die Strecke von San Nazzarro nach Indemini am Lago Maggiore, deren kurvenreiche Streckenführung bei Google Maps aussieht wie das EKG eines hektisch hyperventilierenden Patienten. Probleme anderer Art bietet die Route von Reichenbach auf die Griesalp im Berner Oberland. Hier windet sich die Straße mit einer Steigung von nahezu senkrecht erscheinenden 28 Prozent in unzähligen Spitzkehren in die Höhe.

Unsere Fahrt kreuz und quer durch das Grenzgebiet der Kantone Bern und Freiburg verläuft verhältnismäßig ereignisarm, wenn man einmal davon absieht, dass mir jedes Mal das Herz stehen bleibt, wenn wir einem anderen Bus oder einem Sattelschlepper begegnen. Kein Taschenbuch passt zwischen die beiden aneinander vorbeizischenden Außenspiegel. Adrenalinsteigernd empfinde ich auch scharfe Rechtskurven, die Messerli mit einem großzügigen Schlenker auf die Gegenfahrbahn angeht. Dass Busse und Lastwagen mir in unübersichtlichen Kurven auf meiner Seite entgegenbrausen, stört mich als PKW-Fahrer schon lange. Deshalb bringe ich diese Unsitte nun zur Sprache. Zur Antwort deutet Bürgisser in den Rückspiegel: »Fährt er vorne zu eng in die Kurve, nimmt er hinten den Felsen mit«, erklärt er. Als er mein zweifelndes Gesicht sieht, kramt er einen Schreibblock und einen Spielzeugbus hervor. »Sehen Sie«, sagt er und fährt mit dem Modellauto über eine auf das Blatt gekritzelte Kurve. »Schon kracht's.«

Die zügige Fahrt endet an einem Warnschild, das uns informiert, dass die Straße weiter unten wegen einer Baustelle für Schwerfahrzeuge wie das unsere gesperrt ist. »Ideal, so soll es sein«, jubelt Bürgisser. »Ich liebe es, wenn im Unterricht unerwartete Situationen auftauchen.« Und an Messerli gewandt fügt er hinzu: »Bieg doch mal hier ab.«

Das kann er nicht ernst gemeint haben. Die Abzweigung, auf die der Fahrlehrer deutet, ist in meinen Augen ein Wanderweg – gekiest und unbefestigt führt der Pfad an einem steilen Abhang entlang. Tatsächlich entdecke ich am Wegesrand die unverkennbaren gelben Wanderwegweiser. Hoch spritzt der Kies unter den Reifen auf, am Horizont ragen die drei Zacken des Moléson in den Himmel, ein Postkartenblick, den man mit trunkenen Augen einsaugen könnte. Wenn, ja wenn der Blick nicht immer wieder magnetisch in die Tiefe gehen würde, gleich neben der Böschung, wo die Schottersteine den Abhang hinabkollern.

»Machen Sie sich keine Sorgen«, meint Messerli, ohne den Blick von der Straße zu wenden. »Ich kenne die Strecke, ich bin hier schon einmal durchgekommen.« Noch bevor ich richtig durchgeatmet habe, fügt er spitzbübisch hinzu: »Aber das war mit einem anderen Fahrzeug. Mit dem Velo.« Irgendwie muss Bürgisser erahnt haben, dass mich diese Auskunft nicht restlos beruhigt hat, denn er bekräftigt nun, dass zur Ausbildung von Postbus-Fahrern zwingend ein Gefühl für die Dimensionen der Busse gehört.

»Unser Fahrzeug ist zwei Meter fünfzig breit«, sagt er und deutet die Distanz mit ausgestreckten Armen an. »Und die Straße ist selten schmaler als zwei Meter siebzig.« Messerli nickt zur Bestätigung und hält entschlossen nach links, als ob er sich entschieden hätte, den Moléson auf dem Luftweg zu erreichen. Es ist aber nur eine weitere scharfe Rechtskehre.

»Horn doch lieber mal«, fordert Bürgisser ihn auf. Väterlich dreht er sich zu mir um. »Das Horn dürfen wir nur einsetzen, wo es unübersichtlich ist, damit wir den Gegenverkehr warnen können.« Gegenverkehr? Hier? Damit hatte ich gar nicht mehr gerechnet. Bisher waren uns nur zwei Radfahrer begegnet, und selbst die mussten sich gleichsam auf Tuchfühlung an unserem Bus vorbeiquetschen. Aber ein anderes Fahrzeug?

Das Schweizer Postbushorn hat es in sich. Mit Liebe zu Detail, Tradition und Patriotismus hat man das Andante aus der Wilhelm-Tell-Ouvertüre von Gioachino Rossini gewählt. Damit trägt man zum einen der Romantik der Postkutschen-Postillione Rechnung, zum anderen dem Nationalhelden Tell, zum Dritten dem als feurig bekannten italienischen Fahrstil. Mir ergeht es freilich wie vielen Verkehrsteilnehmern, wenn sie das Signal hören: Das Blut gefriert mir in den Adern. Denn ich weiß, dass mir hinter der nächsten Biegung ein Öltanker auf vier Rädern entgegendonnert, dem ich nirgendwo ausweichen kann.

Normalerweise gibt es genaue Regeln für diese Situationen. Das Fahrzeug, das sich näher an einer Ausweichstelle befindet, setzt dorthin zurück und lässt das andere passieren. Aber es ist wie mit Temperaturen: Neben der gemessenen gibt es eben auch eine subjektiv gefühlte Entfernung. 20 Meter können sich im Rückspiegel eines, sagen wir mal, norddeutschen PKW-Lenkers schnell ins Unendliche dehnen. Schweizer Busfahrer sind denn auch verpflichtet, nicht auf ihr Vorfahrtsrecht zu pochen, wenn sie auf einen Personenwagen treffen, dessen Fahrer sie mit schreckgeweiteten Augen anstarrt wie ein Antilopenkalb einen angreifenden Löwen.

Wenn man bedenkt, dass Messerli auf dieser Strecke bislang nur geradelt ist, beherrscht er sie souverän. Bürgisser lässt ihm weitgehend freien Lauf und mischt sich nur selten mit Ermahnungen ein. Selbst als wir an einer besonders unübersichtlichen Stelle an einem Milchtanker vorbeikriechen, lässt er Messerli wortlos gewähren. Der Fahrer, so hatte mir Bürgisser gleich zu Beginn unserer Fahrt erklärt, ist in seinem Fahrzeug schließlich immer der Chef, ähnlich dem Kapitän eines Schiffes. Ach, wie romantisch, war es mir da durch den Kopf geschossen. Womöglich kann ein schweizerischer Postauto-Chauffeur auch Trauungen vollziehen. Vielleicht doch eher Trauerfeiern, denke ich nun freilich düster, als wir uns um Millimeterbreite an dem Laster vorbeiquetschen.

Bürgisser reißt mich aus meinen finsteren Gedanken, indem er das Augenmerk auf den wichtigsten Aspekt seiner Tätigkeit lenkt, der bisher noch gar nicht in Erscheinung getreten ist: den Fahrgast. Es versteht sich von selbst, dass dieser im Mittelpunkt steht, ja, dass er der Dreh- und Angelpunkt der ganzen Unternehmung ist.

Weniger offenkundig ist, dass Passagiere schon als Ballast eine einflussreiche Rolle spielen, quasi als tote Masse. »Leer wiegt der Bus dreizehn Tonnen«, rechnet Bürgisser vor. »An der nächsten Haltestelle füllt er sich bis auf den letzten Platz – bumms, schon haben wir 18 Tonnen. Sie ahnen nicht, wie sich das auf das Fahrverhalten auswirkt.« Es klingt ein ganz klein wenig vorwurfsvoll.

Eine echte Herausforderung für manche neue Fahrer aber ist der persönliche Umgang mit den Passagieren. »Vor allem jene, die vorher Laster gefahren haben, tun sich manchmal schwer mit der

Kommunikation«, seufzt Bürgisser. Paletten und Fässer hinter dem Führerhaus meckern eben nicht und melden keine Sonderwünsche an.

Der Mangel an sozialen Umgangsformen macht sich vor allem dann negativ bemerkbar, wenn der Bus verspätet ist. »Auf der Straße lässt sich keine Verspätung einholen«, werden die Fahrlehrer nicht müde, ihren Schülern einzuschärfen. »Es bringt nichts, Rennen zu fahren mit dem Bus. Zeit gewinne ich nur an den Haltestellen beim Ein- und Aussteigen.«

In der Theorie klingt das gut, die Praxis sieht anders aus. Schweizer stehen im Ruf, die meisten Dinge im Leben ruhig und bedächtig anzugehen, und zu diesen Dingen gehört der Erwerb einer Fahrkarte beim Fahrer eines Postbusses. Dass es mit dem Anschluss an den Verbindungszug eng werden könnte, spielt in diesem Augenblick eine untergeordnete Rolle.

In solchen Fällen ist die Geduld des Chauffeurs gefragt, und hier zahlt es sich aus, dass die Schweizer den Ruf ausgesuchter Höflichkeit genießen. Auch wenn sie es nicht immer so nett meinen, wie es klingen mag: Das Land ist so klein, dass die Chance, sich wieder über den Weg zu laufen, einfach zu groß ist. Da schafft man sich nicht leichtfertig Feinde. Das bedeutet, dass sich auch Busfahrer schnoddrig-saloppe Ermunterungen nach deutscher Art verkneifen müssen, mit denen sie saumseligen Fahrgästen auf die Sprünge helfen könnten. Offen gesagt, ein Satz wie: »Na, wird's heute noch was«, klänge auf Schweizerdeutsch auch gar nicht gut.

Am Ende des Tages liefert mich Messerli auf dem zentralen Busparkplatz in Bern ab, in dessen Nähe ich mein Auto abgestellt hatte. Irgendjemand muss während meiner Abwesenheit den Sitz verstellt haben. Jedenfalls kann ich mich nicht erinnern, dass ich so eingezwängt hinter dem Steuer gesessen hätte. Allmählich dämmert es mir. Was hatten Messerli und Bürgisser gesagt? Wenn man erst einmal das königliche Gefühl ausgekostet hat, einen Bus zu chauffieren, dann wird man dieses Gefühl auch in einem Personenauto nicht mehr los. Dann lenkt man selbst einen Fiat 500 ähnlich großzügig und souverän wie einen Postbus.

Ich weiß genau, was sie meinen. Ich fahre ja manchmal auch ein wenig weiträumig über die Landstraßen, und meine Frau zischt mich jeweils erschreckt an, dass ich doch in meiner Spur bleiben solle. »Du bist doch kein Bus«, stößt sie dann gerne hervor.

Wenn sie wüsste.

# Die nationale Leidenschaft: **Wandern – mit und ohne Bernhardiner**

Wer könnte diesen Augen widerstehen? Gut, sie sind nicht gerade funkelnde Sterne, sondern eher wässrig und sogar ein wenig blutunterlaufen. Aber es liegt das ganze Elend einer unglücklichen Kreatur in ihnen: Tu mir nichts, flehen sie, und ich will auch alles, alles für dich tun.

Das Problem liegt freilich darin, dass ich – selbst wenn ich wollte – gar nichts tun könnte. Und dass das Versprechen purer Hohn ist. Aber so sind nun einmal Hundeblicke: unwiderstehlich, aber total unaufrichtig.

Hélios hat sich auf seine fussballerwadengroßen Hinterläufe niedergelassen und blickt angestrengt in die Luft. Wir sind gerade einmal zehn Minuten unterwegs, aber er hat entschieden, dass nun Zeit für eine Ruhepause ist. Leider läuft dies dem Sinn der Veranstaltung zuwider, die »Wandern mit Bernhardinern« heißt. An und für sich ist die Idee bestechend: zusammen mit einem gemütlichen Hund die Bergwelt des Wallis durchstreifen. Und falls man verunglücken sollte, hätte man den Retter gleich mit dabei.

Aber Hélios hat offenkundig andere Vorstellungen. Probeweise versuche ich, ihn an der Leine vorwärtszuziehen. Genauso gut könnte ich versuchen, einen Felsblock zu bewegen. Hélios bringt in etwa dasselbe Gewicht wie ich auf die Waage. Außerdem scheint er mit dem Waldboden untrennbar verwachsen zu sein.

Der Rest der Gruppe wartet ein paar Meter entfernt auf uns Nachzügler. Dort sind auch Hélios' Geschwister. Schwester Kali setzt gerade einen weiteren Haufen ins Gras, Bruder Barry schnuppert angelegentlich an einer Brennnesselstaude. Auch sie scheinen nichts gegen eine willkommene Rast zu haben. Lachhaft. Unser Ausgangspunkt liegt noch immer zum Greifen nahe unter uns: das Bernhardiner-Museum von Martigny, wo der Geschichte und der Zucht der berühmtesten Schweizer Hunderasse gedacht wird.

Eine Touristenattraktion hat der kleine Ort im Rhonetal bitter nötig. Mit seiner Mischung aus sozialistischer Plattenbau-Ödnis und französischer Banlieue-Tristesse ist das Städtchen singulär charmefrei. Vielleicht will man einfach vermeiden, dass irgendetwas von der grandiosen Bergwelt rundherum ablenkt. Heute regnet es zudem dicke, warme Tropfen, nicht richtig viel, nicht richtig wenig. Ich fühle mich wie unter einer verstopften Dusche.

Drunten im Museum war Hélios vor unserem Aufbruch ein unbestrittener Star gewesen. Ein paar Amerikaner waren aus den Aahs und Oohs gar nicht mehr herausgekommen, als sie ihn und die anderen massigen Hunde in ihren Zwingern sahen, und am meisten hatte es ihnen eben Hélios angetan. Er war, erstaunlich behände für sein Alter und sein Gewicht, auf ein Podest gesprungen und in Positur gegangen. Dann hatte er sich mit der Haltung eines Cäsaren von allen Seiten fotografieren lassen. Es war klar, dass er das nicht zum ersten Mal machte. Ebenso klar war, dass bei seinem Anblick viel von Beethoven die Rede war. Mit diesem Namen verbinden Amerikaner unter 25 Jahren weniger einen deutschen Komponisten als vielmehr einen übergewichtigen Filmhund. Deshalb gehört zu einem Aufenthalt in der Schweiz ein Besuch am Ursprungsort der Beethoven-Dogs unbedingt dazu. Bis nach oben ins Hospiz am Großen Sankt Bernhard muss sich aber heute kein Tourist mehr bemühen. Vor einigen Jahren hat das Kloster die Zucht an eine Stiftung verkauft. Die Fondation Barry du Grand Saint Bernard führt nun die 300-jährige Tradition der Hunderasse fort.

Dass dazu tüchtig Marketing und Merchandising gehören, versteht sich von selbst. Heute dürften wahrscheinlich mehr Hausschuhe im Bernhardiner-Look abgesetzt werden als lebende Welpen – sehr zur Erleichterung von Tierschützern. Denn nach den insgesamt sechs Beethoven-Filmen – die übrigens durchnummeriert sind wie Symphonien – hatten sich viele Menschen einen Bernhardiner angeschafft. Erst später wurde ihnen bewusst, dass eine 80 Kilogramm schwere Fressmaschine nicht das richtige Haustier für eine Dreizimmerwohnung im vierten Stock ist.

Inzwischen frage ich mich freilich, ob ein Bernhardiner auch der richtige Wanderbegleiter ist. Ich habe mich neben Hélios gestellt und kraule seine Ohren, was er mit einem hingebungsvollen Seufzer belohnt. Zärtlich lehnt er seinen Kopf gegen mein Bein. Ich blicke hinüber zu der Gruppe von vier Erwachsenen und fünf kleinen Kindern, die mit auf den Spaziergang gekommen sind und zunehmend ungeduldig werden. Entschuldigend zucke ich mit den Achseln. Plötzlich deutet die kleine Sue mit dem Finger auf mich und kreischt: »Look at the dog, mom, yuckie.« Zur gleichen Zeit spüre ich, wie Feuchtigkeit durch mein Hosenbein dringt. Voll böser Vorahnung schaue ich an mir herab. Nein, so schlimm ist es nicht. Aber Hélios hat meine Jeans ausgiebig eingespeichelt.

Neben der Neigung zum Sabbern zählt auch Dickköpfigkeit zu den Charaktereigenschaften des Bernhardiners, gern vom Adjektiv »liebenswert« ergänzt. Außerdem wird er als sensibel, ausdauernd und freundlich beschrieben. Gerühmt werden zudem seine Beschützerinstinkte, sein Orientierungssinn und die gute Nase.

Das alles nützt ihm freilich nicht sehr viel, denn der moderne Bernhardiner ist als Nutzhund nicht unbedingt vielseitig einsetzbar. Er ist zu dick, um in einen Fuchsbau zu kriechen oder umherspringenden Schafen hinterherzujagen. Wirft man ihm einen Stock, so zermalmt er ihn genussvoll zu Sägespänen, anstatt ihn zu apportieren, und würde man ihn einem Blinden zur Seite stellen, käme der wegen der Behäbigkeit seines vierbeinigen Begleiters wohl nie ans Ziel.

Am wenigsten freilich eignet sich der Bernhardiner als Lawinensuchhund. Bei seinem Gewicht würde er eher weitere Schneebretter lostreten. Und im Rettungshubschrauber kann man statt eines dieser Fellriesen leicht zwei oder drei leichtgewichtige Schäferhunde oder Springer Spaniels transportieren. Wenn man nun noch weiß, dass die Geschichte vom Schnapsfässchen um den Hals eine reine

Erfindung war, so fragt man sich, was die ganze Aufregung um die Beethoven-Dogs soll.

Die Fässchenmär geht angeblich auf einen Soldaten aus Napoleons Grand Armee zurück, die am Großen Sankt Bernhard in schweres Wetter geraten war und von den Augustiner-Mönchen des Hospizes mit dem Notwendigsten versorgt wurde. »Wir staunen darüber, dass es in diesem Kloster sehr große Hunde gibt, die Reisende aufspüren, die im Schnee verloren gingen«, schrieb der Soldat. »Sie richten sie auf, bieten ihnen Branntwein dar, den sie um den Hals gebunden mitführen, und führen sie ins Haus.« Richten sie auf? Ehrlich gesagt: Das klingt eher danach, als ob der Mann einem Yeti-Sanitäter begegnet war statt einem Hund.

Ihre einzige Existenzberechtigung haben moderne Bernhardiner denn auch als XXL-Haustiere für Leute, die finden, dass ein Pitbull oder eine deutsche Dogge die falschen Signale über das Herrchen aussenden. Dass die Barry-Stiftung in Martigny nun einige Exemplare einsetzt, um zum Wandern zu animieren, ist verdienstvoll, wenn auch in der Schweiz weitgehend überflüssig.

Denn es ist nicht übertrieben, die Wanderlust der Eidgenossen als nationale Obsession zu bezeichnen. Das gilt vor allem für die Deutschschweizer. Deshalb ist es unter Umständen sinnvoll, dass die Wanderstunden mit Hund in der Romandie stattfinden, deren Bewohner lieber die mit viel Ingenieurskunst gebauten Bergbahnen und Serpentinenstraßen nutzen als die eigenen Beine.

Vor den Deutschschweizern freilich sind kein Gipfel und kein Grat sicher. Sollte ein ausländischer Feind einmal einen Überfall auf die Schweiz planen, müsste er ernsthaft einen Sonntag in Betracht ziehen, und zwar irgendeinen beliebigen Sonntag, egal ob sommers oder winters. Denn an diesem Tag begibt sich der deutschsprachige Teil der Nation geschlossen in die Natur. S-Bahnen und Züge sind genauso vollgestopft wie an Werktagen, nur dass man sich vermehrt in Acht nehmen muss, um nicht von prallen Rucksäcken erdrückt zu werden oder durch einen spitzen Wanderstock ein Auge zu verlieren.

Da es für alles Statistiken gibt, weiß man, dass 2,4 Millionen Menschen in der Eidgenossenschaft regelmäßig ihr festes Schuhwerk schnüren und auf Wanderschaft gehen. Insgesamt geben sie für ihr Hobby jedes Jahr die stattliche Summe von 1,6 Milliarden Franken aus und finanzieren damit 12 000 Vollzeitstellen im Land. Auslauf haben die Wanderer reichlich: Das Netz der ausgebauten und ausgeschilderten Wanderwege ist 66 000 Kilometer lang. Wer sie alle abgewandert hat, der hat dieselbe Strecke zurückgelegt, wie wenn er anderthalb Mal um den Globus marschiert wäre – immer entlang seiner dicksten Stelle, dem Äquator.

An der Frage freilich, wie lange ein Schweizer für diese Distanz brauchen sollte, würden sich rasch die Geister scheiden. Die Entfernungen auf helvetischen Wanderwegweisern sind nämlich nicht in Kilometern angegeben, sondern in Stunden und Minuten. Da jedoch keine zwei Personen exakt gleich schnell laufen (ausgenommen in Marschformationen beim Militär) und die Zeitangaben von Kanton zu Kanton unterschiedlich berechnet werden, bricht sich in unberührter Alpenhöh' oft Unmut Bahn. Nämlich immer dann, wenn sich eine Kluft zwischen der Vorgabe und der persönlichen Leistung auftut. So wird den Bündnern unterstellt, dass sie den Wanderern ein Tempo abverlangen, das auch einen abgehärteten amerikanischen Navy Seal ins Röcheln brächte. Die netten Berner wiederum bescheren auswärtigen Wandervögeln angeblich unerwartete Erfolgserlebnisse, weil sie in der Hälfte der angegebenen Zeit am Ziel ankommen – nur um dann ewig auf den Zug oder das Postauto warten zu müssen.

Schon immer rankten sich Geheimnisse um die Berechnung dieser Zeiten. Eine Legende besagt, dass ein pflichtbewusster eidgenössischer Staatsbeamter und seine Frau eigenfüßig alle relevanten Wanderwege abgeschritten hätten – mit 30 Minuten Vorsprung für die Frau Gemahlin. Am Ziel angelangt, hätte der Beamte dann die beiden Zeiten addiert und durch zwei geteilt.

Abgesehen davon, dass diese Methode jeden wissenschaftlichen Ansatz vermissen lässt, steht sie außerdem im Ruch des Sexismus, weil sie die Frau grundsätzlich als schwächeres Wesen verunglimpft. Ich jedenfalls kenne Schweizerinnen, die auf der schwierigsten Steigung trainierte Männer im Staub ihrer Wanderschuhe zurücklassen.

Heute berechnet denn auch ein Computer die Wegezeiten – nach einer Formel, die sich über fünf Druckzeilen erstreckt und Stephen Hawking ins Grübeln brächte.

Unsere kleine Gruppe ist mittlerweile ein gutes Stück vorangekommen. Das Rascheln eines Bonbonpapiers hatte Hélios aus seiner Trance geweckt und in Gang gesetzt. Das ist insofern beruhigend, als damit klar war, dass er nicht das Schicksal des alten Beethoven teilt und ebenfalls taub ist. An eine bestimmte, genau kalkulierte Wanderzeit können wir uns sowieso nicht halten. Der Ausflug ist für eine Stunde gebucht und bezahlt. Die Strecke wird mithin vom Lauftempo der gemütlichen Hunde bestimmt, was in etwa der Entfernung von mir daheim zur Post entspricht.

Heinrich Schuhmacher hatte diese Entwicklung zum Schleich-Hund früh vorhergesehen. Schon Ende des 19. Jahrhunderts bekämpfte der Züchter verzweifelt den Trend zum modischen Langhaar-Bernhardiner, der als Schickimicki-Accessoire von Hochadel und Großkapital angefordert wurde. Mit den agilen Alpenhunden, denen seinerzeit die Lawinenopfer ein Cognac-Fass andichteten, hatten diese neuen kurzbeinigen und kurzatmigen Teddy-Monster nicht mehr viel gemeinsam.

Schuhmachers Ideal war der legendäre Barry. Dieser Hund war 1814 im reifen Hundealter von 14 Jahren nach einem Leben aufopferungsvoller Pflichterfüllung gestorben. Schätzungsweise 40 Menschen soll er aus dem Schnee ausgegraben und ihnen damit das Leben gerettet haben. Schließlich musste er vorzeitig in den Ruhestand gehen, als ihn ein Verschütteter – womöglich nach allzu großem Cognac-Genuss – mit einem Wolf verwechselte und schwer verletzte. Sein ausgestopfter Kadaver kann im Berner Landesmuseum besichtigt werden. Der von Barry natürlich, nicht der des Lawinenopfers.

Der Züchter Schuhmacher, dem es, anders als dem thüringischen Steuerbeamten und zeitweiligen Hundefänger Friedrich Louis Dobermann, nicht beschieden war, seinen Namen einer Hunderasse zu schenken, wusste also genau, wie der ideale Bernhardiner aussehen sollte. Entsprechend ungestüm polterte er gegen die »Meinun-

gen moderner Züchter, die auf enorme Größe und Stärke, ungeheure Kraft, auf kurz, rund und dick« setzten und aus den einst
sehnigen Bernhardinern »Masthunde« machten – tumbe Kreaturen
ohne Intelligenz und Lebhaftigkeit.

Nachdenklich sehen Hélios und ich uns an. Ich habe keine Ahnung, was in seinem Kopf vorgeht. Aber ich denke, dass der gute
Heinrich Schuhmacher wohl recht gehabt hatte. Kurz, rund und
dick, ja, das kommt hin. Auch mit seinem Urteil, dass diese neuen
Bernhardiner reine »Schau- und Ausstellungshunde« geworden
seien, war der Hundefachmann seiner Zeit weit voraus. Damals gab
es noch kein Kino. Sonst hätte er hinzugefügt: Leinwandstars.

## »Das bauen wir besser«: **Mit Chinesen, Japanern und Indern auf dem Jungfraujoch**

Ich nenne ihn Pudgy, wegen seiner niedlichen Pausbäckchen, den schmollmündigen Lippen und den ewig erstaunten Augen hinter der Nickelbrille. Sie lassen ihn aussehen wie ein Kleinkind in Jeans und Windjacke.

Wie er wirklich heißt, finde ich ebenso wenig heraus wie das Land, aus dem er kommt. Er spricht keine mir geläufige Sprache und sein Englisch beschränkt sich auf »nice« und »not nice«. Offenkundig reicht dies aus, um durch Europa zu reisen.

Für einen Japaner ist Pudgys Teint zu dunkel, für einen Inder sind seine Augen zu schräg geschnitten, für einen Chinesen die Haare zu lockig. Aber er sieht asiatisch aus, so viel steht fest. Und damit fällt Pudgy im Berner Oberland viel weniger auf als ich.

Wir waren in Interlaken im Zug einander gegenüber zu sitzen gekommen und hatten von da an die Reise gemeinsam fortgesetzt. Ich hatte den Eindruck, dass er sich an mich gehängt hatte, weil er in mir einen im weitesten Sinne Einheimischen erkannte, der ihm auf der Basis einer längeren gemeinsamen Bahnfahrt in Notfällen helfen würde.

Dass er der Fahrt aufs Jungfraujoch nicht mit letzter Sicherheit traute, verrieten der ängstliche Blick und die stets leicht zitternden Hände, wenn er das nächste elektronische Teil aus seiner voluminösen Fototasche auf seinem Schoß nestelte. Am meisten freilich hing sein Herz an seinem iPhone. Es steckte in einem honiggelben Schutzfutteral, über dessen Oberkante eine winzige Hello-Kitty-Katze lugte.

Wortkarg, aber gestenreich, nur gelegentlich unterbrochen von einem »nice« oder »not nice« waren wir bei jedem Umsteigen zusammengeblieben. In Interlaken hatten die meisten Europäer den Zug verlassen. In Lauterbrunnen schienen einzig der Lokführer und der Schaffner Schweizer zu sein, und auf der Kleinen Scheidegg fehlten nur noch Fahrräder, um die asiatische Großstadtszenerie perfekt zu machen.

Was treibt Asiaten auf Europas höchsten Eisenbahn-Bahnhof? Pudgy kann ich nicht fragen. Er lächelt unsicher und sagt: »Nice.« Wir sind umgestiegen und sitzen im Bähnchen, das uns ganz nach oben, aufs Jungfraujoch, hinaufbringen wird. Neben uns hat sich eine indische Großfamilie ausgebreitet: Großeltern, Kinder, Kleinkind, Onkel und Tante. Der Junge ist in so viele Lagen wärmender Kleidung eingewickelt wie das Gemüse in einen Samosa-Teigmantel. Sein Opa hingegen glaubt, dass eine graue Strickjacke ausreichen wird, um den Temperaturen in 3454 Metern Höhe zu widerstehen. Seine Füße stecken in Sandalen, und weil er kein deutscher Tourist ist, trägt er keine Strümpfe.

»Wir lieben Eisenbahnen«, übersetzt der Onkel die Diskussion, die meine Frage ausgelöst hat. »Und wir kennen die Jungfrau aus vielen, vielen Filmen. Sie ist sehr populär. Einmal werden wir sie in unseren Bergen nachbauen – und zwar besser, weil unsere Berge höher sind.« Auf alle Fälle würden sie bei einer hausgemachten Jungfraubahn im Himalaja viel Geld sparen. Hier haben die sechs für die Fahrt mit der 100 Jahre alten Zahnradbahn überschlagsmäßig so viel Geld ausgegeben, wie ein Tagelöhner in Bangalore in einem ganzen Jahr verdient. Vielleicht ist der Preis für die Tickets der Grund, dass es keine Europäer mehr aufs Joch zieht. Im Gegensatz zur neureichen asiatischen Mittelklasse können sie es sich nicht mehr leisten.

Pudgy wird zusehends nervöser. Immer hektischer wühlt er in seiner Tasche, befördert mit flatternden Fingern Kabel, Stecker und Adaptoren hervor, dazu Fotoapparate und zwei weitere Handys. Abwechselnd schluckt er und öffnet den Mund wie ein Koi-Karpfen. Dann drückt er sich den Zeigefinger ins linke Ohr. Der Höhendruck. Jetzt schon, denke ich, auf 1200 Meter. Wie soll das erst werden, wenn wir in hochalpine Bereiche kommen? Ermutigend nicke ich ihm zu. »Nice?«, frage ich. »Nice«, nickt er zurück.

Die Sorge um die Gesundheit hatte schon vor mehr als 100 Jahren geklärt werden müssen, als der Zürcher Geschäftsmann Adolf Guyer-Zeller die Genehmigung zum Bau der Bahn beantragte. Sieben Versuchspersonen zwischen 10 und 70 Jahren ließ er von jeweils sechs bis acht Trägern hochschleppen, um nachzuweisen, dass die Höhe ihnen nicht schade. Sorgen um die Träger machte er sich freilich ebenso wenig wie um die Arbeiter, die ihm dann die Bahn bauten und von denen 30 das unnütze Luxusprojekt mit ihrem Leben bezahlen mussten.

Denn ebenso überflüssig wie dekadent war die Bahnlinie, die Guyer-Zeller nach einer Bergwanderung skizzierte. Die Strecke verband nicht zwei Ortschaften miteinander, sie erleichterte nicht den Transport von Personen oder Waren, sie verkürzte nicht die Reisezeit. Sie diente einzig und alleine dazu, reichen und gelangweilten Feriengästen einen Ausflug in ansonsten nur Bergsteigern zugängliche Hochgebirgsregionen zu ermöglichen. Mit dem Bau der Pyramiden verglichen Zeitgenossen damals die unbestrittene technische Leistung. Sie übersahen, dass auch die moralische Dimension dieses eitlen Projektes durchaus mit pharaonischen Bauprojekten vergleichbar war.

Entsprechend luxuriös waren von Anfang an die Waggons der Bahn. Auch heute kneifen die meisten Fahrgäste die Augen zusammen angesichts der weichen, roten Polstersitze im Zug. Viele vermuten, aus Versehen in der ersten Klasse gelandet zu sein. Doch es gibt keine Klassengesellschaft auf der Jungfraubahn. Wer das Ticket bezahlen kann, gehört dazu.

Station Eigerwand: fünf Minuten Aufenthalt, um durch Panoramafenster den gähnenden Abgrund hinabzustarren nach Grindelwald. Pudgy ist einer der Ersten. »Nice«, sagt er und deutet hinaus. Ein Schweizer Ehepaar versucht zwei Japanern zu erklären, dass sie sich im Inneren einer unter Alpinisten berüchtigten Steilwand befinden. Ach ja, die Eiger-Nordwand. Schon als Schulkind, dem die Bergwelt fremd war, hatte ich ihren Spitznamen gehört, der eiskalte

Schauer über den Rücken jagen sollte: die Mordwand. Nun aber bin ich zutiefst enttäuscht, dass man in diese Wand Aussichtsfenster geschlagen hat. Kommt es nun zu einer Begegnung zwischen Bergsteiger draußen und Tourist drinnen? Werden sich die beiden durch die Scheiben anstarren? Und was glaubt der Reisende aus Schanghai oder Mumbai? Dass da draußen der Fensterputzer hängt?

Station Eismeer: Wieder ein Blick durchs Fenster, diesmal auf einen leibhaftigen Gletscher. Leicht gruselig, diese wilde Natur. Aber gottlob rührt das einzige Frösteln daher, dass man den Reißverschluss der Daunenjacke nicht zugezogen hat. Wie jeder andere Vergnügungspark lebt auch das Jungfrau-Spektakel von der Illusion der Gefahr – gepaart mit der Gewissheit, dass schon nichts passieren kann.

Jungfraujoch, Endstation: Die Fahrt ist bis hierher ausschließlich durch einen dunklen Tunnel verlaufen, wie sie die meisten Passagiere von ihren U-Bahnen daheim kennen. Ich sehne mich danach, endlich herauszukriechen aus diesem künstlichen Höhlensystem und hinauszutreten unter den freien Himmel. Ich will mitten im Sommer den Schnee unter meinen Schuhsohlen knirschen hören, ich will den frischen Wind in meinem Gesicht spüren, so wie die Werbung es verspricht. Die zeigt doch immer fröhlich kreischende Frauen, deren bunte Saris sich so prächtig vor dem schneeweißen Hintergrund abheben.

Aber ich tappe weiter durch Korridore. Felswände schließen mich ein, Kunstlicht lässt die Menschen bleich und käsig aussehen. Dann endlich, Sonnenlicht. Es strömt durch hohe Fenster und leuchtet den letzten Winkel aus. Aber die Luft bleibt stickig, kein kühler Hauch dringt herein. Denn die Scheiben sind geschlossen. Hunderte Menschen drängen sich in dem Raum, doch kaum einer blickt nach draußen. Sie kaufen Ansichtskarten und T-Shirts, holen sich Softdrinks und Snacks, debattieren, welches Restaurant sie besuchen sollen. Die majestätische Gebirgskulisse vor den Scheiben ist nicht mehr als Hintergrund, eine gigantische Fototapete.

Abermals tauche ich ab in das unterirdische Höhlensystem. Bengalisch rote Lampen erleuchten einen Gang, der dem Bau der

Bahn gewidmet ist. Dunkles Grollen aus versteckten Lautsprechern erinnert an die Explosionen, mit denen der Fels weggesprengt wurde. Dann wechselt das Licht zu eisblau: Hier gabelt sich der Weg, links geht es zum Eispalast, rechts zu einer Attraktion mit dem vielversprechenden Namen »Alpine Sensation«. Ich komme mir vor wie in Las Vegas oder Disneyland. Aber ich kann nicht sagen, ich sei nicht gewarnt gewesen: Auf der Rückseite der Fahrkarte war schließlich eine Werbung für einen deutschen Vergnügungspark aufgedruckt.

Ich nehme einen Lift, der mich mit Raketengeschwindigkeit nach oben befördert. Hier befindet sich die Sphinx, eine Aussichtsplattform und der höchst gelegene Ort, den man auf dem Joch erreichen kann, ohne die eigenen Muskeln über Gebühr zu strapazieren. Von Weitem erinnert das auf einem Felsen gelegene Gebäude mit seinen Kuppeln und Antennen an das Refugium eines Bösewichts aus einem James-Bond-Film. Der Eindruck wird verstärkt durch einen roten Hubschrauber, der ständig knatternd über der Plattform kreist. Er scheint hier regelmäßig aufzukreuzen, denn die Krähen lassen sich von ihm nicht stören. Fett und aufgeplustert hocken sie überall herum und werden gefüttert. Krähen in dieser Höhe? Haben sie schon immer hier gelebt? Oder sind sie als blinde Passagiere mit der Jungfraubahn gekommen?

Egal, endlich kann ich frische Luft atmen, auch wenn sie – wie ich beim Durchschnaufen feststellen muss – tatsächlich ziemlich dünn ist. Eine Metalltreppe führt hinunter auf ein Schneefeld, wo der verheißene Snow Fun stattfindet.

Dort unten erspähe ich Pudgy. Mit der Kraft eines Ertrinkenden klammert er sich an einem Seil fest, damit er auf dem eisglatten Boden nicht abrutscht. Er ist nicht der Einzige, der erkennen muss, dass ein Paar Nikes nicht unbedingt die richtige Fußbekleidung für Spaß im Schnee sind. Mir schaudert bei dem Gedanken an den indischen Großvater in seinen Sandalen. Pudgy schafft es immerhin, mit der freien Hand Fotos von der im Sonnenlicht gleißenden Schneefläche und den Berggipfeln dahinter zu machen.

Ich kehre ins Gebäude zurück, wo ich aus dem Augenwinkel etwas bemerkt hatte, das ich nicht für möglich gehalten hätte: einen Uhrenladen. Vermutlich handelt es sich nicht um den höchsten Uhrenshop der Welt, sonst hätten die Jungfrau-Eigner diese Tatsache schon längst hinausposaunt. In eklatanter Verkennung geografischer Realitäten vermarkten sie ihren Vergnügungspark ja auch als »Top of Europe« – als ob nicht der Mont Blanc Europas höchster Gipfel wäre.

Wer, so frage ich mich, will schon in 3700 Meter Höhe eine Schweizer Luxusuhr kaufen – und finde umgehend die Antwort. Eine dicke Traube Chinesen umringt den Stand, gestikuliert und diskutiert. Einige kommen aus dem Inneren der Menschentraube zum Vorschein und halten stolz und glücklich aufwendig eingewickelte Päckchen in den Händen. Ich würde gerne wissen, welches die teuerste Uhr ist, die es hier im Angebot gibt, und bahne mir einen Weg zum Verkaufstresen. Leider muss ich unverrichteter Dinge wieder abziehen. Die beiden Verkäuferinnen sprechen nur Chinesisch.

Zum Glück komme ich beim Mittagessen mit Englisch zurecht, denn das ist eine der Amtssprachen in Indien. Ich habe mich von einem Strom indischer Gäste mittreiben lassen und bin offensichtlich auf diese Weise wie auf einem Zauberteppich Tausende Kilometer weit nach Osten gereist. Plötzlich finde ich mich in einer authentischen Garküche wieder, wie sie irgendwo zwischen Lahore und Dhaka stehen könnte: Bollywood-Musik aus den Lautsprechern, Bollywood-Filmplakate an den Wänden, schlichte Resopal-Tische. Dazu eine bescheidene Auswahl von zwei Gemüse- und einem Hühner-Curry in silbernen Metallbehältern, dazu Plastikteller und Plastikbesteck. Nicht einmal Details wurden vergessen, wie das überdimensionale Foto eines schneebedeckten Alpenpanoramas. Doch halt, das ist ja der Blick aus dem Fenster.

Für wagemutige Gäste hat das Bollywood-Restaurant, das in der dünnen Schweizer Bergluft schon seit der Jahrtausendwende für das leibliche Wohl von Besuchern sorgt, auch Zürcher Geschnetzeltes im Angebot. Es bleibt unberührt, vermutlich weil sich herumgesprochen hat, dass es eigentlich aus Kalbfleisch zubereitet wird. Da hilft auch der Hinweis des Kellners nicht, dass man Huhn verwendet hat.

Kurz vor der Abfahrt meines Zuges finde ich Pudgy wieder. Er fotografiert den Stationsvorsteher, der in seiner grauen Uniform exakt so aussieht wie Tom Hanks in der Rolle des Zugschaffners in dem Film »Der Polarexpress«. Um den Fahrgästen die Wartezeit zu vertreiben, laufen auf den Monitoren an den Wänden Ausschnitte aus einem anderen Hollywood-Streifen: »Ice Age« – womit ohne große Mühe der Bogen zum Aletschgletscher draußen geschlagen wird.

Jetzt hat Pudgy auch mich entdeckt. Strahlend kommt er auf mich zu. Stolz trägt er eine Mütze, die er sich als Andenken gekauft hat. »Jungfrau« steht darauf, neben einem Schweizer Kreuz. Vom Schnitt her sieht sie aus wie eine jener Mützen, die japanische Soldaten im Zweiten Weltkrieg trugen. Pudgy deutet mit dem Finger auf die Kopfbedeckung. Ich zucke zusammen. Hat er sich gerade an den Kopf getippt? »Nice?«, fragt er und lächelt selig. Ich nicke: »Nice.»

Der Schellen-Beethoven vom Muotathal:
# Wie die Glocke an die Kuh kommt

Zürich mag zwar kleiner sein als London, Tokio oder New York, aber verstecken muss sich die Stadt an der Limmat hinter solchen Weltmetropolen trotzdem nicht. Das gilt vor allem fürs Shopping: Es gibt in Zürich alles, was es auch in der Fifth Avenue, der Bond Street oder der Ginza gibt: Haute Cuisine und Haute Couture, Punk-Klamotten und Budapester Schuhe, Luxusuhren und Luxusautos. Die Banken, wo man Bares nachtanken kann, sind nur ein paar Schritte entfernt.

Zürich ist sogar besser als Tokio, London und New York. Denn hier gibt es Dinge, die man dort nicht findet. Luxemburgerli von Sprüngli zum Beispiel oder leckeres Raclette. Und Kuhglocken. Man mag sich zwar schwertun, irgendwo im Zürcher Stadtgebiet eine lebende Kuh zu finden, aber Glocken hängen in jedem Souvenirladen: goldglänzend mit bestickten Bändchen und bedruckt mit bunten Bildern von Kühen, Käselaiben und dem Matterhorn – vor allem dem Matterhorn. Es gibt Glocken in verschiedenen Größen, und beim Schweizer Heimatwerk, dem Spezialisten für ganz besonders teuren Tand, erreichen sie fast Originalformat.

Meine Frau wünscht sich eine Kuhglocke. Noch bevor wir einen Fuß auf eidgenössischen Boden setzten, wusste sie: Dies würde das Souvenir sein, das sie aus unserer neuen Heimat mitbringen wollte. Aber sie will keine Touristenglocke made in China. Sie strebt nach Authentizität, soll heißen: Im Idealfall kann es ruhig eine Glocke aus zweiter Hand sein, getragen und gebimmelt, sofern sie nur echt ist. Doch weil weder Bauern noch ihre Kühe sich freiwillig von ihren

Glocken trennen, stehen wir jetzt auf der Hauptstraße in Muotathal und starren durch ein Schaufenster auf eine Auslage von Kuhglocken. Es müssen viele Dutzend sein, von kleinen Bimmeln, die man höchstens einem Hamster um den Hals hängen könnte, bis zu mächtigen Kalibern, die sich auch in einem Kirchturm nicht verlieren würden. Sie sind funkelnagelneu, und die Sonnenstrahlen, die durch die Scheibe fallen, lassen sie aufblitzen wie kostbare Kleinodien.

Noch sind der Laden und die Schmiede nebenan geschlossen. Die Mittagspause geht erst in ein paar Minuten zu Ende, und diese Unterbrechung wird vom Einzelhandel in Muotathal offenkundig ernster genommen als in Zürich. Wir scheinen die einzigen Menschen im Ort zu sein, zumindest unter freiem Himmel. Vorhin im Wirtshaus waren wenigstens ein paar Tische besetzt. Vom Alter her hätte es sich bei diesen Gästen um Teilnehmer am Feldzug des russischen Generals Suworow handeln können, die auf dem Weg zur Schlacht mit Napoleon hier hängen geblieben und in Ehren gealtert waren. Leider ist nicht überliefert, was der alte Russe von bimmelnden Kühen gehalten hat.

Streng genommen sind es ja keine Glocken, die da hinter dem Schaufenster auf Käufer warten, sondern Schellen. Und wenn man es ganz genau nimmt, müsste man von Treicheln reden. Das hatte mir jedenfalls Eligius Schelbert erklärt, als wir uns telefonisch verabredeten. Glocken werden gegossen, Schellen geschmiedet. Er selber sei ein Schmied, einer der letzten seines Faches. Und deshalb verkaufe er Schellen. Oder Treicheln.

Das Schmiedehandwerk mit all dem Hämmern, Scheppern und den zischenden Schweißbrennern ist eine verhältnismäßig laute Tätigkeit, was erklären könnte, weshalb Eligius Schelbert uns aus Leibeskräften anbrüllt, als er exakt um zwei Uhr die Tür zur Werkstatt öffnet. Die Lautstärke behält er bei, als wir hinüberwechseln in den vergleichsweise ruhigen Laden, wo bereits ein Kunde wartet. Der scheint ein Stammkunde zu sein, denn er brüllt nicht minder laut zurück.

In Schelberts Dezibel mischt sich Stolz, als er seine Produkte vorstellt, die in Reih und Glied wie Orgelpfeifen auf den Regalen angeordnet sind: die ganz kleinen »Pragelglocken«, die offensichtlich doch nicht für Hamster gedacht sind, sondern für Ziegen und Schafe. Dann folgt die mittelgroße »Gotthard Spezial« für Kälber und schließlich die wuchtige »Muotithaler Trychle« ganz rechts außen. Sie wird der Leitkuh nur im Frühling und im Herbst umgehängt, zum feierlichen Almauf- und abtrieb. »Mit dieser Glocke«, ruft Schelbert, dass die Scheiben klirren, »sieht man der Kuh an, wie stolz sie sich fühlt.« Da macht es ihr vermutlich auch nichts aus, wenn sie vom Gewicht der Glocke beinahe in die Knie gezwungen wird. Schönheit muss leiden, dieses Prinzip gilt auch in der Welt der Kühe.

Mit seinem zierlichen Körperbau, der Brille und dem Goldring im linken Ohrläppchen sieht Eligius Schelbert nicht gerade aus, wie man sich einen Mann vorstellt, der in einem abgelegenen Schweizer Bergtal in harter Handarbeit Kuhglocken herstellt, pardon: am Amboss Schellen schmiedet. Tatsächlich aber ist er der größte Produzent des Landes, dessen Schellen, wie er mit der Nonchalance eines Karl Lagerfeld erklärt, »weltweit gern getragen werden«. Es gibt zwar noch die Berner oder die heller klingende Walliser Glocke, wie Schelbert ein wenig abschätzig bemerkt. Die zentralschweizerische Viehglocke aber sei so etwas wie der Microsoft-Standard der Branche: Sie wird vor allem ins nahe Ausland exportiert – nach Österreich, Südtirol und ins Allgäu.

Der Kunde hat inzwischen eine Schelle von der Größe einer Milchkanne aus dem Regal gewuchtet und hinaus vor die Tür getragen. Kuhglocken, verrät Schelbert, sollten nie in geschlossenen Räumen geläutet werden. Ich kann verstehen warum. Zur Veranschaulichung hat er das soeben getan, und meine Frau und ich sind fast taub geworden. Vielleicht hat ja nicht so sehr das Schmieden Schelberts Gehör zugesetzt als vielmehr das Probeklingeln. Aber darum geht es nicht, wie der Schmied erklärt. Nur im Freien kann die Glocke ihren reinen Klang entfalten.

In vierter Generation betreibt Schelbert den 1870 gegründeten Kleinbetrieb in Muotathal im Kanton Schwyz. Bei der Wahl seines Berufes dürfte er schon von Geburt an keine Mitsprache gehabt haben: Seinen außergewöhnlichen Vornamen teilt er mit dem Heiligen Eligius, dem Schutzpatron der Schmiede. Schelbert selbst hat solche Vorkehrungen bei seinem Nachwuchs nicht getroffen. Nach ihm wird voraussichtlich keiner seiner Söhne den Betrieb übernehmen und weiterführen, sondern ein Neffe, der nicht Eligius heißt.

Wie lange das kleine Unternehmen Bestand haben wird, weiß niemand zu sagen. »Langfristig«, sagt Schelbert und stellt eine massige »Froschmulglocke« zurück aufs Regalbrett, »langfristig ist die Glocke ja schon am absterbenden Ast.« Gewiss, so fügt er rasch beruhigend hinzu, es werde immer Kühe mit Glocken geben, allein schon wegen ihrer Bedeutung für den Fremdenverkehr. Auch wenn sich manche Städter noch so über das endlose Gebimmel erregen mögen, sie gehörten einfach zum Ambiente. Außerdem sind da noch Schweizer Fußballfans, die nie ohne Kuhglocken zu Auswärtsspielen ihres Nationalteams reisen. Ganz zu schweigen vom Glockenschwingen, einem Schweizer Volkssport.

Aber in der Viehwirtschaft, gibt Schelbert zu bedenken, werde diese traditionelle Ortungsmethode für das Milchvieh immer weniger wichtig. »Außerdem«, meint er augenzwinkernd, »sind unsere Glocken zu gut: Die gehen nie kaputt. Sie halten für mehrere Generationen. Von Kühen, nicht von Bauern.«

Das hatten wir schon vermutet, als uns kein Landwirt eine Secondhand-Schelle abtreten wollte. Später hatten wir dann noch erfahren, dass Glocken verliehen werden wie Medaillen bei Olympischen Spielen. Bei Schönheitswettbewerben auf Landwirtschaftsschauen bekommt die Kuh die Schelle, der Bauer geht mit einem Handgeld nach Hause.

Da uns dieser Weg mangels einer eigenen Kuh versperrt bleibt, schaut sich meine Frau nun prüfend in Schelberts Laden um. Seit einigen Minuten studiert sie ein besonders prächtiges Exemplar. Eine Alltagsglocke kann dies nicht sein. Hier hatte ein Künstler seine Hand im Spiel. In das Metall ist das Bild eines kompletten Almauftriebes eingeprägt.

Die Schuld am Niedergang der Glocke gibt der Schmied unter anderem Biobauern, die ihre Kühe nicht mehr auf die Berge treiben, sondern in modernen, ausgedehnten Laufställen halten. »Ihre Tiere haben einen Chip im Halsband«, seufzt er. Das heißt, dass im Zweifel das GPS des Computers die verirrte Kuh findet und nicht mehr das menschliche Ohr.

Doch das Ohr ist in seinem Beruf überaus wichtig, betont er, so wichtig wie für einen Kapellmeister. Ein Kapellmeister? »Die Glocke kann ja nicht irgendwie scheppern, die Kunden wählen sie nach dem Klang aus, sie muss zu ihnen melodiös sprechen«, ruft Schelbert mit seiner Alphornstimme. Deshalb brauche er als Schmied ein ziemlich gutes musikalisches Gehör. Am Amboss werde nicht nur blindwütig auf das Metall eingehämmert, hier würden die Schellen gestimmt wie die Pfeifen einer Orgel. Zum Beweis langt er abermals ins Regal und bimmelt in Terz- und Quintensprüngen die Tonleiter hinauf, dass mir die Trommelfelle schier zu zerspringen drohen: Do, re, mi, fa, so, la – zur Not könnte sich ein Orchester an der Vorgabe orientieren. Einen Augenblick stutze ich, denn wie kann ein Mann mit Hörproblemen Kuhschellen musikalisch stimmen? Doch dann denke ich an den späten Beethoven und seine Neunte und schweige.

Nun mischt sich der Kunde ins Gespräch ein, der seine Glockentests draußen beendet hat und wieder in den Laden gekommen ist. »Jede Kuh hat eine Glocke mit einem anderen Ton«, versichert er, und da bei diesen Worten nicht das leiseste Zucken in seinem Gesicht zu erkennen ist, nehme ich an, dass er im Ernst spricht. »Für einen Bauern«, fügt er hinzu, »ist so eine Herde auf der Weide wie ein Glockenspiel. Krach gibt es sowieso zu viel auf der Welt. Da sollen wenigstens unsere Kühe gut tönen. Das macht auch sie selber glücklicher.«

Der musikalische Aspekt freilich stand eher im Hintergrund, als man damit begann, Kühen in den Sommermonaten auf der Alm Glocken um die Hälse zu hängen. Nach den Worten des Schweizer Kuhglocken-Historikers Hannes Moor entstand der Brauch im Appenzeller- und im Berner Saanerland. Das Geläute sollte dem Senner helfen, die Tiere bei Nebel rasch wiederzufinden, bevor sie irgendwo abstürzten. Außerdem half der Lärm, pardon: der Wohlklang, Raubtiere und – für abergläubisch gesinnte Alp-Öhis –

Geister und Dämonen fernzuhalten. Von Anfang an waren Glocken zudem ein Status-Symbol. Das galt vor allem bei den rituellen Almabtrieben im Herbst, bei denen die Bauern demonstrieren konnten, wie viel Vieh sie besaßen, für das sie sich teure Glocken leisten konnten. Nicht so sehr das Holz vor der Hütte machte Eindruck, sondern der Klöppel am Hals.

Billiger sind die Glocken seither nicht geworden, wie meine Frau nun feststellen muss. Die Pracht-Treichel mit dem prunkvoll bestickten Lederhalsband, für die sie sich so interessiert, ist mit 1023 Franken ausgezeichnet. »Für dieses Geld«, raune ich meiner Frau zu, »bekomme ich ja fast ein Halsband für dich.« Sie kneift kurz die Augen zusammen und wendet sich den kleineren Varianten zu. Aber auch für diese muss man mehrere Hundert Franken hinlegen.

Meine Frau sieht mich an, als ob sie sagen wollte, dass ich vielleicht doch lieber Schellenschmied als Schreiber geworden wäre. Aber Schelbert scheint nicht unbedingt ein gemachter Mann zu sein. Allein vom Schellenbau kann er nicht leben. In seiner Werkstatt entstehen daher auch Grablampen, Treppengeländer sowie Sensen und andere landwirtschaftliche Gerätschaften. Seit einiger Zeit ist das alles andere als romantische Geschäftsfeld der Sanitärtechnik dazugekommen.

Nach all dem Geläute hier im Laden dröhnt mein Kopf, als ob er selber eine Glocke wäre. Eine Frage beschäftigt mich deshalb sehr: Was denn die Kuh dazu meint, dass sie sich bei jedem Schritt buchstäblich selbst die Ohren zudröhnt. Ich habe keine Ahnung, wie sensibel die Ohren einer Kuh sind, aber dieses Getöse den ganzen Tag hören zu müssen, dürfte sogar für einen abgebrühten Altrocker schmerzhaft sein, geschweige denn für eine Kuh.

Schelbert und sein Kunde blicken sich an, als ob ich gefragt hätte, ob Käse aus Milch hergestellt wird. Dann zuckt der Schmied die Achseln: »Da müsste man mal eine Kuh selbst fragen«, grinst er. Sein Kunde bleibt ernster. »Gefragt habe ich noch keine«, meint er. »Aber eines weiß ich: Wenn eine Kuh ihre Glocke nicht bekommt, ist sie beleidigt. Und sie wird von den anderen Tieren geschnitten. So eine Glocke ist ein echtes Statussymbol für die Kuh.«

»Siehst du jetzt, wie wichtig so eine Kuhglocke ist«, fragt meine Frau, als wir wieder beim Parkplatz angekommen sind.

»Du meinst wohl: Schelle«, erwidere ich.

»Glocke oder Schelle, das ist alles eins. Ich wünsche sie mir mehr als vorher.«

»Für diesen Preis?«

»Du kannst ja schon mal zu sparen anfangen. Oder ist deine Frau dir nicht so viel wert, wie einem Bauern seine Kuh?«

## Unbedingt abwehrbereit: **Biedermann als Ballermann**

Man kann nicht sagen, dass sich Johann besonders elegant auf dem Boden drapiert hätte. Er erinnert eher an einen unförmig gefüllten Sack oder an eine Leiche in einem Tatort-Krimi: die Beine angewinkelt, der Kopf zur Seite verdreht, sein Kugelbauch quillt unter dem massigen Körper hervor.

Doch Johann ist nicht tot. Er ist quicklebendig, was man unter anderem daran erkennt, dass er in regelmäßigen Abständen schwer atmet. Es klingt wie Seufzen. Außerdem hält er ein Gewehr in den Händen, aus dem er methodisch Schuss für Schuss abfeuert. Nach einigen Augenblicken bemerke ich, dass die Atemzüge auf die Schussfrequenz abgestimmt sind: einatmen, ausatmen – peng. So wie man es in der Bourne-Trilogie über professionelle Scharfschützen gelesen hat.

Aber Johann ist kein Geheimagent wie Jason Bourne und schon gar kein Profikiller. Johann ist Schweizer. Und gemeingefährlich sieht er überhaupt nicht aus. Die Wampe hängt ihm über den Bund seiner Cargo-Shorts, das Ringelshirt spannt vorne, hinten und unter den Achseln, und aus den Gesundheitssandalen lugen Zehen groß wie Knoblauchknollen. Das macht aber alles nichts, denn Johann muss in seinem Alter niemandem mehr etwas beweisen. Er schießt, weil es ihm Spaß macht, und nicht, weil er seine Wehrkraft zum Schutz der Eidgenossenschaft stählen muss. Das überlässt er den jungen Burschen am anderen Ende des Raumes. Sie sind im wehrpflichtigen Alter und leisten ihre alljährliche Pflicht-Schießübung ab, auf Schweizerisch schlicht »das Obligatorische« genannt.

Ich hatte viel gehört von Schießpflicht und Schießfreude der Schweizer, von Gewehren in Kleiderschränken und vom Konzept einer allzeit abwehrbereiten Nation, gegen die sich der deutsche »Bürger in Uniform« recht zivil ausnimmt. Einmal war mir schier das Herz stehen geblieben, als mir frühmorgens ein Nachbar über den Weg lief – in Tarnjacke und mit geschultertem Sturmgewehr. Er war aber nur unterwegs zur Übung.

Und nun sehe ich als ersten Reservekrieger Johann im Einsatz. Wahrscheinlich ist es ganz gut, dass er im Ernst- und Verteidigungsfall nicht mehr als Hilfskraft beigezogen werden kann. Denn er trifft nur selten die Ringe auf der Scheibe, die sich 300 Meter weit entfernt aus dem hohen Gras erhebt. Ganz anders als sein Nachbar zur Rechten: So wie Beat könnte man sich Daniel Craig als Rentner vorstellen: fit, braungebrannt mit vollen, grauen Locken. Er verschmilzt fast mit dem Boden, so flach hat er sich bäuchlings ausgestreckt, die Beine im spitzen Winkel gespreizt. Auf der rechten Schulter seines edel abgetragenen Lederblousons blitzt ein schwarzgelber Aufnäher auf, der aussieht wie der Ferrari-Hengst. Es ist dann aber doch nur das Gemeindewappen von Männedorf: ein Otter mit einem Fisch im Maul.

Beat ist so alt wie seine Waffe, ein Schweizer Repetiergewehr des Typs K31 aus dem Jahr 1931 mit hölzernem Schaft und einem Verschluss- und Nachlademechanismus, der Old Shatterhand vertraut gewesen wäre. Diesen Verschluss bedient er zügig, aber nicht hastig, mit eingeübten, gleitenden Bewegungen: ritsch, ratsch, peng – ritsch, ratsch, peng. Jeder Schuss sitzt. Er feuert nicht auf Ringe, sondern auf eine Scheibe mit eckigen Umrissen, die unverkennbar einen menschlichen Körper darstellen. Bei Beat haben diese Pappkameraden keine Chance: einmal Herzschuss, einmal Bauchschuss, dann wieder mitten ins Herz. Nur ein einziger käme lebend davon, wenn er Beat in offener Feldschlacht begegnen würde – mit einer zertrümmerten Schulter.

Nun haben Schweizer Soldaten schon ziemlich lange nicht mehr im Zorn im Feld auf einen Feind geschossen. Zuletzt war dies 1847 der Fall, als sich das kleine Land – 200 Jahre nach dem Ende des

Dreißigjährigen Krieges – den Luxus eines eigenen kleinen religiösen Bürgerkrieges gönnte. In ausländische Händel war die Eigenossenschaft das letzte Mal 1515 verstrickt, in Marignano vor den Toren von Mailand. Die strammen Bergbauern waren damals übermütig geworden und wollten auch noch die reiche Handelsmetropole ihrem Bund einverleiben. Doch der Versuch schlug fehl, die Schweizer erlitten eine vernichtende Niederlage und zogen sich in ihre Berge zurück, um ihre Wunden zu lecken. Doch im Gegensatz zu anderen Nationen gelobten sie nicht Rache, sondern zogen die einzig richtige Konsequenz: Von Stund' an schworen sie kriegerischen Konflikten ab und verlegten sich auf die weitaus profitablere Neutralität. Angereichert freilich um den nicht minder einträglichen Verleih von Söldnern an fremde Herrscher. Auch dies geschah unter strikt neutralen Gesichtspunkten: Wer Geld hatte, bekam Schweizer Soldaten – egal, um was, gegen wen oder wofür er Krieg führte. Damals verbreitete sich der geflügelte Spruch: »Pas d'argent, pas des Suisses« – Haste keine Knete, kriegste keine Schweizer.

Dieser Geschäftszweig verankerte über die Jahrhunderte eine tiefe militärische Tradition in der Eidgenossenschaft. Mochte Alpennachbar Österreich nach dem charmanten Herzensbrecher-Motto leben: »Kriege lass andere führen, du glückliches Österreich heirate«, so rühmten sich die kernigen Schweizer permanenter Kampf- und Verteidigungsbereitschaft. Bis heute sind viele Eidgenossen felsenfest davon überzeugt, dass ihr Land nur deshalb nie von begehrlichen Großnachbarn geschluckt wurde, weil jeder Bürger nicht nur seinen Schießprügel zu Hause stehen hatte, sondern auch wusste, wie man damit umgehen musste. Vor der allgemeinen Einführung von Schusswaffen waren es Hellebarden, und es ist bezeichnend, dass sich nur im Schweizerdeutschen die Redewendung erhalten hat, dass Kontrahenten »mit gleich langen Spießen kämpfen« müssten, wenn von Chancengleichheit die Rede ist.

Ja, die Schweiz strotzte vor mannhaftem Selbstbewusstsein. Sogar Hitler und seine Generäle, so die bis weit in die Nachkriegszeit allgemein akzeptierte Lesart, hätten es sich zweimal überlegt, ihre Panzerverbände über die Schweizer Grenze rollen zu lassen. Ein

Fuchs wendet sich ja auch von einem Igel ab, wenn der sich erst einmal zu einer unappetitlichen Stachelkugel zusammengerollt hat, sagte man unter Ausblendung der Tatsache, dass schon ein marktüblicher Kleinwagen des Igels Tod sein kann, geschweige denn ein Panzer. Stattdessen hielt man sich lieber an den deutschen Kaiser Wilhelm Nummer zwei. Hatte der nicht nach einem schweizerischen Manöverbesuch kurz vor Ausbruch des Ersten Weltkrieges mit einer Mischung aus Verwunderung und Respekt höchstderoselbst ausgerufen: »Potzblitz, das können die Belgier nicht!«

Es ist also eine lange und stolze Tradition, die hier oben im Schützenhaus über Männedorf am Zürichsee gepflegt wird, genauso wie in zahllosen anderen Schützenvereinen zwischen Rhein und Rhone, Boden- und Luganer See. Meist liegen die Anlagen versteckt irgendwo im Wald. Wenn man vorbeifährt, blitzen die Scheiben so kurz auf, dass man meint, sich verguckt zu haben. Hören dagegen kann man die Schützen immer, wenn das Echo der Schüsse durch die Täler und über die Seen hallt. Ich weiß besonders gut, wann jeweils geübt wird. Unser Hund ist so geräuschempfindlich, als ob er in einem Trappistenkloster aufgewachsen wäre. Sobald die ersten Schüsse fallen, verkriecht er sich in die Duschkabine im Gästebad.

Ich war ja ein wenig skeptisch gewesen, welchen Empfang man mir im Schützenhaus bereiten würde. Ich hatte gelesen, dass Fremde nicht so gerne gesehen werden, wenn sie sich zu offenkundig für die Ballerei im Staatsauftrag interessieren. Spione lauern schließlich überall, sogar in der vermeintlich biederen Schweiz. Die Männer waren aber recht entspannt damit umgegangen, dass ein Deutscher sie besuchen wollte. Im Zeitalter der globalen Satellitenüberwachung, schienen sie zu denken, gibt es nicht viel, was ich zur militärischen Aufklärung beitragen könnte. Nur als ich erwähnt hatte, dass ich im Nachbardorf Stäfa wohne, runzelte der eine oder andere die Stirn. An der Gemeindegrenze hört die unverbrüchliche Eidgenossenschaft schnell auf, das hatte ich nicht zum ersten Mal bemerkt. »Haben die Stäfner dich etwa zu uns geschickt?«, hatte Beat besorgt gefragt. Ich beruhigte ihn mit den Worten, dass ich nicht viel von den Schützenkünsten der Stäfner halte. Ich nehme ihnen krumm, dass sie bei ihren Schießübungen meine bevorzugte Jogging-Route durch den Wald sperren. Ich schließe daraus, dass sie kein allzu großes Vertrauen in die Treffsicherheit ihrer Mitglieder setzen.

Die Männer im Männedorfer Schützenhaus haben eine Pause eingelegt und die Kopfhörer hochgeschoben. Sie sehen aus wie erschreckte Erdhörnchen, was einen aparten Kontrast zu den Sturmgewehren bildet, die sie in den Händen halten. Johann ist neben seinem Gewehr liegen geblieben. Es sieht aus, als ob er eingeschlafen wäre. Aber vielleicht will er sich nur die Strapaze ersparen, aufzustehen. Schließlich muss er für eine zweite Runde wieder in die Horizontale wechseln.

Die jungen Burschen vom Militär drängeln sich um die Ausgabestelle für die Munition. Die Patronen werden genau abgezählt ausgehändigt, denn sie sind nicht billig: 2,50 Franken pro Schuss, da kommt schnell einmal etwas zusammen. Für die Munition der Wehrmänner kommt zwar der Steuerzahler auf, aber gerade der rechnet gerne genau nach, wofür seine Franken und Rappen ausgegeben werden.

Früher hatte jeder Schweizer einen Notvorrat an Munition zu Hause aufbewahrt. »Das war für den Fall, dass er im Krieg auf dem Weg in die Kaserne einem Feind begegnet und sich verteidigen muss«, erklärt Beat. Er schafft es, bei diesen Worten keinen einzigen Gesichtsmuskel zu verziehen. »Leider hat man das abgeschafft.« Er seufzt. Wahrscheinlich stellt er sich vor, wie Schweizer Reservisten nun den Feind mit dem ungeladenen Gewehr verprügeln müssen.

Diese Patronenvorräte daheim konnten freilich dem Besitzer auch ordentlich Kopfschmerzen bereiten, wie mir mein Freund Ruedi einmal erklärt hatte. Als er ins Ausland versetzt wurde, konnte er sie schlecht mitnehmen und musste sie entsorgen – die Frage war nur, wo und wie. In der Müllverbrennungsanlage sollten sie nicht unbedingt landen. Letzten Endes fuhr er in einer dunklen Nacht in den Wald und vergrub sie dort.

Diese Notmunition war, wie mir Beat erklärt, nicht in einer Schachtel eingepackt, sondern in einer Dose eingeschweißt. Ich finde diesen Umstand sehr reizvoll, bedingt er doch im Ernstfall den Einsatz eines anderen unverzichtbaren Teils der Ausrüstung schweizerischer Soldaten: des roten Taschenmessers mit eingebautem Dosenöffner. Ich frage mich, ob auf dem Etikett der Dose der Inhalt ehrlich beschrieben wurde oder ob man die Munition vielleicht als Ravioli oder Sauerkraut camouflierte. Nur für den Fall, dass der Feind sich Zutritt zur Wohnung verschaffte.

In Schweizer Wohnungen geht es übrigens weitaus militaristischer zu, als man dies vermuten würde – und dies betrifft nicht nur das fast schon sprichwörtliche Sturmgewehr im Kleiderschrank. Obwohl der eigentliche Wehrdienst nach Aussagen von Absolventen eher locker und ansatzweise dadaistisch verläuft (»Eine Mischung aus bravem Soldaten Schwejk und M.A.S.H«, lautete ein Zitat), umgibt sich der Schweizer gerne mit militärischen Alltagsgütern.

Das Armeetaschenmesser haben wir ja schon erwähnt, und Fachgeschäfte machen rauschenden Umsatz mit Uniformteilen, Stiefeln, Feuerschalen nebst passenden Kochtopfsets, Seesäcken, Gletscherbrillen, Feldbetten und sogar Helikopter-Helmen. Bei Letzteren dürfte es sich um Kopfbedeckungen für Piloten handeln, nicht um etwas, das man dem Hubschrauber überstülpt.

Der größten Beliebtheit aber erfreut sich ein unscheinbares, graues und ein wenig kratziges Stück Tuch: die Original Schweizer Armeedecke. Sie mag zwar nach nichts aussehen und bei jedem Vergleich mit einem Kaschmir-Plaid den Kürzeren ziehen. Aber mit ihr macht man als Schweizer ein Statement: Ich bin ein Eidgenosse, auch dann, wenn ich friere und mich in Wollfilz wickeln muss.

Nicht ganz so ungeteilte Zuneigung genießt die Militärschokolade. Aus diesem Grund gibt es sie vermutlich nur einmal im Jahr, zum Nationalfeiertag am 1. August. Mit den anderen Schokoladen, für die das Land zu Recht weltberühmt ist, kann die Militärausführung freilich nicht konkurrieren. Nicht dass Militärschoggi total ungenießbar wäre. Sie schmeckt ein wenig wie englische Schokolade, also tauglich für extreme Notfälle. Wahrscheinlich wurde sie von Schweizer Armeeplanern mit folgender Überlegung entwickelt: Wem es gelingt, Armeeschokolade herunterzuwürgen, der ist auch bereit, sich als Gefangener notfalls von Spinnen, Skorpionen und dem gelegentlichen Teller Hirsebrei zu ernähren.

Das Kernstück aber ist das Gewehr, und Beat zeigt es mir. Liebevoll streicht er über den Lauf, wendet es hierhin und dorthin, um seine – nun ja – Schokoladenseiten am besten zur Geltung zu bringen. »Das ist ein schönes Gewehr«, sagt er. »Design und Präzision gehen Hand in Hand, damit man mit dem geringsten Aufwand gut schießen kann.« Er kneift ein Auge zusammen und hebt die Waffe an die Wange. Dann fällt ihm das überzeugendste Argument ein: »Mit dem kann man eine Putzfrau zum Schießen schicken«, verkündet er stolz. Das bringt mich auf eine Idee. »Dann könnte es ja sogar ich versuchen«, fährt es aus mir heraus. Instinktiv dreht sich Beat zur Seite, sodass das Gewehr halb hinter seinem Rücken versteckt wird. Ein bisschen beleidigt bin ich schon über seine Reaktion. Gewiss, ich gehöre nicht zu den besten Schützen. Ich halte mich auf Jahrmärkten von Schießbuden fern – aus Gründen der öffentlichen Sicherheit. Aber das weiß Beat ja nicht, und hier oben kann ich niemanden treffen, höchstwahrscheinlich noch nicht einmal die Scheibe.

Ich sehe Beat an, dass ihm die Situation peinlich ist. Offenkundig ringt er um eine Ausrede. »Das ist eine Dienstwaffe«, quetscht er schließlich hervor. »Also, die gehört gewissermaßen der Schweiz, und nicht mir, und du bist ja kein Schweizer.«

»Kein Problem«, erlöse ich ihn aus seiner Peinlichkeit. »Wahrscheinlich löst sich nur ein Schuss, wenn der Abzug einen Schweizer Finger spürt. Wie bei James Bond.«

Beat lächelt erleichtert. »Ja, so ähnlich«, sagt er. »Und Waffen sind keine Spielsachen.« Ich nicke, aber überzeugt hat er mich nicht. Wenn mit Waffen nicht zu spaßen ist, warum hält Beat dann nichts davon, dass sie an einem sicheren Ort deponiert werden? Dieser sichere Ort heißt in der Schweiz übrigens nicht Lager, Storage oder Waffenkammer, sondern – sehr altfränkisch – Zeughaus.

»Das Gewehr gehört nach Hause«, bekräftigt Beat, »das war schon immer so, und das soll auch so bleiben.« Die Umstehenden nicken ihm begeistert zu. »Ganz richtig«, ertönt eine Stimme von unten. »Das Gewehr gehört in den Kleiderschrank. Genau gesagt: Hinter das Brautkleid der Ehefrau.« Es ist Johann, der seinen Körper schwerfällig auf die andere Seite gewuchtet hat und nun spitzbübisch zu uns hoch grinst.

»Wenn jeder im Kriegsfall erst einmal zum Zeughaus rennen müsste«, pflichtet ihm ein junger Mann bei, »das ist doch gar nicht machbar. Und was, wenn der Krieg am Wochenende ausbricht? Ich meine, man kann doch nicht bis Montagmorgen auf sein Sturmgewehr warten. Da ist der Feind schon längst weitergezogen.«

Ich kann mich täuschen, aber irgendwie klingt der Bursche wie Obelix, wenn er mal wieder keine Römer abgekriegt hat.

## Passt Earl Grey eigentlich zu Huhn: **Die letzte Finishing School von Montreux**

Eigentlich hatte ich das Tagesmenu nur bestellt, weil es keine unüberwindbaren handwerklichen Schwierigkeiten beim Verzehr der einzelnen Speisen versprach. Gemischter Salat, Grillteller, Crème brûlée – nichts, was sich nicht mit herkömmlichem Besteck zerkleinern und einigermaßen adrett zum Munde führen ließe.

Doch schon der Salat treibt mir Schweißperlen auf die Stirn. Frisée, zumal wenn er großflächig geschnitten ist, liebt es nicht, aufgespießt zu werden, und gleitet gerne von der Gabel. Wird er in Kombination mit gegrillten Speckwürfeln und einem lauwarmen Spiegelei serviert, verwandelt er sich vollends in ein sogenanntes »tricky food«, das es durchaus mit anderen komplizierten Gerichten wie Hummer oder Weinbergschnecken aufnehmen kann.

Madame Néri kennt sich aus mit derlei heiklen Speisen und vor allem damit, wie man sie in gediegenem Rahmen ordentlich verzehrt, ohne sich zu bekleckern oder anderweitig zum Narren zu machen. Immerhin hat sie Generationen von jungen Damen der besseren Gesellschaft beigebracht, wie man sich formvollendet benimmt. Gerade deshalb ist sie der Grund für meine Schweißausbrüche. Denn sie sitzt neben mir am Tisch im opulent ausgestatteten Restaurant des Hotels Victoria in Glion, einer Nobelherberge wie aus einem Film über das Fin de Siècle.

Seitdem uns der Kellner an den Tisch geführt hat, werde ich den Verdacht nicht los, dass Madame mich durch ihre Goldrandbrille scharf beobachtet, dass sie genau registriert, ob ich mich in zivilisierter Gesellschaft benehmen kann. Und zivilisiert ist die Umgebung, oh là, là. Am Nebentisch nippen zwei alte Damen, die direkt dem Adelsalmanach Gotha entstiegen sein könnten, an ihren kristallenen Weingläsern. Die Kellner treten majestätisch wie Erzherzöge auf, und das Mobiliar würde einem Museum zur Ehre gereichen.

Das ist die Welt von Viviane Néri, ihr Lebensinhalt und ihr Broterwerb. Seit mehr als 40 Jahren leitet sie das »Institut Villa Pierrefeu«, die letzte klassische »Finishing School« für junge Damen in der Schweiz. Einst gab es zwischen Lausanne und Montreux Dutzende solcher Einrichtungen, in denen Mädchen aus gehobenen Gesellschaftsschichten bis hinauf zu jungen Prinzessinnen und Herzogstöchtern den letzten gesellschaftlichen Schliff erhielten, bevor sie standesgemäß verheiratet wurden.

Teils gehobene Hauswirtschaftsschule, teils Parkplatz auf dem Weg vom Schulabschluss zum Traualtar – bald rankten sich Mythen und Legenden um diese Schulen. In der Tat: Zu ihren besten Zeiten bildeten sie den weiblichen Nachwuchs des europäischen Hochadels aus, durchsetzt mit der einen oder anderen indischen Maharani oder amerikanischen Millionärstochter. Auch die beiden Ehefrauen von Prinz Charles – Diana und Camilla – besuchten solche schicken Institute am Genfer See: in verschiedenen Jahrgängen, versteht sich.

Ein normaler Mittelklassehaushalt mit Reihenhaus, zwei Kindern, Hund und Hamster mag denn auch nicht viel profitieren vom Lehrplan der Villa Pierrefeu. Die Frage etwa, was man Musikern in der Pause eines Hauskonzerts serviert, ist bei mir zu Hause noch nicht akut geworden. Ich habe mir auch nie darüber Gedanken gemacht, wozu ich ein Brotmesser benutzen kann, außer um Brot zu schneiden. Etwa um Nachstellungen eines angetrunkenen Gastes abzuwehren? Oder vielleicht, um mit einem beherzten Schnitt folgendes Problem zu lösen: Was tun, wenn ein Gast nur ein halbes Stück Zucker in seinem Tee wünscht? Apropos Tee: Welche Sorte passt eigentlich am besten zu Geflügel? Darjeeling, Yunnan oder Lapsang Souchong? Ganz sicher nicht Earl Grey. Den trinkt man zu Wild.

Aber völlig weltfremd sind die Kenntnisse nicht, die hier vermittelt werden. So manche Diplomatengattin oder Ehefrau eines Industriepräsentanten auf Auslandsposten braucht lange Jahre draußen im Feld und zahllose peinliche Rückschläge, um herauszufinden, ob man zuerst den Bischof der Prinzessin vorstellt oder umgekehrt, ob man Mayonnaise mit dem Löffel serviert und welche Gesprächsthemen man bei einem Dinner in Malaysia besser vermeidet. Und kaum hat sie sich mit den malaysischen mimosenhaften Tabus vertraut gemacht, wird der Gatte nach Mexiko versetzt.

Zu meiner Gymnasialzeit hatte ich einmal auf ausdrücklichen Wunsch meiner Mutter einen Benimmkurs absolviert. Er fand in der Volkshochschule in Nürnberg-Gostenhof statt, mithin in einer weniger spektakulären Lage als jener, die das Institut Villa Pierrefeu weit oben über dem Genfer See und den Dächern von Montreux bieten kann. Dennoch zehre ich noch heute von dem Kurs, den ein verklemmter, wie aus der Zeit gefallener, alter Mann leitete. Ihm verdanke ich es letztlich, dass ich eine Forelle fachgerecht mit einem Fischbesteck filetieren und entgräten kann.

Das Filetieren funktioniert jedoch nur, solange ich dabei nicht kritisch beobachtet werde. Jedes Mal, wenn ich verstohlen zu Madame Néri hinüberblicke, scheinen ihre Augen hinter den Gläsern ihrer Brille diebisch aufzublitzen. Ihre Ohrläppchen schmücken zwei dicke Perlen, und in ihrem streng geschnittenen, königsblauen Kostüm mit dem Hermes-Schal um den Hals wirkt sie ein wenig wie eine petite Version von Margaret Thatcher: halb Geschäftsfrau, halb Gesellschaftsdame – genauso, wie ihre Kunden dies von ihr erwarten. Prinzessinnen gehören heute kaum mehr dazu. »Von denen gibt es viel weniger, als man denkt«, sagt die Directrice, »und die meisten davon leben in Arabien.« Die bildet sie mitunter gleich im eigenen Palast am Persischen Golf aus. Stattdessen belegen heute Töchter und Ehefrauen von Diplomaten, Industriellen, Grundbesitzern, Präsidenten, Premierministern und Managern ihre Kurse, die zwischen zwei und sechs Wochen dauern und mit Prüfung und Diplom abgeschlossen werden.

Längst kommen ins Institut Villa Pierrefeu nicht mehr nur junge Dinger, die gerade die Schule abgeschlossen haben. Die älteste Teilnehmerin war 65, und kürzlich, so erzählt Viviane Néri, hatten sich zehn verheiratete Frauen eingeschrieben: die Gattinnen frisch gewählter Politiker. Woher sie kamen, kann, will und darf die Direktorin nicht preisgeben. Nur so viel verrät sie: »Die mussten erst einmal lernen, wie man zu einem formellen Diner den Tisch deckt.« Hat sich Gertrud Steinbrück schon angemeldet? Selbst wenn das der Fall wäre, es fällt unter den Schutz der Diskretion.

Ob es den Politikerfrauen an Umgangsformen mangelte, bleibt ebenfalls Néris Geheimnis. Aber Manieren lernt man bei ihr sowieso nicht, die klassische Klientel hat das gar nicht nötig. »Wer zu uns kommt, weiß sich zu benehmen«, betont sie. »Bei uns lernen die Schülerinnen vielmehr die Sitten und Manieren anderer Kulturen. Denn aus anscheinend banalen Missverständnissen können folgenschwere und schädliche Verstimmungen erwachsen.«

Es bricht nicht gleich ein Krieg zwischen zwei Nationen aus, nur weil ein Gast die Erbsen mit einem Stück Brot auf die Gabel schiebt statt mit dem Messer, wie das in Frankreich zulässig ist. Aber ein Milliardendeal könnte durchaus den Bach hinuntergehen, wenn man der hochschwangeren Ehefrau des nigerianischen Geschäftspartners zur bevorstehenden Niederkunft gratuliert. Dort ignoriert man es geflissentlich, wenn eine Frau in anderen Umständen ist. Glückwünsche bedeuten, auf Mutter und Kind Unglück herabzuwünschen.

Deshalb sollten die Schülerinnen besonders aufmerksam jene Teile des Lehrplanes studieren, in denen es um nationale Besonderheiten geht. Kann man intime Themen in Deutschland mit jedermann diskutieren, lautet beispielsweise eine Prüfungsfrage. Und: Wie antwortet man einem Deutschen, der einen nach seinem Befinden fragt? A) bis ins kleinste Detail, B) überhaupt nicht, oder C) die Frage sollte gar nicht gestellt werden? Oder dann: Bewegen sich Deutsche bei heiklen Themen auf Zehenspitzen durch das Minenfeld oder sprechen sie die Dinge direkt an?

Deutsche wüssten die richtigen Antworten auf all diese Fragen, und auch Schweizer kennen den großen Nachbarn gut genug, um in keine Fettnäpfchen zu treten. Was aber, wenn ich in Istanbul, ein Sektglas in der Hand, zwanglos Smalltalk mache? Ist es dabei zulässig, wenn ich dem türkischen Gastgeber mein Herz über die höllischen Zollformalitäten ausschütte, die nun schon seit vier Wochen die Freigabe meines Umzugsgutes verhindert haben?

Fallstricke lauern überall. Das fängt schon beim Bekanntmachen an. Nenne ich mich in Frankreich Mrs. Dupont? Madame Dupont? Mrs. Pierre Dupont nach meinem Mann oder formlos mit dem Vornamen Marie Dupont? Und wenn ich dann von meinem Mann rede, wie bezeichne ich ihn? Als meinen Mann, meinen Gatten, als Pierre Dupont, meine bessere Hälfte oder als »den Trampel, der mein Leben zerstört hat«? Gut, die letzte Variante wird bei der höflichen Madame Néri nicht als eine mögliche Antwort zum Ankreuzen angeführt.

Einst gab es auch in Frankreich und in Großbritannien Schulen für den gesellschaftlichen Feinschliff. Doch im 20. Jahrhundert wurden sie zu einem Synonym für die Schweiz. Es waren dieselben Attribute, die dem Land auch in anderen Sparten und Branchen nützen: die Kombination aus deutscher Effizienz, französischer Sprache und italienischer Lebensfreude. Dieses Land war solid, zuverlässig, sicher. Hier konnte man sein Töchterlein getrost unbeaufsichtigt lassen. Dass der Herr Papa zu Beginn und Ende des Schuljahres bei der Gelegenheit auch noch sein Geld auf einer Schweizer Bank besuchen und in Gstaad ein paar Ski-Abfahrten einschieben konnte, musste kein Nachteil sein.

Doch in den 1960er- und 1970er-Jahren setzte auch in der Schweiz ein Massensterben der Schulen ein. Viviane Néri gibt ein wenig der Studentenrevolte von 1968 die Schuld daran. Damals wurde alles infrage gestellt, natürlich auch die rigiden Etikette-Regeln und Benimmvorschriften der älteren Generation. Diese waren auch wirklich ziemlich lächerlich, gibt die Direktorin zu. Es wurde nichts hinterfragt, sondern nur diktiert. »Da war viel Snobismus dabei«, findet die Prinzipalin, »doch dabei ist Snobismus das genaue Gegenteil von guten Manieren: Wenn ich denke, dass ich einer bestimmten Klasse angehöre, sage ich, dass ich besser bin als du. So benimmt sich kein gut erzogener Mensch.«

Wenn in den wilden späten Sechzigern und frühen Siebzigern ein Mädchen tatsächlich noch auf eine Finishing School ging, dann hielt es das vor seinen Freundinnen streng geheim. Es war dann eben ein Französisch-Institut in Vevey oder Lausanne, das es angeblich besuchte. Heute hat sich der Zeitgeist gedreht. Allmählich wird es wieder schick, seine sozialen Fähigkeiten aufzupolieren. Sogar meine Tochter würde sich dafür interessieren – wenn sich ihr Vater die exorbitanten Gebühren leisten könnte.

Madame Néris Institut ist heute das letzte seiner Art. Über mangelnde Nachfrage kann sie nicht klagen. Zum ersten Mal in der Geschichte der Finishing Schools werden in ihrem Chalet in den Bergen nun auch Männer ausgebildet: sowohl im einwöchigen Kurs über »Die europäische Kunst des Dinierens« als auch in der zwei Wochen dauernden Veranstaltung über internationale Etikette. Vor allem junge chinesische Männer, verrät sie, hätten starkes Interesse. Wer sein Leben lang nur mit Stäbchen aß und störende Speichelansammlungen ungeniert in einen bereitstehenden Spucknapf entleerte, so die Vermutung, möchte als knospender Entrepreneur und Milliardär bei ausländischen Partnern nicht unangenehm auffallen.

Gemessen daran, dass es zu meiner Zeit keine Finishing Schools für junge Herren gab, schlage ich mich wacker bei der Lunch-Konversation mit der gestrengen Dame. Sicher, es hat geholfen, dass ich im Kampf mit dem Frisée-Salat rechtzeitig die Waffen gestreckt und Messer und Gabel auf den Teller gelegt habe. Fein säuberlich parallel, versteht sich. Ich bin doch kein Barbar.

Umso mehr überrascht es mich, dass nun auch Madame Néri mit einem durchaus entnervt klingenden Seufzer das Besteck hörbar klirrend fallen lässt und den Teller angewidert weit von sich schiebt. »Ich gebe es auf«, stöhnt sie und nickt in Richtung ölbetropfte Blätter. »Dieser Salat ist viel zu kompliziert zum Essen.«

Zu gleichen Teilen erstaunt und erleichtert blicke ich sie an. »Ich befürchtete schon, dass Sie sich Ihren Teil denken würden, wenn Sie sehen, wie ich den Salat verhackstücke«, hauche ich. »Sie? Ist mir gar nicht aufgefallen«, erwidert sie. »Ich beobachte doch niemanden beim Essen, jedenfalls nicht in meiner Freizeit. Oder haben Sie geglaubt, ich verteile immer Noten?«

## Stramme Waden für den Papst: **Wie werde ich ein Schweizergardist?**

Das Gebäude liegt zwar an einer prominenten Stelle zwischen dem Zaunplatz und dem Bahnhof von Glarus, aber es ist ein Muster an Unauffälligkeit: vier Etagen, unten zwei Läden, daneben eine Bankfiliale und vor dem Eingang eine Mini-Grünanlage mit Brunnen, Baum, Briefkasten und Robidog. Auf der Höhe des dritten Stocks prangt eine dicke Werbeaufschrift. »Hörberatung Glarnerland« steht darauf, als ob Glarner Ohren einer besonderen Betreuung bedürften.

Nichts deutet darauf hin, dass sich in diesem modernen Allerweltsgebäude eine Einrichtung verbirgt, deren Wurzeln bis in die Renaissance zurückreichen. Auch das erste der beiden Klingelschilder, die Bernhard Messmer unten an der gläsernen Eingangstür angebracht hat, weist auf eine sehr zeitgenössische Beschäftigung hin: »Personalmanagement« steht darauf – in konsequenter Kleinschreibung, Schrift Helvetica: flott, modern, frisch. Messmer vermittelt Jobs: in Verwaltung, Gesundheitswesen, Sicherheitsdiensten – querbeet, was gebraucht wird und was er bieten kann.

Man muss schon genau hinsehen, wenn man die zweite, kleinere Tafel erkennen will, die neben der Klingel hängt. Hier dominiert kein modisches Design. Sie ist geschmückt mit einem altmodischen Wappen: den gekreuzten Schlüsseln des Heiligen Petrus und der Tiara, der Krone des Papstes. Denn nebenberuflich geht Messmer einer zweiten Tätigkeit nach. Er rekrutiert den Nachwuchs für die wohl älteste, exklusivste und ehrenvollste Truppe der Welt: die päpstliche Schweizergarde.

Ich muss zugeben, dass ich mehr als ein wenig nervös bin, als ich Bernhard Messmer an einem Holztisch im kargen Besprechungszimmer gegenübersitze. Und dies, obwohl ich mich gar nicht um einen Posten in der vatikanischen Garde bewerbe. Ich erfülle ohnehin so gut wie keine der Voraussetzungen für diesen ganz besonderen Dienst.

Hoch aufgerichtet und mit kerzengeradem Rücken sitzt Messmer da, als ob er eine Hellebarde geschluckt hätte. Er mustert mich streng durch eine modische, dunkle Hornbrille, als ob er sich fragte, welch übler Wind diesen Typen hereingeweht hat. Denn dass ich für die Elite-Einheit nicht infrage komme, konnte er auf den ersten Blick erkennen: zu klein, zu alt. Außerdem bin ich nicht ledig und vor allem kein Schweizer Staatsbürger. Katholisch bin ich zwar irgendwie, aber alles andere als ein aktiver Kirchgänger. Ich wüsste auch nicht, wo ich nach meinem Firmzeugnis suchen sollte, und kein Priester auf der Welt würde mir ein Empfehlungsschreiben ausstellen. Beides sind unabdingbare Voraussetzungen für eine Bewerbung.

Ein wenig einschüchternd wirkt auch die Umgebung. Der Raum erinnert weniger an ein Beratungszimmer als an eine Verhörzelle, wenn auch in einem Polizeirevier in Stockholm oder Oslo: spartanisch, aber zugleich skandinavisch elegant – viel helle Lärche und viel Licht, an den Wänden sparsam moderne Kunst. Der Kontrast könnte nicht größer sein für junge Männer, die einmal unter Michelangelos Deckenfresken in der Sixtinischen Kapelle Wachdienst schieben werden.

Messmer war früher selbst Schweizergardist. Eine »Lebensschule« sei das gewesen, beteuert er, »unbezahlbar«, weil er in diesem Dienst nicht nur beruflich, sondern vor allem menschlich gewachsen sei. Er ist sich sicher: Das würde auch heute jungen Menschen »sehr viel bringen«. Nach den obligatorischen 25 Monaten Dienst beim Papst schlug er anschließend eine Karriere in der Schweizer Polizei ein, bevor er sich mit seiner Personalvermittlung selbstständig machte.

Dass er nun exklusiv für den Heiligen Vater die Rekruten aushebt, ist verhältnismäßig neu. Dieses Mandat vergibt die Garde jeweils an einen gut beleumundeten Schweizer. Der jetzige Kommandant der vatikanischen »Cohors Pedestris Helvetiorum a Sacra Custodia Pontificis«, wie der lateinische Name der Leibgarde vollständig lautet, ist ein alter Bekannter Messmers aus gemeinsamen Polizeitagen. Er hatte sich an ihn gewandt, als der frühere Anwerber in Pension ging.

Messmer hat neun regionale Beauftragte in verschiedenen Regionen der Schweiz unter sich, die eine Vorauswahl treffen. Zu kritisch dürfen sie nicht sein. Eine Mannschaftsstärke von lediglich 110 Mann zu rekrutieren sollte zwar nicht allzu schwierig sein. »Aber wir wollen ja die richtigen Leute, und der Teich, in dem wir fischen, wird immer kleiner«, seufzt Messmer. Am Ende liegt die Verantwortung für die Rekrutierung neuer Hellebardiere und Gardisten bei ihm. Er empfiehlt die Bewerber dem Kommandanten, der dann gemeinsam mit dem Seelsorger der Garde das letzte Wort hat.

In einem Nebenraum schwitzt gerade ein Anwärter über einem Computertest, ein junger Mann aus dem Kanton Fribourg. Interessenten kommen aus allen Teilen der Schweiz, vorwiegend natürlich aus katholischen Kantonen. In bestimmten Familien ist es seit mehreren Generationen Tradition, dass einer der Söhne im Vatikan dient. Und aus nicht näher bekannten Gründen, sagt Messmer, stellt der Ort Naters im Wallis prozentual die meisten Rekruten – 80 Gardisten in den vergangenen 120 Jahren.

Rund anderthalb Stunden dauert der Test am Computer. »Dann ist der Kandidat ordentlich müde«, lächelt Messmer zufrieden. »Vorher habe ich ihn schon zwei Stunden lang befragt, und bevor er geht, gibt es noch mal ein Gespräch.« Der Computer testet die geistigen Fähigkeiten des Interessenten, während Messmers Fragen einen anderen Zweck verfolgen: Sie sollen die Persönlichkeitsstruktur des künftigen Gardisten erhellen, und es soll geklärt werden, ob er sich ein- und unterordnen kann und unter Druck belastbar ist. »Der Bizeps allein ist nicht wichtig«, meint Messmer, »sondern die Frage, ob der Gardist ihn adäquat einsetzen kann.«

Die Durchleuchtung der Psyche ist in den letzten Jahren verfeinert worden, nachdem 1998 der damalige Kommandeur Alois Estermann und seine Frau Gladys von einem Gardisten ermordet worden waren. Estermann war damals erst zehn Stunden zuvor von Papst Johannes Paul II. ernannt worden. Die Gründe für die Bluttat wurden nie restlos aufgeklärt, entweder weil sie sich nicht rekonstruieren ließen – der mutmaßliche Täter tötete sich selbst – oder weil sie von der vatikanischen und der schweizerischen Bürokratie vertuscht wurden.

Ob ich geistig und seelisch hinreichend stabil wäre, um den Papst zu schützen, finden wir bei unserem Treffen nicht heraus. Mir fehlen ja, wie gesagt, die elementarsten Voraussetzungen. Dazu gehören auch ein abgeschlossener Dienst in der Schweizer Armee, ein einwandfreier Leumund und total sanierte Zähne. Letzteres muss übrigens auf eigene Kosten geschehen. Nun ja, das Gebiss könnte ich unter Umständen vorweisen, und auch das mit dem Leumund sollte ich hinkriegen.

Dass keine übergewichtigen Couch-Potatoes in die engere Wahl gezogen werden, versteht jeder, der Bilder der Garde studiert hat: Was da in den rot-blau-gelben Renaissance-Uniformen mit Pluderhose, Helm und stählernem Kürass antritt, repräsentiert oft genug die Blüte helvetischen Mannestums. Schade, dass die Burschen keusch und scheu in ihrer Kaserne leben müssen. Der eine oder andere hätte sogar das Zeug zum Mister Switzerland. Aber leider werden im Vatikan keine Misters oder Missen gewählt, sondern nur der Papst.

Obwohl die meisten jungen Bewerber von Abenteuerlust getrieben werden und von der Sehnsucht, fremde Länder kennenzulernen, ist die Garde – und auf diese Feststellung legt Messmer großen Wert – keine katholische Version der Fremdenlegion. Hier kann niemand anonym hereinspazieren und unter einem fremden Namen ein neues Leben beginnen. Die päpstliche Garde ist ein durch und durch schweizerisches Unternehmen, was sich auch in ihren Werten widerspiegelt, die Messmer mit Zuverlässigkeit, Treue und Pflichtbewusstsein umschreibt.

Nicht minder eidgenössisch ist der Papierwust, den hoffnungsvolle künftige Hellebardiere mit nach Glarus bringen müssen: den

Pass, die Genehmigung des Auslandsurlaubs durch das militärische Kreiskommando, einen Krankenversicherungsausweis, ein Abiturzeugnis oder die Bescheinigung einer abgeschlossenen Berufsausbildung, ein ärztliches Attest, das Resultat eines Drogentests und nicht zuletzt das Empfehlungsschreibens des örtlichen Pfarrers. Solche Briefe schreiben die Geistlichen dem Vernehmen nach recht gerne. Denn wenn ein Gemeindemitglied den Sprung nach Rom schafft, fällt ein wenig von dem Ruhm auf den Priester ab. Ganz zu schweigen von einer Einladung zur Vereidigung des frisch gebackenen Gardesoldaten.

Die Dinge lagen sicherlich viel einfacher, als Papst Julius II. vor 500 Jahren die Schweizergarde als seine persönliche Leibwache ins Leben rief. Damals genügte schon der kriegerische Ruf, der den Schweizer Söldnern vorauseilte, um Zivilisten, Landsknechte und Soldaten anderer Nationen das Blut in den Adern gefrieren zu lassen. Aber gerade das kam Julius gelegen. Denn diesen Papst sah man häufiger in der Rüstung an der Spitze seiner Truppen auf dem Schlachtfeld als in der Soutane vor dem Hochaltar. Er war ein von Testosteron strotzender Renaissance-Fürst, dem theologische Dispute fremd waren. Martin Luther nannte ihn einen »Blutsäufer«, aber andererseits protegierte »Il papa terribile« Michelangelo und Raffael und legte den Grundstein für den heutigen Petersdom.

Am 22. Januar 1506 traten die ersten 150 Männer aus dem Kanton Uri ihren Dienst bei Papst Julius an. Sie kosteten ihn keinen Heller, denn finanzieren ließ er sich seine Leibgarde von den Fuggern. Dass der Papst die richtige Wahl getroffen hatte, zeigte sich schon sechs Jahre später, als seine Gardesoldaten und andere Schweizer Söldner ihm in der Schlacht von Ravenna im letzten Moment die Haut retteten.

Doch erst einige Jahre nach Julius' Tod wurde die Garde zu einer verschworenen Elitetruppe nach Art der amerikanischen Navy Seals zusammengeschmiedet. Beim Sacco di Roma, der Plünderung Roms durch deutsche, spanische und französische Landsknechte am 6. Mai 1527, deckten sie die Flucht von Papst Clemens VII. in die Engelsburg. Dabei wurden 147 der insgesamt 189 Männer niedergemetzelt. Bis heute werden daher jeweils am 6. Mai die neuen Gardisten vereidigt.

Ganz gefahrlos ist der Dienst freilich auch heute nicht. Sicher, meistens sind es Touristen mit Kameras, die den strammen Jungs in ihren Pluderhosen auf die Pelle rücken. Aber spätestens seit dem Attentat auf Johannes Paul II. im Jahr 1987 sind die Sicherheitsvorkehrungen verstärkt worden. Heute ist eine Elitetruppe innerhalb der Garde für den persönlichen Schutz des Heiligen Vaters verantwortlich, wann immer er die Sicherheit seiner Gemächer verlässt. Unter anderem begleiten sie das Papamobil, auf der rechten Seite marschiert der Kommandant der Garde, links der Chef der vatikanischen Gendarmerie.

Einzelheiten mag Messmer zwar nicht nennen, aber er lässt durchblicken, dass es die Ausbildung dieser Bodyguards mit jener des amerikanischen Secret Service aufnehmen kann, die den Präsidenten schützt. Auch die vatikanischen Kollegen tragen in diesem verdeckten Einsatz schwarze Anzüge, eine komplett verspiegelte Sonnenbrille und einen Knopf im Ohr. Helm und Rüstung wären nicht nur unpraktisch, sondern für potenzielle Terroristen auch leicht auszumachen. Unter dem Sakko steckt die 9-Millimeter-Pistole des Typs 75 von SIG-Sauer. Etwas anderes als Schweizer Qualitätsarbeit kommt überhaupt nicht infrage.

Hat der junge Schweizer Katholik – nicht älter als 30 und nicht kleiner als 1,74 – alle Tests bestanden und alle Fragen beantwortet, steht seiner Abreise nach Rom nichts mehr im Weg. Das Ticket muss er aus eigener Tasche bezahlen, wie das Merkblatt aufklärt, das mir Messmer in die Hand gedrückt hat. Mit dem ersten Sold von 2000 Euro im Monat bekommt er freilich 100 Euro der Reisekosten zurückerstattet.

Vorsorglich wird der neue Hellebardier darauf hingewiesen, dass Fluggesellschaften einen Aufpreis für Übergepäck verlangen. Da trifft es sich gut, dass er die schweren Brustpanzer nicht in den Koffer packen muss, sondern in Rom gestellt bekommt. Aus eigenen Beständen muss der Gardist lediglich einen dunklen Anzug »mit diskreter Krawatte« und mehrere weiße Hemden mitbringen. Flamboyant und grell kleidet sich der Gardesoldat nur im Dienst und ansonsten noch nicht mal in der Freizeit. Zudem hat er stets »hygienisch tadellos, sauber rasiert, mit kurz geschnittenen Koteletten und kurzer, ungefärbter, gepflegter Haarfrisur (kein Bart, kein Schnauz, kein Zopf, keine Schmuckstücke)« zum Dienst anzutreten.

Die Freizeit ist ohnehin knapp bemessen. Dicht gedrängt sind die fünf Wochen Grundausbildung, erklärt Messmer. Da wird Sport getrieben, Italienisch gebüffelt und Selbstverteidigung geübt. Vor allem aber müssen sich die jungen schweizerischen Hellebardiere so schnell wie möglich an ihrem neuen Wirkungsort zurechtfinden. Als Staat mag der Vatikan ein Winzling sein; als Ansammlung von Kirchen und Palästen, Hallen, Höfen und Sälen ist er aber ein verwirrendes Labyrinth. Ähnlich undurchsichtig sind seine Bewohner. Die wichtigsten Prälaten, Bischöfe und Kardinäle muss der Rekrut nach fünf Wochen auseinanderhalten können. Dass er den Pontifex Maximus auf Anhieb erkennt, wird vorausgesetzt.

Ich stehe wieder auf der Straße und blinzle in die Sonne. An einem Mast hängt schlapp die Glarner Fahne mit dem Heiligen Fridolin, dem Schutzheiligen des Kantons. Für die Jurisprudenz wäre er eher ein Schrecken, denn vor Gericht ließ er Tote auferstehen, weil er sie als Kronzeugen brauchte.

Ich ärgere mich über mich selbst. Wieder einmal bin ich zu spät dran. Zu alt, zu verheiratet, zu wenig katholisch. Zwei Jahre in der Schweizergarde wären bestimmt eine gute Erfahrung gewesen. Aber nein, ich musste mich ja in Beziehungen mit Frauen stürzen, den Wehrdienst verweigern, auf die regelmäßige Beichte pfeifen.

Verstohlen blicke ich mich um. Vom dritten Stock aus kann mich niemand sehen. Ich bücke mich und rolle das rechte Hosenbein hoch. Prüfend drücke ich den Muskel zusammen. Diese eine Qualifikation brächte ich wenigstens mit, noch heute, auf meine alten Tage. Schöne Waden, hatte Messmer gesagt, seien wichtiger als die Augenfarbe. Straff sollen sie sein und muskulös, ohne Venen oder Krampfadern. Meine Waden, da bin ich mir sicher, würden ein tadelloses Bild abgeben in einer pludrigen Kniebundhose.

## »Meins ist am längsten«: **Alphornkurs im Unterland**

Oft kommt es nicht vor, dass ein Herr in fortgeschrittenem Alter meine Lippen lobt – und dies, ohne dass wir uns geküsst hätten. Aber Kurt Ott hat meinen Mund ausgiebig studiert, und er ist mit dem Ergebnis seiner Beobachtungen ausgesprochen zufrieden. »Sie sind schmal und in etwa gleich breit«, nickt er anerkennend und fährt sich selbst mit der Zunge über die Lippen, die von einem militärisch gestutzten Schnurrbart beschützt werden. »Dicke Lippen sind nicht so gut, und ganz schlecht wären wulstige Unterlippen.« Keine Chance also für das Geschlecht der Habsburger, deren hängende Unterlippe legendär war.

Auch meine Zahnstellung hat es Ott angetan. Kein Überbiss, kein Unterbiss, keine Lücken – perfekt. Das dürfte Doktor Janowitz in Rockville im Bundesstaat Maryland erfreuen. Offensichtlich waren die 12 000 Dollar, die ich damals für die Behandlung hinblätterte, doch nicht ganz umsonst gewesen. Freilich hätten weder Doktor Janowitz noch ich damals ahnen können, wofür seine Bemühungen einmal gut sein würden. Denn das Alphorn ist in den USA noch immer ein Nischeninstrument.

Ott hat eine Schatulle aus einem Regal genommen, die er nun weihevoll öffnet. Darin liegen säuberlich aufgereiht lederne Etuis, von denen er drei herauszieht. »Ein Mundstück auszusuchen ist wie Schuhe kaufen«, verkündet er und händigt mir einen der kleinen hölzernen Kegel aus. »Man merkt selbst sofort, ob sie passen oder nicht. Hier, probieren Sie. Und keinen Kussmund machen«, ermahnt er mich, als er meine gespitzten Lippen sieht.

Ganz sicher bin ich nicht, ob ich das richtige Teil ausgewählt habe. Bei Schuhen merke ich schneller, ob sie drücken. Aber Ott bestätigt meine Wahl. Das Mundstück ist, wenn man dem Virtuosen und Lehrer glaubt, das kleinste, aber wichtigste Teil des Alphorns. Der Rest liegt aufgebockt auf einem Ständer und füllt fast den ganzen Raum aus: 3,60 Meter ist es lang, länger als ein Fiat Panda. Aber ein Alphorn muss lang gestreckt sein, damit »der Ton nicht pressieren muss«, wie ein Komiker einmal zutreffend bemerkte. Schließlich handelt es sich um ein Schweizer Nationalinstrument.

Das Alphorn ist aber auch die Königin der Volksmusikinstrumente. Mächtig und majestätisch wirkt es, wenn es hoch oben auf einer grünen Alm vor der Kulisse gigantischer Bergriesen von starken Männern in pittoresker Tracht geblasen wird. Einst kommunizierten die Sennen mit seiner Hilfe miteinander. Von Bergeshöh' zu Bergeshöh' erklangen seine Töne, weshalb Ott vom »Handy der Berge« spricht. Das Alphorn verlangt gewissermaßen danach, unter Gottes freiem Himmel gespielt zu werden, vielleicht irgendwo im Appenzell oder im Wallis, also dort, wo die Schweiz am schweizerischsten ist.

Aarburg fällt ganz sicher nicht in die Kategorie eines romantischen Helvetiens. Die höchste Erhebung der Stadt ist der Felssporn, der sich in die Aare schiebt und auf dessen Spitze die Burg liegt, die der Stadt ihren Namen gegeben hat. In ihr werden schwer erziehbare Jugendliche verwahrt, von denen wahrscheinlich keiner das Alphornspiel erlernen möchte.

Kurt Otts Schule liegt noch nicht einmal im Stadtzentrum, sondern in einem Vorort mit unscheinbaren Einfamilienhäusern aus den 1970er- und 1980er-Jahren. Immerhin ist man recht patriotisch hier. In jedem dritten Garten weht das Schweizer Kreuz von einem Fahnenmast.

Den Unterrichtsraum hat Ott im Hobbykeller seines Hauses untergebracht. Ob dies aus Platzmangel geschehen ist oder aus Rücksicht auf die Nachbarn, bleibt ungeklärt. Sicher ist nur, dass selbst untalentierte Anfänger das Horn heute auch in ihrer Wohnung oder in einer Mietskaserne blasen können. Schalldämpfer reduzieren das Dröhnen aus der Röhre auf ein erträgliches Maß. Spieler, die das wollen, können sich den vollen Ton über Kopfhörer ins Ohr ziehen.

Ott hat das Mundstück in das Horn gesteckt und reicht mir nun das Instrument. Als ich es in die Hand nehme, lasse ich es vor Schreck fast gleich wieder fallen. Denn ein Alphorn mag aussehen wie ein Baumstamm, es ist aber federleicht und so filigran gearbeitet wie eine Stradivari. Offensichtlich ist es genauso zerbrechlich, denn Ott greift beherzt zu, als er merkt, dass mir das Instrument aus den Händen zu gleiten droht.

»Anderthalb Kilo«, lächelt er, ohne meine Frage abzuwarten. Dann deutet er in eine Ecke, wo etwas liegt, das wie eine zu groß geratene Muschel aus schwarzem Plastik aussieht. »Ein Teleskop-Alphorn aus Karbon«, meint Ott stolz und zieht das Teil mit einem Schwung bis zu seiner vollen Länge auseinander. »Das wiegt nur ein Kilo und passt in jeden Rucksack.«

Jetzt verstehe ich auch, warum Eliana Burki in einem Video ihr Alphorn derart beschwingt den Strand von Malibu entlangträgt, als ob es sich um ein Baguette handeln würde. Die 28-Jährige ist so etwas wie ein Idol der Alphornszene. Mit ihrer Band spielt sie Pop, Rock, Jazz, Schlager und straft die Vorstellung Lügen, dass man mit dem vermeintlich altbackenen Blasinstrument nur Ländler und Jodler spielen kann.

Es gibt mehrere bekannte Alphornistinnen und Alphornisten. Einer ist der genialisch wahnsinnige Russe Arkady Shilkloper, der das Horn aus den Alpen in Free-Jazz-Welten entführt, von denen man vorher kaum wusste, dass es sie gibt. Außerdem hat er ein eigenes Alphornkonzert in Auftrag gegeben, das erste seit Leopold Mozarts »Sinfonia Pastorella«. Brahms baute wenigstens eine Alphornmelodie in seine erste Sinfonie ein. Gespielt wird sie leider vom Englischhorn.

Dann gibt es weitere weibliche Interpreten, die das Alphorn gründlich entstaubt haben. Sie wickeln schon mal den Körper nach der Manier von Pole Dancers ums Horn herum und hauchen mit lasziver Stimme: »I'm so horny.« Traditionalisten erfreut dies alles verständlicherweise nicht, wie Kurt Ott am eigenen Leib verspüren musste, als er vor 30 Jahren damit begann, das Repertoire für sein Instrument radikal zu erweitern und aufzufrischen. Und es hilft kaum, dass sich die Alphornspieler in der Schweiz den Jodlern angeschlossen haben. Die waren ja noch nie für revolutionäres Feuer bekannt.

Dennoch sind die Zeiten lange vorbei, in denen vollbärtige Senner mit der Axt in der Hand tagelang durch den Wald strichen, um eine perfekt gekrümmt gewachsene Fichte zu suchen, aus der sie ihr Alphorn schnitzen konnten. Ott selbst bezieht seine Hörner schon lange nicht mehr in der Schweiz, sondern von einem Hersteller aus dem Großraum Frankfurt. Auch diese Information dürfte patriotischen Schweizer Jodlern den Juchzer in der Kehle ersterben lassen, ist doch die deutsche Bankenmetropole bisher nicht sonderlich als Hochburg des Alphornblasens in Erscheinung getreten. Aber die deutschen Hörner sind nun mal billiger, und bei einem Preis von 3000 bis 4000 Franken pro Horn macht das schon einen Unterschied. Dafür nimmt Ott in Kauf, dass er nicht ohne Weiteres mit Schweizer Alphörnern gemeinsam musizieren kann. Denn die sind mit einer Länge von 3,40 Metern 20 Zentimeter kürzer als das genormte Euro-Horn. Zum Glück gibt es Adaptoren, mit denen man das helvetische Kurzhorn auf europäische Maße verlängern kann. Die Alphorn-Technologie, so scheint es, hat gewaltige Fortschritte gemacht, seitdem im Mittelalter sogenannte »Bettelbläser« arglosen Passanten auflauerten und mit lautem Tröten erschreckten: arbeitslose Senner, die sich irgendwie durch den Winter bringen mussten.

Was sich nicht geändert hat, ist – wie ich zu meinem Leidwesen feststellen muss – die Atemtechnik. Aus dem Bauch heraus müsse ich atmen, befiehlt Ott, und nicht die Backen aufblasen wie ein Posaunenengel. Ich verkneife mir die Frage, wozu die Natur dann überhaupt einen Unterschied zwischen Lunge und Magen gemacht hat. Aber ich sehe schwarz für den Versuch. Bis jetzt ist es mir noch nie gelungen, irgendeinem Blasinstrument einen Ton zu entlocken.

Und wenn ich in der Vergangenheit versucht habe, mit dem Bauch zu atmen, entwich der Ton dem Körper jedes Mal an der falschen Stelle.

Ott macht es vor. Er stellt sich kerzengerade hin wie eine Edeltanne und wippt auf den Fußballen, sodass das kleine goldene Alphorn, das er an einem Kettchen um den Hals trägt, nur so auf und ab hüpft. Dann führt er sein Horn an die zusammengepressten Lippen. Stramm zieht er den Bauch ein, lässt ihn entspannt wieder über den Hosenbund gleiten und piekst mehrmals mit dem Zeigefinger in das Weichteil. Wie durch ein Wunder entquillt dem Alphorn eine Tonleiter.

»Es ist ganz einfach, wenn man es einmal heraushat«, ermuntert er mich. Ich ziehe den Bauch ein, bis der Nabel die Wirbelsäule zu berühren scheint. Zugleich presse ich die Lippen zusammen, hüte mich aber, sie zu sehr zu verkrampfen. Mir klingt noch in den Ohren, was Ott über den Alphornbläser Mostafa gesagt hatte, der in den 1980er-Jahren mit dem Schlager »Swiss Lady« das alpine Blasinstrument aus der Volksmusik-Ecke herausgeholt hatte. Leider übertrieb er es, sodass ihm der ringförmige Lippenmuskel riss. »Dünn wie ein Haar« sei er, hatte mir Ott eingeschärft, »dünn wie ein Haar.«

Es braucht nur ein paar wenige Atemübungen, bis mir klar wird, dass sich meine gequälten Bauchmuskeln morgen mit einem handfesten Kater melden werden. Ich kann nicht sagen, ich sei nicht gewarnt gewesen. »Alphornspielen ist Spitzensport«, hatte Kurt Ott zu Beginn meines Besuchs gesagt. »Eine Viertelstunde Alphornblasen entspricht einer Stunde Trompete spielen.« Da ich nie Trompete gespielt habe, fehlt es mir an den nötigen Vergleichsmöglichkeiten. Ich denke eher an Rumpfbeugen, die einen ähnlichen Effekt auf meine Muskeln hätten.

Aber es muss zu schaffen sein, schließlich ist das Kunststück unzähligen anderen Laien gelungen. Alphornkurse sind gefragt wie nie. In Kurt Otts Hobbykeller pilgern Männer und Frauen in hellen Scharen. »Sie kommen aus den Bergen, lernen zu spielen und gehen zurück in die Berge«, schildert er es mit einem Anflug von Romantik. Vor allem Frauen haben das Instrument für sich entdeckt, offensichtlich angefeuert von der Popularität und dem Erfolg der Alphorn-Bläserinnen. Bedenkt man, dass das Alphorn keine Ventile, Knöpfe, Tasten oder Register besitzt und eigentlich nichts anderes ist als eine lang gezogene hölzerne Röhre, dann ist es erstaunlich virtuos – in den richtigen Händen, versteht sich.

Wieder und wieder atme ich ein, presse mir die Hand auf den Bauch und halte die Luft an, bis mir schwindlig wird. Irgendwann scheine ich irgendetwas richtig zu machen, denn Ott signalisiert mir, dass ich nun das Horn an den Mund führen soll. Ich puste, dass mir schier der Schädel zu zerspringen droht, was natürlich total falsch ist und was lediglich ein mattes Geräusch hervorbringt, das an das Röcheln eines Wasserhahnes erinnert, aus dem statt Wasser nur ein wenig Luft entweicht. »Aus dem Bauch atmen«, erinnert Ott. »Mit Blasen ist gar nichts erreicht.«

Jetzt packt mich der Ehrgeiz. Belegen nicht sogar Spitzenmanager Alphornkurse? Sie tun es aus therapeutischen Gründen. Es ersetzt offenbar Meditationsübungen, Yoga oder ein Schnupperwochenende im Kloster. »Wenn man Alphorn spielt, muss man den Kopf frei machen«, doziert Kurt Ott. »Man darf an nichts anderes denken als an den nächsten Ton, man darf sich nicht bewegen, noch nicht einmal die Lider bewegen.« Deshalb verschreiben manche Ärzte Alphornkurse auch für hyperaktive Kinder.

Hyperaktiv sind bei mir momentan nur Bauch- und Lippenmuskeln, die sich in immer kürzeren Abständen schmerzhaft zusammenkrampfen. Jetzt noch einmal, volle Konzentration. Kurt Ott blickt schon verstohlen auf die Uhr. In wenigen Minuten kommt die nächste Schülerin. Und er hatte gesagt, dass bei ihm noch nie jemand die erste Unterrichtsstunde abgeschlossen hätte, ohne wenigstens einen Ton zu produzieren.

Und wieder ziehe ich den Bauch ein, drücke die Lippen – was nützt mir nun ihre perfekte Form? – an das Mundstück und atme langsam und gleichmäßig. Und dann höre ich es, von weit weg, ein Geräusch, das 3,40 Meter von mir entfernt aus dem Horn dringt. Es ist ein Ton, und ich habe ihn erzeugt.

Ich bin außer Atem, der Schweiß steht mir auf der Stirn, und der Ton klingt ein wenig wie ein Elefant mit Darmkolik. Aber ich bin stolz. So stolz wie schon lange nicht mehr. Vor meinem geistigen Auge weichen die Wände von Kurt Otts Hobbykeller zurück. Sie geben den Blick frei auf ein Gipfel-Panorama, über dem glutrot die Sonne versinkt. Und ich stehe auf einer satten, grünen Alm und schicke ihr einen musikalischen Gruß hinterher.

Naja, vielleicht in zehn Jahren einmal.

## Klein, putzig, harmlos und nur gegen Eintritt offen: **Die Mini-Schweiz zum Kuscheln**

Es regnet in der Schweiz, flächendeckend, überall, ein grauer, nasser Vorhang ist über das Land herabgesunken, von einem Ende zum anderen. Es regnet in den Bergen und es regnet an den Seen, es regnet von Genf bis nach St. Gallen, es regnet in Basel, in Bern und in Bellinzona.

Da stehe ich tropfnass vor dem Zürcher Großmünster und kann von hier aus sehen, dass es in der Waadt genauso schüttet wie im Appenzell. Leicht drehe ich den Kopf nach links, wo das Wasser in Bächen die steilen Abhänge des Matterhorns hinabstürzt. Halbrechts von mir, im Vierwaldstätter See, wo die Karpfen so groß sind wie die Schaufelraddampfer, bringt der Wolkenbruch das Wasser zum Sprudeln, als ob es sieden würde.

Unterschlupf vor den Fluten fänden wir nur in einem Restaurant außerhalb der Schweiz oder tief drinnen im Bauch des Bergmassivs von Jungfrau, Mönch und Eiger. Aber dort ist es schon jetzt so voll, dass sich die Menschen gegenseitig auf die Füße treten. Denn in dem ausgehöhlten Berg befindet sich auch noch die Werkstatt der Handwerker, die die Schweiz reparieren und instand halten.

Die Schweiz ist klein, aber am kleinsten ist sie hier: in Melide. In dem wenig anziehenden Vorort von Lugano hat man die Eidgenossenschaft liebevoll als das nachgebaut, was sie in den Augen unzähliger ausländischer Touristen über die Jahrhunderte ohnehin schon immer gewesen ist – ein putziges, kleines Puppenstübchen, vielseitig zwar, aber doch kompakt und überschaubar. Nur dass das

Land im Vergnügungsländchen Swissminiatur noch putziger, niedlicher und süßer ist, als es sich im Großen gerne darstellt.

So mini ist alles, dass sich jeder fühlen kann wie ein ekliger Großmacht-Deutscher, der auch auf die Original-Schweiz gerne mal von oben herabblickt. Wie Gulliver in Liliput ragen da auch kleiner gewachsene Menschen turmhoch über Marktplätzen und Bauernhäusern auf. Sogar der mächtigen Genfer Kathedrale St. Pierre vermag man immerhin auf Augenhöhe zu begegnen. Nur zu Matterhorn und Jungfrau-Gruppe muss man ein wenig aufschauen. Dennoch gilt auch für sie, was der Schweizer Literatur-Nobelpreisträger Carl Spitteler einmal bissig über seine Landsleute anmerkte: »Hätten die Schweizer die Alpen erschaffen, sie wären nicht sehr hoch ausgefallen.«

So gesehen ist Swissminiatur eine Schweiz so recht nach Schweizer Geschmack: pittoresk und überschaubar, liebevoll nachgebaut mit der Detailversessenheit des talentierten Tüftlers. Eisen-, Seil- und Bergbahnen durchziehen die Kopie, so wie sie auch das Original zusammenhalten. Brav tuten die Lokomotiven vor Tunnels, sklavisch halten sie sich an feste Fahrpläne. Die Autos auf den Straßen wiederum gehören mindestens der oberen Mittelklasse an. Natürlich. Besonders vorteilhaft an dieser Mini-Schweiz ist auch die Tatsache, dass man an ihrer Grenze von Fremden ungeniert Eintritt verlangen kann. Darüber hinaus ist gewährleistet, dass kein Gast länger als ein paar Stunden bleibt: Übernachtungen und Asyl sind nicht vorgesehen. Sie wären auch gar nicht möglich.

Dass dieses Arrangement auch für die Original-Schweiz Vorteile haben könnte, wissen die Eidgenossen nur zu genau. Kleine Länder haben es generell nicht leicht, wenn sie sich Gehör verschaffen und nicht übersehen werden wollen. Auch Graham kennt sich aus mit kleinen Ländern und ihrem komplizierten Beziehungsgeflecht zu großen Nachbarn. Er ist Ire, und er lebt in London. Er weiß, dass seine Landsleute auf der kleinen, grünen Insel das bessere Bier brauen und zuweilen bessere Schriftsteller hervorbringen als die Briten. Aber ebenso klar ist ihm, dass Irland immer im Schatten der großen Insel stehen wird. Nicht anders verhält es sich mit ähnlichen

Paarungen von Groß und Klein: Frankreich und Belgien, Russland und Georgien, die USA und Mexiko. Der Zwerg kennt seinen Platz, und wenn er ihn einmal vergisst, erinnert ihn der große Nachbar sofort daran.

Bei der Schweiz und ihrem großen teutonischen Nachbarn freilich liegen die Dinge nicht so einfach. Da ist es manchmal nicht so klar, wer gerade Zwerg ist und wer Riese. Den »Großen Kanton« nennen die Eidgenossen Deutschland mit feiner Süffisanz: schon groß, aber halt doch nur ein Kantönli, mithin letztlich nicht viel anders als Nidwalden oder Basel-Landschaft. Der deutsche Publizist Klaus Harpprecht hatte für das vertrackte Größenverhältnis das Bild vom »helvetischen Klein-Giganten« und dem »bundesdeutschen Riesen-Zwerg« gefunden.

Graham ist der Freund unserer Tochter, und er hat uns nach Melide begleitet. (Es ist übrigens kein Wunder, dass Swissminiatur vor mehr als 50 Jahren ausgerechnet hier angelegt wurde; das arme Lugano hätte ja sonst keine Sehenswürdigkeiten.) Nun kriegt der junge Ire den Fotoapparat kaum mehr weg von seinem Auge. Insgesamt 127 Denk- und Sehenswürdigkeiten sind auf 14 000 Quadratmetern im Kleinformat nachgebaut, und Graham scheint seinen Ehrgeiz daran zu setzen, sie alle abzulichten.

Doch was ihn mehr fasziniert als die Modellbauten: dass sich ein kleines Land freiwillig selbst noch kleiner macht. Denn dass jemand in County Kerry oder Galway ein Mini-Irland bauen würde, kann er sich nicht vorstellen. Wenn man schon ein Winzling ist, so sagt er, dann hängt man das nicht auch noch an die große Glocke.

Doch die Schweiz kokettiert gerne mit ihrer Größe, vor allem weil sie weiß, dass sie so klein auch wieder nicht ist, wie Geografie und Demografie vermuten lassen. Dazu muss man nicht einmal, wie Spötter immer wieder fantasieren, ihre Berge glatt bügeln, um sie auf kanadische Dimensionen zu strecken. Sie ist auch so schon recht groß.

Ein britischer Politiker hatte als Erster das Bild von den »Zürcher Gnomen« geprägt. Er dachte es als Schmähung, aber richtig übel nehmen es die Eidgenossen nicht, wenn man sie mit Zwergen vergleicht. Sie kennen ihre Märchen und Mythen und wissen, dass die Körpergröße der Zwerge täuscht. Sie haben es faustdick hinter den Ohren, denn tatsächlich verfügen sie über enorme Muskelkräfte, ganz zu schweigen von ihrem Intellekt und ihrer Durchtriebenheit, mit der sie sich stets durchzusetzen verstehen. »Heimlifeiss« nennen sie – die Schweizer, nicht die Zwerge – diese Eigenschaft. Wörtlich übersetzt heißt das so viel wie »insgeheim feist«. Außerdem sind Zwerge fleißig wie die Heinzelmännchen und obendrein meist steinreich. Ob es unterirdische Gebirgsstollen sind oder Tresore unter dem Paradeplatz, ob dort güldenes Geschmeide gehortet wird oder Dollar-Obligationen, das ist den Zwergen letztlich einerlei. Alles wird von ihnen sicher verwahrt, es kommt nichts weg. Auch das macht sie stark: Einem Schwächling würde ich mein Geld nicht anvertrauen.

Das verwirrende Wechselspiel von Groß und Klein stellt sich schon auf der Bahnfahrt nach Lugano ein. Denn bevor man als Riese durch die Mini-Schweiz stapft, durchreist man als Zwerg die Original-Eidgenossenschaft. So hoch fährt der Zug an den Berghängen entlang, so tief unten liegen die Täler, dass man das Gefühl bekommt, als winzig kleines Püppchen in einer Modelleisenbahn unterwegs zu sein: Die Dörfer sehen aus, als seien sie aus einem Bausatz zusammengeklebt, und die Züge schnurren auf ihrer HO-Spur über Viadukte und durch Tunnels, als ob eine unsichtbare Gigantenhand sie an einem Transformator steuerte.

Mit Miniaturisierung kennen die Schweizer sich aus. Sie verstecken mechanische Meisterwerke aus winzigsten Rädchen und Schräubchen in kleinsten Uhrgehäusen. Sie verpacken ausgewachsene Werkzeugkästen in Klappmessern, die in der Hosentasche verschwinden. Und sie jagen in einem unterirdischen Tunnel – wo sonst – die Grundbausteine des Universums im Kreis herum. Unter diesen Umständen muss es ein Kinderspiel gewesen sein, mal eben auch das eigene Land einzudampfen.

Andächtig stehen wir vor der grünen Kuppel des Berner Bundeshauses. Vor ihm fließt im richtigen Größenverhältnis ein Rinnsal vorbei, die Aare. Auf dem Prachtbalkon – etwa in Höhe unserer

Brust – scheint der komplette Bundesrat Aufstellung genommen zu haben. Jedenfalls sind es sieben Figürchen, drei Frauen und vier Männer. Das entspräche der derzeitigen Zusammensetzung der Regierung.

Sollten die Betreiber von Swissminiatur so penibel sein, dass sie die Püppchen den jeweiligen Machtverhältnissen anpassen? Ich kneife die Augen zusammen und beuge mich, soweit es geht, nach vorne. Nein, einzelne Gesichtszüge sind von hier aus nicht auszumachen. Nur den Verteidigungsminister glaube ich an seinem runden Gesicht identifizieren zu können.

Was wäre eigentlich, beginne ich zu fantasieren, wenn diese ganze Mini-Schweiz nicht aus Pappmaschee und Plastik nachgebaut, sondern echt wäre? Vor Jahren gab es eine amerikanische Filmkomödie, in der ein genialer, aber dämlicher Wissenschaftler mit einer von ihm entwickelten Apparatur die eigenen Kinder auf Däumling-Format schrumpfte, sodass er sie dann mit einem Vergrößerungsglas im Garten suchen musste. Warum sollte man das nicht auch mit wesentlichen Teilen der Schweiz machen können – verkleinern und mit einem Lieferwagen ins Tessin schaffen? Dann wären die Trachtengruppen dort drüben, die Schwinger in ihren Sägemehl-Arenen, die Autofahrer unter der Mövenpick-Raststättenbrücke oder eben auch die Ministerriege in Wahrheit echte Menschlein. Tagsüber, wenn Besucher durch die Anlage gehen, stellen sie sich tot, aber abends erwachen sie zum Leben. Ob man wohl Hollywood für so ein Script interessieren könnte? Honey, I shrunk the Swiss?

Während mir diese Gedanken durch den Kopf gehen, flattert ein anderer cineastischer Horror heran. Ein dicker Spatz hat sich neben die Damen und Herren Bundesräte auf den Balkon gehockt. Genussvoll plustert er sich auf. Wären es echte Menschen, so würden sie jetzt schreiend ins Innere des Bundeshauses rennen. Denn was hielte den Vogel davon ab, die Regierung mit ein paar besonders dicken Engerlingen zu verwechseln und sie in seinem Schnabel verschwinden zu lassen? Satt und zufrieden würde er dann weiterfliegen und sich zum Nachtisch einen Bergwanderer aus der Grindelwald-Gondel herauspicken.

Die Mini-Räte sind 25-mal kleiner als ihre lebenden Vorbilder – so wie alles in diesem Park. Die echte Schweiz ist nur neunmal kleiner als ihr unheimlicher Nachbar im Norden. So riesige Vögel gibt es selbst in Deutschland nicht, dass sie die Eidgenossenschaft mit Haut und Haaren wegputzen könnten. Doch anstatt sich aufzuplustern, duckt sich die Schweiz immer weg. Sie macht sich kleiner, mutiert zu Swissminiatur, als ob sie sagen wollte: Seht doch, wie lieb und nett und freundlich und putzig wir sind. Tut uns nichts, wir tun doch auch niemandem etwas. Doch das glaubt schon lange niemand mehr.

Graham hat endlich die Kamera weggepackt. Er wirft einen letzten Blick über die Schweiz, so wie sie sich in ihrer ganzen Schönheit vor ihm ausbreitet. »Nett, klar«, sagt er. »Aber falsch. Wenn du klein bist, musst du dich größer machen. Wir Iren sind auch klein, wir sind auch nett, alle mögen uns. Fast alle. Aber wir ducken uns nicht weg. Irland auf Mini-Format schrumpfen? Keine Chance. Wir machen es genau andersrum. Wir stülpen unser Land der Welt über. Alle feiern den heiligen Patrick, alle saufen in irischen Pubs, und eigentlich waren alle amerikanischen Präsidenten Iren. Irre, nicht?«

Ja, ja, es stimmt schon: Ronald Reagan und John F. Kennedy, Harry Truman und Bill Clinton – in den USA hatten Iren oft mehr zu sagen als daheim in Irland. Sogar Barack Obama haben sie als Sohn der grünen Insel für sich vereinnahmt. Ein Schweizer hat es nie ins Oval Office geschafft. Dafür hat ein Eidgenosse die Weltmacht auf andere Weise geprägt – was nur leider niemand weiß wegen der sprichwörtlichen Schweizer Bescheidenheit. Ohne den aus Genf stammenden Finanzminister Albert Gallatin wäre die junge amerikanische Nation wahrscheinlich schon unter ihrem dritten Präsidenten pleitegegangen. Gallatin hätte auch den Franken anstelle des Dollars als amerikanische Währung einführen können. Das wäre dann Maxi-Suisse gewesen und nicht die Miniaturausgabe.

# Wo starke Männer Windeln tragen: **Auf dem Schwingfest**

Halbnackte Männer, eng aneinandergepresst in einem lasziven Tango. Halb intimer Hautkontakt, halb körperliche Gewalt, Dominanz und Unterwerfung, Schweiß und Stöhnen: Ringen ist ein Sport mit einem stark homoerotischen Einschlag. Wenn pralle Muskelpakete vor Öl glänzen, kommt wahrscheinlich selbst der eine oder andere eingefleischte Hetero ins Nachdenken.

Auch Schweizer ringen. Ja, in der Eidgenossenschaft ist das Schwingen fast so etwas wie ein Nationalsport. Erotisches Knistern freilich stellt sich hier nicht ein, und das liegt noch nicht einmal daran, dass nur wenige Schweizer Männer dem klassischen griechisch-römischen Schönheitsideal entsprechen. Und selbst wenn das der Fall wäre, man könnte es nicht sehen. Das liegt an der Extra-Hose, die sich Schweizer Ringer über ihre Hose streifen und die jedes Fleckchen nackte Haut züchtig bedeckt.

Diese Hose ist, um es höflich zu formulieren, ein recht unvorteilhaftes Kleidungsstück, das seinem Träger weder Eleganz noch Flair verleiht. Von Weitem erinnert es entfernt an eine kurze Lederhose alpenländischer Provenienz. Bei näherem Hinsehen entpuppt sich das Stück als eine extra weite, mit einer fingerdicken Nadel zusammengenähte Windel, ungefähr von der Art, wie sie asiatische Mütter ihren Säuglingen umbinden: Vorne und hinten klafft ein Schlitz im Beinkleid. Das mag unter Umständen praktisch sein, sexy ist es nicht.

Als ich das erste Mal von diesem urschweizerischen Zeitvertreib hörte, hatte ich wie viele andere Fremde zunächst gar nicht an Ringen gedacht: Weil sich die Sportler in Schwingerclubs treffen, vermutete ich eine Finte. Hinter der alemannisch weichen Aussprache, so mein Verdacht, würde sich womöglich nichts anderes als ein verrufener Swingerclub verbergen – eine jener Partnertauschbörsen, die sich nicht nur in Amerika bei ehemüden Paaren wachsender Beliebtheit erfreuen.

Ich wurde rasch eines Besseren belehrt. Schwingen ist ein Ausgleichssport für harte Männer, seitdem sie sich nicht mehr in fremden Söldnerdiensten austoben dürfen. Im Zuge der Gleichberechtigung gehen sich seit einigen Jahren auch Frauen an die Schwingerhose. Gegeneinander kämpfen die Geschlechter freilich nicht. Da könnte unversehens doch kribbelnde Erotik ins Spiel kommen.

Im Moment denke ich aber an alles andere als an Erotik. Ich stehe in einem knöcheltief mit Sägemehl gefüllten Ring und in erster Linie beschäftigt mich die Frage, wie ich hier jemals wieder lebend rauskomme. Einen Kitzel verspüre ich allenfalls in der Nase. Er rührt von dem Bergriesen her, der mich umklammert hält und mir sein Ohrläppchen ins Gesicht drückt. Wir stehen da wie zwei Senner, die nach wochenlanger Einsamkeit auf der Alm plötzlich Gefühle füreinander entdeckt haben und einander nun zum ersten Mal umarmen: steif, ungelenk und jederzeit bereit, entweder wieder voneinander zu lassen oder den anderen zu Boden zu werfen. Ein wenig Brokeback Mountain auf Schweizerisch.

Zu meinem persönlichen Unwohlsein trägt ebenfalls bei, dass die an beiden Enden offene Schwingerhose, in die man mich gesteckt hat, nicht nur einzigartig unelegant, sondern auch unbequem ist. Jute statt Plastik mag zwar ein erfolgreicher Slogan für Einkaufstüten sein, als Bekleidungsmaterial aber kratzt der Stoff teuflisch, sogar durch meine Jeans hindurch.

Schwingen heißt Schwingen, weil der Gegner durch einen Schwung zu Boden geschleudert wird. Dieser Boden besteht traditionell aus einer ganzen Menge Sägemehl (25 Kubikmeter, um genau zu sein), was den Vorteil hat, dass der Unterlegene verhältnismäßig weich fällt. Zum anderen bietet es dem Sieger die Chance, sich ritterlich zu zeigen und dem Verlierer die Sägespäne vom Rücken zu klopfen. Diese Regel würde auch den höflichen Sumo-Ringern gefallen.

Geschwungen wird auf Schwingfesten, vermutlich deshalb, weil auf ihnen eine festliche Atmosphäre herrscht. Vor allem abends, wenn die Wettkämpfe vorbei und die Sieger bekränzt sind, bemächtigt sich der Zuschauer und der Schwinger eine Partystimmung, die jenen Festen nicht unähnlich ist, welche im gallischen Dorf von Asterix und Obelix am Ende eines jeden Abenteuers gefeiert wurden.

Es wird auch mindestens ebenso viel gegessen wie bei den Galliern. Auf dem Schwingfest im sanktgallischen Ricken, das ich mir ausgesucht habe, hatten schon am frühen Morgen Männer in Unterhemd und bodenlangen Schürzen damit begonnen, in brusthohen Töpfen Rindfleisch zu kochen. «Suppe mit Spatz» nennen sie das Gericht – eine leicht irreführende Bezeichnung. Denn der sogenannte Spatz kann auf dem Teller mitunter die Ausmaße eines halben Kalbes annehmen. Eine Portion dürfte den Proteinbedarf eines Normalsterblichen für einen Monat decken. Auf »Nahrungsergänzungsprodukte für aktive Personen« dürfte der durchschnittliche Schwinger verzichten können. Diese werden auf einem Plakat am Eingang zum Gelände angepriesen, aber natürlich nicht von einem Schwinger, sondern vom Vizeweltmeister im Armdrücken. Der hat es wahrscheinlich nötig.

Ans Essen denke ich im Moment allerdings genauso wenig wie an Erotik, denn noch immer drückt mir mein Gegenüber sein Ohrläppchen ins Gesicht. Ich hatte mich zu diesem Probeschwung überreden lassen. Man will ja schließlich mitreden können an Schweizer Stammtischen, wenn die Rede auf die legendären Schwingerkönige kommt, die ihren Titel ein Leben lang behalten dürfen. Sicher, die kleine Alpenrepublik hat Sportler von Weltformat hervorgebracht, aber ein rechtes Schweizer Herz dürfte nie wirklich in Wallung geraten, wenn Didier Cuche die Piste hinunterrast oder Stanislas Wawrinka aufschlägt. Selbst ein »Heroe« wie Roger Federer verblasst in schwachen Momenten neben einem Jörg Abderhalden, dem vor-

erst größten aller Schweizer Schwinger. (Wobei »groß« die Körpergröße und die Leistung gleichermaßen beschreibt.)

Blass fühle auch ich mich. Mein Gegner ist zwar kein Schwin-
gerkönig, und im Vergleich zu den anderen Schwingern hier im
Rund hatte er eher zart, ja filigran gewirkt, als ich ihm vor unserem
Kampf die Hand schüttelte. Doch seitdem wir im Clinch sind, ist er
offensichtlich gewachsen. Beide haben wir den Oberkörper halb
waagrecht eingeknickt und die Hinterteile so weit wie möglich
weggedreht, um den Gegenspieler daran zu hindern, sich in der
Windelhose festzukrallen. Meinem Gegner scheint dies trotzdem
kein Problem zu bereiten. Er hat so kräftig zugepackt, dass ich spüre,
wie sich seine Knöchel in meine Weichteile bohren. Ich kann derweil nur mit Mühe die Fingerspitzen in seinen Hosenschlitz einhän-
gen. Meine Arme sind zu kurz.

»Zieh ihn erst an dich heran«, hatte man mir als Taktik mit auf
den Weg gegeben, »gib dann mit Oberkörper und Schulter Gegen-
druck und hake gleichzeitig mit dem Bein ein.« Das hatte bestechend einfach geklungen und hätte wohl auch funktionieren können. Aber nicht bei einem Gegner mit den Ausmaßen und dem
Gewicht eines Fiat Panda.

Schwer stampfend bewegen wir uns langsam im Kreise. Meinen
Kopf kann ich nicht heben, sodass ich nur das Sägemehl unter meinen Füßen sehen kann. In Kombination mit der stechenden Sonne
auf meinem Rücken weckt das Assoziationen an eine Stierkampf-
arena, ein Eindruck, der verstärkt wird durch die schnaubenden Geräusche meines Gegenspielers an meinem rechten Ohr. Ob Blut
fließen wird in dieser Manege? Mein Blut, um genau zu sein. Wieso
habe ich nur auf die Ohrenschützer verzichtet, die manche Schwinger tragen? Denn es soll vorkommen, dass ein Kämpfer durch einen
beherzten Griff an die Ohren aus dem Gleichgewicht gebracht und
gebodigt wird.

»Bodigen« ist übrigens ein geniales Wort. Auf Hochdeutsch
brauchte man drei Wörter dafür: zu Boden werfen. Oder gar fünf:
mit Schmackes zu Boden schmettern. Im nächsten Augenblick wird
mir klar, warum Schweizer den Vorgang so knapp ausdrücken – er

dauert nicht lange. Gerade noch hatte ich auf die Sägespäne zu meinen Füßen gestarrt und versucht, nicht schon von alleine umzufallen. Doch nun verliere ich ohne Vorwarnung jegliche Bodenhaftung, und mein Blick richtet sich plötzlich nach oben, in einen blauen, wolkenlosen Himmel. Dann krache ich mit einem vernehmlichen Geräusch knackender Knochen zu Boden. Und der menschliche Büffel, der mir gerade noch heißen Atem aus seinen Nüstern ins Ohr geblasen hat, überlässt nichts dem Zufall: Zur Sicherheit drückt er mich mit der Rechten noch einmal tief in die Sägespäne. Seine linke Hand steckt noch immer in meinem Hosenschlitz.

Durch den Staub und die sonnenflirrende Luft sehe ich den Ringrichter zufrieden nicken. Ein perfekter Schwung sei das gewesen, bedeutet er mir, als ob ich darauf stolz sein könnte. Dabei weiß ich gar nicht, welcher der 36 verschiedenen Schwungtypen mich ausgehebelt hat: ein Gammen, ein Brienzer, ein Hüfter oder gar ein Wyberhaagge.

Mein Gegner erweist sich als perfekter Gentleman. Er hilft mir auf die Beine, schüttelt mir die Hand und wischt mit ein paar kräftigen Handbewegungen das Sägemehl von meinem Rücken. Es ist ein gutes Gefühl, für das es sich lohnt, aufs Kreuz gelegt worden zu sein.

»Gang« nennt man einen einzelnen Wettkampf, und mein Gang fand selbstverständlich außer Konkurrenz am Ende des Tages statt. Allerdings hätte ich auch ins Kampfgeschehen eingreifen können, wie mir ein älterer Herr versichert hatte, der neben mir auf der Zuschauertribüne saß. Seine braunen Filzhosen hatte er sich mit bestickten Hosenträgern bis knapp unter die Brustwarzen hochgezogen, auf seinem Kopf saß ein zerdrückter Pfannkuchen, der aussah wie ein vom Schicksal gebeutelter alter Tirolerhut. Nur seine Sonnenbrille hätte Paris Hilton neidisch gemacht: so viel vom Gesicht deckte sie ab und so undurchdringlich beschattete sie die Augen.

»Bei der Auswahl der Gegner wird gerne mal gemauschelt«, hatte mir der Alte vertraulich zugeraunt. »Sie werden nicht ausgelost, sondern von der Wettkampfleitung bestimmt.« Dabei, so der offensichtlich nicht unbegründete Verdacht, schanze man Favoriten in den Vorrunden schwache Gegner zu, damit am Ende des Tages attraktive Paarungen übrig blieben. Auch ich als Laie hätte also als Kanonenfutter verfeuert werden können. Ich kann nicht sagen, dass mich diese Enthüllung über diesen urschweizerischen Sport wirklich überrascht hätte. Die von ähnlichen Skandalen umwitterte Fifa hat ihren Sitz auch in der Schweiz und wird von einem besonders umtriebigen Schweizer angeführt.

Merkwürdig ist es schon, dass es meist mehr oder minder wilde Bergstämme sind, deren ausgefallene Sportarten sich in die Gegenwart hinübergerettet haben. Manche davon wurden sogar international salonfähig. Polo etwa, das in den Bergen Afghanistans entwickelt wurde, mutierte zum Sport der Prinzen und Millionäre. Mit leichten Verbesserungen: Statt des Kopfes eines besiegten Feindes spielt man heute mit einem Ball aus verstärktem Plastik. Das hat den Vorteil, dass man ihn nicht nach jedem Spiel austauschen muss.

Ein wenig spüre ich mein Steißbein, als ich mit steifen Muskeln hinüber zum Festzelt stake. Hier sind die Preise für die Sieger aufgebaut. Bei wichtigen Schwingfesten darf der König einen ausgewachsenen Stier mit nach Hause nehmen. Dies ist reichlich pervers, wenn man bedenkt, dass ein anderer »Muni« vorher in den brusthohen Kochtöpfen gelandet und zu »Suppe mit Spatz« verarbeitet worden ist. Mich würde so eine Trophäe von einer Schwingerkarriere abschrecken. Ich kann mir denken, was meine Frau sagen würde, wenn ich einen Bullen auf unserer Terrasse parken wollte.

Der Muni als Preis soll allerdings, wie man mir gesagt hat, den Amateurstatus der Schwinger untermauern. Es geht um die Ehre, nicht um Geld, und daher gibt es angeblich nur Sachpreise, Naturalien also. Auf meinem Schwingfest sind das Siemens Vollwaschautomaten, Tablet-Computer, ein Generator und zwei Holzbänke für den Garten. Besonders beliebt sind Kuhglocken, die der Sieger in die gute Stube und nicht dem Muni um den Hals hängt. Das Rindvieh wird ohnehin meist umgehend verkauft, womit dann doch Geld ins Spiel kommt. Nur im weitesten Sinn ein Sachpreis sind auch die Bilderrahmen, die im Festzelt neben der Mikrowelle ausliegen: Im Fotofachhandel bekommt man sie nachgeschmissen. Allerdings klemmen dort nicht vier, fünf oder gar sechs 200-Franken-Scheine hinter dem Glas.

Wer wie ich außer Konkurrenz geschwungen hat und obendrein gebodigt wurde, bekommt natürlich keinen Preis. Ganz ohne Erinnerung aber bin auch ich nicht nach Hause gegangen. Noch Tage später habe ich im Bett Sägemehl entdeckt.

# Höllenfahrt ins Paradies: **Mit dem Velo die Alpen hinab**

Eigentlich ist die Schweiz kein Land für Fahrräder. Es sind die zahlreichen Berge, die sich einer freien, entspannten und ungehinderten Fahrt immer und überall entgegenstellen. Sie hochzustrampeln kann einem jede Freude an einem Velo-Ausflug verderben. Es sei denn, man ist ein Mountainbiker, der Steigungen so inbrünstig sucht wie der Fakir das Nagelbrett.

Eigentlich bin auch ich kein Mann fürs Radfahren. Vielleicht in Holland, aber nicht in der Schweiz. Berge hochzustrampeln vergällt mir jede Freude an einem Velo-Ausflug – und das schon vor der eigenen Haustür. Wenn ich einmal nicht die langweilige Seestraße längsradeln will, werfen sich mir Weinberge in den Weg. Von einem Fahrradsattel aus gesehen nehmen sie rasch die Dimensionen der Gotthard-Passstraße an.

Die Schweizer lieben trotz der topografischen Unzulänglichkeiten merkwürdigerweise das Fahrradfahren. Was an Wochenenden und an Feierabenden an verhinderten Tour-de-France-Champions die Autofahrer nervt und Fußgänger in Panik versetzt, braucht sich nicht hinter deutschen Radler-Rambos zu verstecken, die glauben, zu moralisch besseren Menschen zu werden, sobald sie sich in extra enge und grelle Spezialklamotten zwängen und einen Helm aufstülpen, dessen Aerodynamik nur von seinem dämlichen Aussehen übertroffen wird.

So sehr lieben die Schweizer das Fahrrad, dass sie sich sogar bis ins 21. Jahrhundert eine eigene Velo-Truppe hielten. Schneller als die Infanterie, dazu nahezu lautlos und unabhängig von Sprit-Nachschub gehörten die Rdf Rgt (zu Deutsch: Radfahrerregimenter) zu den Elite-Truppen der Armee. Ihre Aufgaben waren die »aggressiv und beweglich geführte Verteidigung überbauter Gebiete« sowie die »Eindämmung von Luftlandungen«.

»Solange noch Luft im Reifen ist (und sonst halt auf der Felge) – die Radfahrer finden immer ihren Weg«, lautete das inoffizielle Motto der »pedalierenden Soldaten«. Abgeschafft wurde die kleine, feine Truppe, weil sie zu verwundbar war. Gepanzerte Räder gab es eben nicht. Und schließlich wog das legendäre Ordonanzrad 05, das fast ein Jahrhundert lang praktisch unverändert im Einsatz war, schon ohne schützenden Stahlmantel 22 Kilogramm. Dennoch wirkten die Soldaten auf ihren Drahteseln flott, cool und dynamisch.

Flott, cool und dynamisch fühle ich mich im Moment freilich nicht. Ich stehe in einem ziemlich großen Holzschuppen, der aussieht wie der Realität gewordene Traum eines Radfahrers: Räder, wohin das Auge blickt. Sie hängen tief gestaffelt von der Decke, sie stehen eng aneinandergelehnt in Reih' und Glied. Es sieht aus, als ob man hier alle Radfahrregimenter der Eidgenossenschaft im Handumdrehen wieder ausrüsten könnte, falls Bern ihre Wiedereinführung beschließen würde.

Freilich sind die Räder nicht in Tarnfarben gehalten, sondern in grellem Postgelb gespritzt. Ein wenig sehen sie aus wie zweirädrige Postbusse. Sie gehören aber nicht der Post, sondern der Bahn. Denn die SBB vermietet auch Velos – sei es für Kunden, die keinen Platz mehr finden in einem überfüllten Zug, oder für Kunden, denen die Fahrpreise zu teuer geworden sind.

Und letztlich für Leute wie mich, die sich nicht anstrengen und trotzdem Rad fahren wollen. Mit einem sehr schweizerischen Kunstgriff, der sich auch bei manchen erfolgreichen Exportprodukten bewährt, hat die Staatsbahn einen inhärenten Nachteil – steile, schweißtreibende Berge – in einen profitablen Vorteil – mühelose und schweißfreie Abfahrten – verwandelt. Wieso selber treten, wenn man die Schwerkraft für sich arbeiten lassen kann? Den Mehrwert liefert eine Lokomotive, die den Aufstieg übernimmt.

Ein Interregio hat meinen müden, schlappen Körper also hochgeschleppt nach Airolo. Der Ort liegt gleich weit entfernt vom Gipfel des Gotthard wie Göschenen, es wachsen dieselben dunklen Tannen hier, und auch der Baustil der Bauernhäuser ist alpin-teutonisch. Aber es gibt einen wesentlichen Unterschied: Airolo liegt auf der südlichen Seite des Tunnels. Deshalb fühlt sich die Luft anders an, es liegt ein elektrisches Kribbeln in der Luft, als ob der Süden schon mit feinen Fingern die Sinne kitzeln wollte. Dieser aber liegt weiter unten, was seinen Reiz für Teilzeit-Radler wie mich nur noch steigert. Mühelos gleitet man die Abhänge der Alpen hinab, wie angezogen von einem unsichtbaren Magneten. Mit jedem Kilometer würde ich tiefer in den verlockenden Süden vordringen, immer näher hin zum klassischen Sehnsuchtsort germanischer Nordländer, dem Land, wo die Zitronen blühen. Ob Goethe mit dem Rad gefahren wäre, wenn es das zu seinen Lebzeiten schon gegeben hätte? Ich bezweifle es.

»So, bis Biasca wollen Sie?«, fragt mich der Herr über das Fahrradlager. Er ist lang und hager und hört auf einen Namen, der nur in der Schweiz kein Künstler-Pseudonym sein kann, sondern eine amtlich ins Geburtsregister eingetragene Benennung: Cazzato Liberato. Signore Liberato kann ein Quäntchen Skepsis in seiner Stimme nicht unterdrücken. Ich sehe nicht aus wie ein auch nur annähernd professioneller Radfahrer. Das bin ich auch nicht. Ich falle zwar nicht herunter vom Rad, aber routiniertes Fahren sieht anders aus.

»Sie haben vierundzwanzig Gänge …«, beginnt er, doch als er mein bestürztes Gesicht sieht, unterbricht er sich. Ich bin mit Rücktrittbremse und Dreigang-Schaltung aufgewachsen. 24 Gänge gibt es nach meinem Verständnis nur bei geländegängigen Lastwagen oder bei opulenten Staatsdiners in der chinesischen Halle des Volkes. »Machen Sie sich keine Gedanken«, beruhigt mich Liberato. »Sie werden sowieso die wenigsten brauchen, es geht ja immer nur bergab. Und immer der Piste drei folgen, damit Sie sich nicht verfahren.« Verfahren? In einem Gebirgstal mit nur einer Richtung? »Wir hatten schon Leute, die sind beim Geissenpeter auf der Alm gelandet«, sagt Liberato und schüttelt den Kopf.

»Die Bremsen beißen übrigens recht gut«, gibt er mir noch mit auf den Weg, als ich das Velo hinaus in die gleißende Sonne schiebe. »Denken Sie daran, immer schön piano, piano bremsen, damit Sie nicht vor Ihrem Fahrrad unten im Tal ankommen.«

Nun, diese Gefahr droht fürs Erste nicht, denn schon nach wenigen Metern steigt die Straße steil an. Vorsichtshalber drehe ich mich um. Nein, der Gotthard steht am richtigen Ort, ich muss mich also Richtung Süden bewegen. Drei Pedalumdrehungen habe ich geschafft, dann steige ich keuchend ab und beginne mein Gefährt zu schieben. Wenn das so weitergeht, wird die SBB ihr Rad nicht wie abgesprochen bis heute Abend um sechs in Biasca zurückbekommen.

Doch kaum ist die Anhöhe erreicht, öffnet sich mein Herz – gemeinsam mit dem Ausblick, der sich mir bietet. Schier ins Unendliche kann ich sehen, fast scheint es, als ob der Blick weiter reichen würde, als die Augen es wahrnehmen. Am Horizont erspürt man Italien.

Wie die Wände eines Beckens rahmen links und rechts die Höhenzüge das Tal ein. Die nackten Felsen liegen hinter mir, die Berge sind in das satte Grün von Wäldern, Wiesen und Weiden getaucht. Ein Brausen tönt herauf, doch es ist nicht der rasende Gebirgsfluss Ticino, der dem Kanton seinen Namen geliehen hat, sondern die Autobahn, die sich über Viadukte schwingt und durch Tunnels zwängt und die mich die nächsten Stunden nie wirklich verlassen wird.

Und es geht bergab. Das habe ich sogar schriftlich: Airolo liegt 1100 Meter hoch, Biasca auf 300 Meter. Schon wichtig, dass die Bremsen gut beißen. Ich schwinge mich in den Sattel, kneife die Augen zusammen und überlasse den Rest der Schwerkraft.

Anfangs nehme ich überhaupt keine Details wahr. Nur die unterschiedlichsten, aufregendsten Gerüche fegt mir der Fahrtwind ins Gesicht: Tannennadeln und Moosboden, Kuhfladen und Staubwolken und die Auspuffwolke eines MG Roadster, Baujahr circa 1955. Die Sonne flirrt in den Augen, gerade noch rechtzeitig nehme ich die Kurven wahr. Ist das, was mir nun in die Nase steigt, der Geruch des verbrannten Gummis meiner Bremse?

Piotta fliegt vorbei, und gleich darauf die Zwillingsgemeinde Ambri. Entlang der Hauptstraße schleicht sich bereits das eine oder andere Gebäude mit den flachen Dächern und den Romeo-Balkonen zwischen die behäbigen hölzernen Bauernhäuser. Rechts, hinter ein paar Genossenschaftsbauten, ragt ein Betonmonster hervor, wie ein Raumschiff, das sich verflogen hat und hier notgelandet ist.

Es ist das Stadion des Eishockey-Vereins HC Ambri-Piotta, der selber wie ein Fremdkörper im gelackten Sport-Business der reichen und professionellen Großstadtvereine anmutet. Er ist das Asterix-Dorf unter den schweizerischen Eishockey-Mannschaften: Seit 1937 dabei, nie abgestiegen aus der ersten Liga, klein und unbeugsam, leidenschaftlich geliebt und bis zur finanziellen Selbstaufgabe von seinen Anhängern mit Spenden unterstützt, wenn wieder einmal der Ruin droht.

Ich rausche weiter, bis jetzt musste ich kaum in die Pedale treten. Deshalb hätte ich sie um ein Haar verpasst, die Lücke in der Leitplanke, auf die mich Signore Liberato hingewiesen hatte. Hier sollte ich absteigen und das Rad hinuntertragen in die Piottino-Schlucht. »Sie können auch fahren, aber ich empfehle es nicht«, hatte er gewarnt. »Einer hat es letzte Woche versucht. Jetzt hat er das Gebiss nach hinten verschoben.« Mit beiden Händen und einer Grimasse hatte Liberato angedeutet, wie der Mann jetzt aussah.

Ich wäre nie auf den Gedanken gekommen, mit dem Fahrrad hier hinunterzufahren. Ehrlich gesagt wäre ich auch nie auf den Gedanken gekommen, hier zu Fuß hinabzusteigen, geschweige denn mit einem Fahrrad auf der Schulter. Andererseits erscheinen ein paar Unannehmlichkeiten nur logisch an dieser Stelle. Hier verlief einst die Grenze zwischen dem Kanton Uri und dem von den Urnern verwalteten Tessiner Tal. Der Dazio Grande war die Zollstation, an dem Pferde gewechselt wurden und der Zoll entrichtet, bevor es weiterging, hinunter in den Höllenschlund der Schlucht.

Als Erstes bemerke ich, dass jemand das Licht ausgeschaltet zu haben scheint. So tief bin ich hinabgetaucht zwischen die schrundigen Felswände, dass die Sonnenstrahlen nicht bis hierher reichen. Es ist spürbar kälter geworden, und ich bin ganz froh, als ich das dunkle Tal verlasse.

Erst jetzt fällt mir auf, dass ich der einzige Radfahrer bin. Nur einem anderen Velo bin ich bisher begegnet, und sein Fahrer mühte sich mit waagrecht nach vorn gekrümmtem Rücken die Steigung nach Airolo hoch. Er schien mir einen hasserfüllten Blick zuzuwerfen. Aber ich kann mich täuschen. Ich war viel zu schnell an ihm vorbeigerast.

Auf dem Marktplatz von Faido mustern mich die wenigen Passanten sehr kritisch. Leider kann ich nicht mit dem Tempo, an das ich mich bereits gewöhnt habe, durch den Ort flitzen. Das Dorf ist auf ebenem Terrain gebaut, was zwar nicht ganz so schlimm ist wie eine Steigung, meine Geschwindigkeit aber doch merklich verlangsamt.

Einst war der Marktplatz getränkt von Blut und Hass. Vor gut 250 Jahren ließen hier die Urner Landvögte die Anführer der Tessiner Aufständischen köpfen, die es gewagt hatten, sich gegen das harte Regiment der Zwingherren aus dem Norden aufzulehnen. Die Sache mit dem einig Volk von Brüdern, die Schiller im »Tell« beschwört, war lange Zeit nur sehr eingeschränkt gültig.

Alle dunklen Gedanken sind verflogen, als ich plötzlich im Paradies ankomme. Um möglichen Einwänden gleich zuvorzukommen: Ich weiß, dass man schnell von einem Paradies spricht, wenn man schweißüberströmt mit ausgetrockneter Kehle und pochenden Wadenmuskeln von einem Velo steigt. Unter diesen Umständen erscheinen ein Glas Wasser und ein wackeliger Holzstuhl wie Vorboten ewiger Glückseligkeit. Aber Giornico würde ich auch dann als paradiesisch bezeichnen, wenn ich ausgeruht aus einem klimatisierten Reisebus ausgestiegen wäre. Andere mögen mehr für ihren privaten Garten Eden brauchen – eine ungerade Anzahl williger Jungfrauen beispielsweise oder heilige Messen von morgens bis abends. Mir reicht dieses Fleckchen Erde, das zudem den Vorteil hat, dass man es schon vor dem Tod genießen kann.

Giornicos Charme liegt darin, dass in diesem Ort unumkehrbar Italien beginnt. Zypressen stehlen sich zwischen die Nadelbäume, als ob sie den Reisenden weiterlocken wollten, tiefer in den Süden hinein. Auch das Licht verändert sich, wird weicher und zugleich klarer. Südliche Leichtigkeit strahlen auch die Kirchen des Dörfchens aus, die bis zu tausend Jahre alt sind. In ihrem Schatten wachsen keine Grabsteine aus dem Erdreich, sondern Rebstöcke.

Die letzten Meter habe ich mein Rad geschoben, denn ich will untersuchen, was sich hinter dem Schild »Grotto Pergola« verbirgt. Als Erstes erkenne ich vier verschmitzt dreinblickende Männer, die sich hinter einem Tapeziertisch verschanzt haben, auf dem ein wahrer Wall von Weinflaschen und Gläsern aufgebaut ist.

Vorgeblich handelt es sich um eine Weinprobe, aber die Proben, die sie in die Gläser abfüllen, pendeln zwischen einem und zwei Deziliter und würden sich in Zürcher Restaurants deutlich auf der Rechnung niederschlagen. Als Konsequenz fühle ich mich bereits ungeheuer gelockert, als ich mich zum Essen an den Tisch setze.

Im Deutschen hat das Wort »Grotte« einen eher abstoßenden Klang. Man denkt an einen kalten, feuchten Ort, an dem schleimige Wasserkreaturen hausen. Im Tessin aber ist das Grotto Inbegriff von Lebensart und Lebensfreude. Zu Recht spricht man von einer Grotto-Kultur. Ursprünglich war es nur ein kühler, oft in den Fels gehauener Ort, wo man Wein und Lebensmittel lagern konnte. Doch schon bald wandelte sich das Grotto zu einem kühlen Ort, wo sich Bauern oder Winzer bequem hinlagern konnten, um dem Wein und ausgesuchten Lebensmitteln zuzusprechen. Ein Grotto ist teils Biergarten, teils Heurigen-Ausschank, mit einem Schuss von Tschechows »Kirschgarten«. Es steht für Sommerhitze, die angenehm gefiltert durch ein Dach aus Weinlaub dringt, unter dem man ein Glas Wein genießt. Oder auch zwei, oder vielleicht gleich eine Flasche. Denn im Grotto bleibt die Zeit stehen. Wäre der Garten Eden ein Grotto gewesen, dann hätte sich Adam nie daraus vertreiben lassen – Eva hin, Schlange her.

Die Leventina ist eines der sogenannten ambrosianischen Täler – nach dem Kirchenvater Ambrosius. Ein passendes Wort, weckt es doch Assoziationen an die Götterspeisen Nektar und Ambrosia. Auch wenn es nur Ossobucco mit Polenta ist, was die Wirtin ungefragt allen Gästen auftisch – Zeus und seine Göttergenossen im Olymp hätten bei diesem Mahl nicht glückseliger aufseufzen können als ich.

Ein einziger Schatten trübt mein Glück: Nach Biasca sind es noch zehn Kilometer. Außerdem konnte ich der Versuchung nicht widerstehen und habe ein paar Flaschen des örtlichen Weines gekauft und in den Rucksack gepackt. Das rächt sich jetzt. Denn wenn ich meine Hausaufgaben gemacht hätte, wäre mir klar gewesen, dass Giornico und Biasca auf derselben Höhe liegen: Mit der flinken Schussfahrt ist es nun vorbei. Um meinen Zielort zu erreichen, muss ich mich selber ins Zeug legen.

Den Bahnhof finde ich nur, weil mir Cazzato Liberato oben in Airolo eingeschärft hatte, dass ich mich am Wasserfall orientieren solle. Airolo – wie weit weg scheint das zu sein. Nun, genau genommen nicht mehr als 38 Kilometer, 40 Minuten mit einem gemütlichen Interregio der SBB. Doch als nun am Zugfenster die Stationen meiner Fahrt in umgekehrter Reihenfolge vorbeiziehen, da schwellt Stolz die Brust.

Es muss ja niemand wissen, dass es nur bergab ging. Der Lateiner, der hier auch einmal lebte, sagt zwar: Per aspera ad astra – nur durch Mühen gelangt man zu den Sternen. Aber da wollte ich gar nicht hin, sondern nur zu meinem kleinen Paradies. Im Rucksack klirren leise die Weinflaschen. Wie schön, dass man das Paradies mit nach Hause nehmen kann.

# Tickt's noch richtig: **Ich kaufe eine Schweizer Uhr**

Wenn man in der Schweiz lebt, braucht man eigentlich keine eigene Uhr. Das Land ist derart flächendeckend mit Uhren überzogen – an Kirchtürmen, Bahnhofsfassaden oder Uhrengeschäften –, dass man im Allgemeinen nirgendwo hinblicken kann, ohne dass sich ein Zifferblatt ins Gesichtsfeld schiebt. Als ob die bloße Anzahl nicht genügte, bevorzugen Schweizer darüber hinaus überdimensional große Zifferblätter. An manchen Kirchen ragen sie über die Turmmauern hinaus, und die größte Uhr Europas hängt am Bahnhof von Aarau. Vermutlich kann man sie bei klarer Sicht auch aus Baden-Württemberg erkennen.

Selbst im Wald oder in den Bergen, die eigentlich weitgehend uhrenfrei gehalten werden, wissen Wanderer und Bergsteiger dennoch meist, wie viel es geschlagen hat: Der Klang der Kirchturmuhren, die mitunter jede Viertelstunde wohltönend markieren, trägt weit. Zwischendrin genügt ein Blick auf die jeweilige Riesenuhr der Dorfkirche im nächsten Tal. Häufig sieht man sie sogar mit unbewaffnetem Auge.

Im Gegensatz zu anderen Ländern zeigen die öffentlichen Uhren in der Schweiz alle dieselbe Zeit – die korrekte, auf die Minute genau. Wenn tatsächlich einmal mehrere Uhren nebeneinander verschiedene Zeiten zeigen, kann man sicher sein, dass die Uhrzeit an verschiedenen Orten auf der Welt angegeben wird. Und man kann sich darauf verlassen, dass die in Zürich oder Bern vermerkte Hongkonger Ortszeit präziser ist als die auf einer Uhr in Hongkong. Ja, es würde nicht überraschen, wenn ein Chinese aus Hongkong sich in Zürich nach der genauen Uhrzeit erkundigte.

Aus all diesen Gründen hat ein amerikanischer Zeitforscher schon vor Jahren die eher behäbige Schweiz als schnellste Nation der Welt ausfindig gemacht. Nicht wegen der Bewegungsabläufe, sondern wegen der Pünktlichkeit.

Ich bin zwar kein Schweizer, aber auch ich brauchte eigentlich keine Uhr. Denn ich besitze schon eine. Sie gefällt mir, ich trage sie seit 15 Jahren. Ich habe mich an sie gewöhnt, auch wenn ich sie noch lange nicht durchschaut habe. Streng genommen ist sie ein Hochleistungs-Handy, das sich vermutlich unterfordert fühlt, weil ich von ihr nur die aktuellen Stunden und Minuten will und alle anderen Fähigkeiten brachliegen lasse.

Jeden Abend um zehn nach sechs piepst wild ein Alarm los. Ich weiß nicht warum, wahrscheinlich habe ich ihn irgendwann irrtümlich eingestellt. Nur habe ich keine Ahnung, wie er zu deaktivieren ist. Aber das macht nichts: Auch ohne nachzusehen weiß ich jeden Tag, wann es zehn Minuten nach sechs ist.

Meine Frau meint allerdings, dass ich eine neue Uhr brauche. Ihr geht das Piepsen um zehn nach sechs auf die Nerven. Außerdem naht ein runder Geburtstag, und weil wir in der Schweiz leben, soll es zu diesem Anlass eine besondere, eine Schweizer Uhr sein. Und weil eine Uhr im Idealfall Ausdruck der Persönlichkeit ist, darf ich sie mir selber aussuchen.

Unbewusst orientiert sich die Überlegung meiner Frau womöglich an der früheren Sitte, nach der ein Arbeitnehmer von seiner Firma mit Erreichen des 65. Lebensjahres mit einer goldenen Armbanduhr in den Ruhestand verabschiedet wurde. Es war häufig erst die zweite Uhr in seinem Leben. Die erste hatte ihm der Firmpate in die Hand gedrückt. Meine Frau meint zudem, dass erst eine gute Uhr einen Mann zum Mann von Welt macht. Und das erinnerte mich daran, was mir ein Nobelschneider in der Londoner Savile Row einst anvertraut hatte: Um bei neuen Kunden die Spreu vom Weizen zu trennen, sehe er als Erstes nicht auf die Kleidung, sondern auf die Uhr.

Bei aller ehelichen Zuneigung ist das Geburtstagsgeschenk an ein bestimmtes Budget gebunden. Als ich die Summe, die meine

Frau auszugeben bereit war, zum ersten Mal hörte, musste ich vernehmlich schlucken. Dieses Schlucken hielt unvermindert an, nachdem ich die Angebote zu studieren begonnen hatte – wenn auch aus anderem Grund: War es anfangs die Großzügigkeit, die mich beschämte, so war es nun die Erkenntnis, dass auch der Preis von Armbanduhren relativ ist – im Sinne von »relativ wenig«. Eine »recht anständige« Uhr bekommt man schon, so hörte ich, für 25 000 Franken. Mit anderen Worten: so viel, wie mein Auto gekostet hat.

Einen Vorteil hat diese Selbstbeschränkung: Sie reduziert die Fülle an Produkten auf eine überschaubare Größe. Ich weiß zum Beispiel, dass alles mit Sonnen, Monden und anderen Himmelskörpern auf dem Zifferblatt für mich so leicht erreichbar ist wie die Sterne am Himmel. Dasselbe gilt für diejenigen Uhren, in die man von hinten hineingucken kann. Ihre Wunderwerke an rotierenden Rädchen und schnellenden Federn sind derart faszinierend anzusehen, dass es vermutlich sinnvoller wäre, diese Uhren mit der Rückseite nach oben am Handgelenk zu tragen. Und ich lerne, dass sich der Preis einer Uhr nach der Anzahl der in ihr verborgenen »Complicationen« richtet. Dies hat eine eher abschreckende Wirkung auf mich, da mir meine alte Uhr ja schon zu kompliziert ist.

Bislang hatte ich mich darauf beschränkt, Anzeigen und Auslagen zu studieren. Als vorteilhaft erwies sich dabei, dass wir die »International Herald Tribune« abonnieren. Bei dieser Zeitung scheint es sich um ein Zentralorgan der Schweizer Horlogerie-Branche zu handeln. Zumindest subventioniert die eidgenössische Uhrenindustrie allem Anschein nach das Blatt. Anders lässt es sich nicht erklären, dass an manchen Tagen nur Uhreninserate geschaltet sind – quer durchs Alphabet von Audemars bis Swatch. Meistens locken Sportler zum Kauf. Mir war bis dahin nicht bewusst gewesen, wie wichtig es offenbar beim Tennis- oder Golfspielen ist, stets die genaue Zeit zu wissen. Einmal gab es eine Anzeige mit einem glücklich umschlungenen Paar, das seine Uhren stolz dem Betrachter entgegenreckte. Bei ihr war es halb neun, bei ihm zehn nach zwei. Diese Marke konnte ich getrost ausschließen.

Die eigentliche Feldforschung unternehme ich nun aber in der Bahnhofstraße. Zwischen Hauptbahnhof und Bürkliplatz verteilen sich 21 Uhrengeschäfte, die einschlägigen Abteilungen der Warenhäuser Manor, Globus und Jelmoli nicht mitgerechnet. Ich kann nicht mehr zählen, wie oft ich in den letzten Tagen die Straße auf und ab gegangen bin und die Nase an den Schaufenstern von Beyer, Bucherer und Türler platt gedrückt habe wie ein kleiner Junge vor dem Spielwarengeschäft. Seit meiner Zeit in Moskau habe ich dabei nicht mehr so viel Russisch auf der Straße gehört wie hier. Allem Anschein nach sieht sich dieser Personenkreis andere Uhren an als ich. Muss wohl eine Frage des Geschmacks sein.

Die ungebremste Nachfrage und die überbordenden Auslagen beweisen, dass die Attraktivität von Schweizer Zeitmessern offenkundig gegen jede Krise resistent ist. Wenn man bedenkt, dass diese Branche vor nicht allzu langer Zeit praktisch auf dem Totenbett lag, hat sie sich erstaunlich gut erholt. Weltweit werden mit Uhren 35 Milliarden Franken umgesetzt. Dafür könnte man sieben Flugzeugträger kaufen und hätte zudem noch genügend Wechselgeld für ein paar Fregatten, Zerstörer und Versorgungsschiffe. Anderseits gibt es Uhren, die allein so viel kosten wie ein kleineres Kriegsschiff. Die Top Sky Moon Tourbillon 5002 P von Patek Philippe etwa kostet 1,5 Millionen Franken – ohne dass ein Edelstein ihr Gehäuse schmücken würde. Aber für dieses Geld kriegt man nicht nur einen einzigen lausigen Mond auf dem Zifferblatt, sondern gleich die ganze Milchstraße.

Mehr als die Hälfte der Weltproduktion kommt aus der Schweiz. Der Rest stammt aus China, Amerika und ein kleines bisschen auch aus Deutschland. Dazu gehört viel Wegwerf-Schund aus Plastik oder Blech. Bei den Uhren, die mehr als 1000 Franken kosten, ist die Schweiz Weltführer mit einem veritablen Monopol: 95 Prozent dieser Uhren stammen aus der Eidgenossenschaft.

Obwohl viele der alten Traditionsfirmen längst von Großunternehmen wie Richemont oder Piaget geschluckt worden sind, werkeln noch immer kurzsichtige Männer und Frauen mit ruhigen Fingern und dicken Augenlupen an altmodischen Werkbänken irgendwo in einem Kaff im Jura oder Neuenburg an den teuren Preziosen. Bei diesen Chronometern ist jeder Bestandteil auch tatsächlich aus der Schweiz, nun ja, vielleicht mit Ausnahme des Armbands aus Alligatorleder. Vor einiger Zeit tobte im Parlament in Bern eine Debatte darüber, wie viel Schweiz in einem Produkt stecken müsse, damit es das Prädikat »schweizerisch« verdient. Fast wäre es zum Bruch in der Familie der Uhrenfabrikanten gekommen. Denn im Innenleben vieler Schweizer Billiguhren – also jene im 10 000-Franken-Bereich – tummelt sich die eine oder andere chinesische Unruh. Überhaupt scheint ziemlich viel in so eine Schweizer Uhr hineingepackt zu sein. Erstaunt wiege ich so ein dickes Ding in der Hand. Die würde beim Joggen die Armmuskulatur stärken. Man müsste sie nur abwechselnd rechts und links tragen. Dieses Teil hier ist fast so dick wie eine Burger-Bulette. Merkwürdig. Ich hatte immer gedacht, dass eine Uhr umso besser ist, je flacher sie ausfällt.

Ich sitze an einem Tischchen aus Rosenholz. Die Glasplatte ist bis zur Unsichtbarkeit poliert, und der soignierte Herr mir gegenüber legt mir die Uhren mit der Grazie einer Ballerina vor, die sich beim letzten Vorhang für den Applaus bedankt. Alle Tische im Raum sind besetzt. Ich weiß nun, weshalb sich Chinesen nicht telefonisch in Zürich nach der richtigen Uhrzeit erkundigen müssen. Sie nehmen Schweizer Uhren mit nach Hause.

Viele Uhren sind es nicht, die für mich infrage kommen. Aber das hatte man mir ja schon in den anderen Läden zu verstehen gegeben, in die ich mich hineingewagt hatte. »Ich fürchte, dass wir Ihnen in diesem Preissegment nicht die Auswahl bieten können, die Sie zu Recht erwarten«, hatte es eine Verkäuferin formuliert – einerseits ausgesucht freundlich, andererseits an Deutlichkeit nicht zu überbieten. Vierstellig, so viel war rasch klar, waren hier nur die PIN-Nummern der Kreditkarten und nicht die Beträge in Franken, Dollar oder Euro.

Ich hatte jedes Mal brav mein Sprüchlein aufgesagt, doch als ich zu dem Teil mit dem Budget kam, das mir zur Verfügung stehen würde, hatte mich das Personal mit einem herablassenden und zugleich mitleidigen Blick gemustert. Wenn ich ihn recht deutete, besagte er, dass ich bei Tchibo, nur ein paar Ecken weiter, mehr Glück haben würde. Ich hatte jeweils verstanden und war aus dem Laden geschlichen, verfolgt von den Blicken einer arabischen Großfamilie, die offensichtlich für jedes Mitglied eine neue Uhr suchte.

»Warum sind diese Uhren eigentlich alle so dick«, ermanne ich mich den Gentleman zu fragen, der mir gegenübersitzt. Ihn Verkäufer zu nennen, widerstrebt mir, denn Verkäufer tragen selten maßgeschneiderte Anzüge und edles italienisches Schuhwerk. Gut, die blitzende Uhr an seinem Arm kann eine Leihgabe des Arbeitgebers für die Dauer der Arbeitsstunden sein.

»Oh, es wird sehr viel in sie hineingepackt, damit sie ganz genau laufen«, erwidert er und nimmt mir das gute Stück vorsichtshalber wieder aus der Hand. Von Form und Dicke her sieht die Uhr aus wie ein stählernes Luxemburgerli von Sprüngli schräg gegenüber am Paradeplatz.

Verstohlen schiele ich auf meinen eigenen schlichten Chronometer, der sich flach an mein Gelenk anschmiegt und so viele Tricks beherrscht, die ich noch gar nicht kenne. Ein Stich fährt mir ins Herz. Ich fühle mich wie ein Verräter. Das halbe Dutzend Uhren vor mir auf dem Tablett, so erfahre ich, leuchtet noch nicht einmal im Dunkeln. Die meisten müssen zudem von Hand aufgezogen werden. Ein Modell, das mit 400 000 Franken deutlich außerhalb meiner Möglichkeiten liegt, wird sogar mit einem eigenen kleinen Schlüsselchen geliefert. Mit ihm zieht man die Miniatur-Spieluhr auf, die sich im Inneren verbirgt und die nicht nur die Stunden anschlägt, sondern sie auch mit Musik untermalt – wahlweise Mozart oder Tschaikowsky. Mit anderen Worten: eine Uhr mit zwei Klingeltönen für den Preis eines Einfamilienhauses.

Eine halbe Stunde später stehe ich wieder draußen auf der Bahnhofstraße, in der Hand einen beeindruckenden Beutel, der Platz böte für eine Standuhr. Aber so eine Schweizer Armbanduhr braucht schließlich ein standesgemäßes äußeres Gehäuse, in dem sie aufbewahrt werden kann. Länger als mein Entschluss hatte es gedauert, zwei Kettenglieder aus dem Armband zu entfernen. »Dieser Service ist im Preis eingeschlossen«, hatte mich der Verkäufer beruhigt.

Er musste wohl das panische Flackern in meinen Augen bemerkt haben.

Erst als er mir meine Tausender abgenommen und sie auf einem mit Filz bezogenen Tablett säuberlich aufgereiht hatte wie ein Croupier die Jetons, brach sich ungestüm Gastfreundschaft Bahn: »Möchten Sie etwas trinken? Einen Kaffee vielleicht?« Hierin unterscheidet sich der Schweizer Uhrenhandel offensichtlich vom orientalischen Basar: Der Kaffee für den Gast ist keine Investition in die Zukunft. Mit ihm wird ein Deal besiegelt. Dafür schmeckte er ausnehmend gut, und neben der Tasse ruhte eine Orchidee. Letztere wurde aber flugs zusammen mit dem Tablett abgeräumt.

Auch draußen auf der Bahnhofstraße sind sie allgegenwärtig: Uhren, wohin man schaut. Die goldenen Zeiger des Fraumünsters, das monströse Zifferblatt von St. Peter, die Omega an der Fassade meines Uhrengeschäftes. Es stimmt schon, wer braucht in der Schweiz eine eigene Uhr.

Und dann trifft mich die Erkenntnis wie ein Blitz. Ich sehe mir die Menschen an, wie sie zielstrebig hierhin gehen und dorthin, Termine wahrnehmen, Trams besteigen, in ihre Büros streben: zuverlässig, pünktlich, korrekt. Schweizer brauchen wirklich keine Uhren, auch nicht an Kirchtürmen und Bahnhofsfassaden. Denn sie sind selber Teil eines gigantischen Uhrwerks, das Fahrpläne und Organismus perfekt taktet.

In ihrer DNA versteckt sich ein spezielles Zeitgen, das sie zu Zeitmaschinen macht. Atomuhren gehen nur deshalb genauer, weil deren Halbwertszeit höher ist als die eines Durchschnittsschweizers.

Warum also baut dieses Volk überhaupt Uhren – die besten und genauesten? Aus Nächstenliebe. Man kennt den Wert der Pünktlichkeit und man will die ganze Welt dazu erziehen. Und wenn gleichzeitig ein paar Franken für den Wohltäter abfallen, umso besser.

## Gern ein bisschen Knochenarbeit: **Freiwillig schafft die Schweiz am liebsten**

Die alten Griechen müssen eine perverse Vorliebe für ausgesucht grausame Strafen gehabt haben: Tantalos, vor dessen Lippen Wasser und Früchte zurückweichen. Prometheus, dem der Adler die Leber aus dem Leib rupft. Und gar Sisyphos: Gibt es Niederschmetternderes, Frustrierenderes als seine knochenbrechende, aber letztlich fruchtlose Arbeit? Ich weiß, wovon ich rede. Denn heute bin ich Sisyphos.

Ich muss zwar keinen großen Felsbrocken einen steilen Hang hinaufrollen, nur um hilflos zuzusehen, wie er kurz vor dem Ziel wieder bergabkollert. Ich muss nur unzählige kleinere Steine in einem blauen Plastikkorb auf eine Böschung schleppen, um sie dort in einen Graben zu kippen. Eigentlich scheint dieser gar nicht tief und breit zu sein. Aber ein Götterfluch hat ihn unergründlich gemacht. Er wird nicht voll, egal, wie oft ich mit meiner Last den Erdwall hochkeuche.

Wie hatte Homer über Sisyphos gedichtet? »Und es rann der Schweiß ihm von den Gliedern, und der Staub erhob sich über sein Haupt hinaus.« Genau. Besser hätte ich es auch nicht sagen können.

Das Loch, das ich aufzufüllen habe, wird hinten von dem Erdwall und vorne von einer Mauer aus roh behauenen Feldsteinen begrenzt. An dieser arbeiten Yvonne und Kate. Sie arbeiten konzentriert und sorgfältig, und sie haben sehr schnell erkannt, dass ich zu dieser Tätigkeit singulär ungeeignet bin. Deshalb haben sie mir kurzerhand die – im wahrsten Sinne des Wortes – niedrige Kärrnerarbeit zugewiesen, nämlich das Füllmaterial heranzukarren.

Vermutlich liegt es an meiner Unfähigkeit zum räumlichen Denken. Es sind aber nicht die Theorien von Physikern über die uns angeblich umgebenden 20, 30 oder wer weiß wie viele Dimensionen, die meine Vorstellungskraft sprengen. Ich habe schon Schwierigkeiten mit der dritten Dimension. Vor allem morgens nach dem Aufstehen.

Die dritte Dimension aber spielt hier eine wichtige Rolle: Denn aus einem Haufen von auf einer Wiese herumliegenden Steinen müssen solche Exemplare herausgesucht werden, die sich passgenau in die Mauer einfügen lassen. Was ich bisher herangeschleppt hatte, war unweigerlich zu breit, zu dick, zu schief oder einfach nur zu klein gewesen und von den beiden Damen in meinem Team halb mitleidig, halb genervt verworfen worden.

Das Ganze ähnelt einer Art von 3-D-Puzzle für Riesen, denn diese Felsbrocken wiegen so viel wie ein Wocheneinkauf im Supermarkt, zumal wenn Mineralwasser und Kartoffeln dabei sind. Kate freilich scheint keine Schwierigkeiten zu haben. Sie ist das, was man eine stattliche Erscheinung nennt, und sie lüpft die Findlinge aufs Mauerwerk, als ob es Daunenkissen wären.

Die junge Frau ist den ganzen weiten Weg aus Colorado ins Calancatal gekommen. Eigentlich wollte sie ja nur ihren Vater David besuchen, der in Basel lebt. Aber der hatte den Einfall gehabt, zusammen mit knapp zwei Dutzend anderen Männern und Frauen in einem entlegenen Schweizer Gebirgstal uralte Trockenmauern wiederherzustellen. Die Tochter wurde quasi zwangsverpflichtet – und entpuppte sich als willkommene Verstärkung.

Geld bekommen die Mauerspechte nicht für ihre Knochenarbeit. Im Gegenteil: Sie haben mehrere Hundert Franken für diese Woche Fron bezahlt. Als Gegenleistung erhalten sie ein Stück harter Holzdiele, auf der sie nachts einen Schlafsack ausrollen können, zwei warme Mahlzeiten am Tag und Kenntnisse eines uralten Handwerks, das praktisch ausgestorben ist: das Mauern ohne Mörtel. Sollen andere im Urlaub schnorcheln oder surfen lernen. Denen fehlt aber das wohlige Gefühl, etwas Gutes getan zu haben. Voluntourism, Freiwilligen-Tourismus, nennt sich die Übung, und sie liegt im Trend.

Seit Hunderten von Jahren wurde alles im Calancatal aus Steinen gebaut – Häuser, Dächer, Weidemauern. Denn Steine sind, wenn man so will, der einzige Reichtum einer Region, die nicht nur von der Welt, sondern anscheinend sogar von ihrem eigenen Kanton vergessen wurde. Obwohl es ein Katzensprung hinüber nach Bellinzona ist und obwohl die Menschen Italienisch sprechen, gehört das Calancatal nicht zum Tessin, sondern zu Graubünden. Doch von der Kantonshauptstadt Chur blickt man nur selten über den San Bernardino hinunter in die Südausläufer.

Felsen und Steine prägen die Landschaft und das Leben. Schier bis an den Himmel scheinen die Felsmauern zu ragen, die gleich am Eingang zum Tal stehen, das hier den ominösen Namen Val d'Infern, Höllental, trägt. Wenn diese Gegend in der Vergangenheit überhaupt jemals in die Schlagzeilen geriet, dann nur, wenn sich wieder einmal Steinmassen von den Berghängen lösten und zu Tal donnerten. Einmal war es die ungeheure Masse von 400 000 Kubikmetern, die den hinteren Teil des Calancatales tagelang von der Außenwelt abschnitt. Cauco, Arvigo und andere Orte entstanden im Mittelalter auf solchen Schuttkegeln, die der Berg hinterlassen oder der Fluss angespült hatte. Das Baumaterial klaubten sich die Menschen einfach an Ort und Stelle zusammen.

»Viel Steine gab's und wenig Brot«, klagt Ludwig Uhland in seinem Gedicht über die Kreuzzüge, aber die Zeile könnte genauso auf das Calancatal zutreffen. Steine übersäen das Flussbett der Calancasca, sie säumen Wege und Straßen, sie machen einen Waldspaziergang zum Hindernislauf. »Bevor man das Vieh auf die mageren Weiden treiben kann, müssen erst Felsbrocken und Kiesel aufgesammelt werden«, sagt Sergio Menzi, der das Mauerprojekt leitet. Er deutet mit ausgestreckter Hand auf eine freie Fläche. Weide? Diese Wiese ähnelt eher einer Geröllhalde, auf der zwischen den Steinen spärliche Grasbüschel hervorsprießen.

Aber gerade wegen all dieser Steine ist Yvonne ins Tal gekommen. Sie liebt Steine. Sie müssen noch nicht einmal an Finger oder Handgelenk funkeln. Ein glatter Kiesel tut es auch, und so einen liebkost sie schmeichelnd mit der rechten Hand, während sie gespannt David und zwei anderen Männern zusieht. Unter schier übermenschlicher Kraftanstrengung hat das Trio eine zentnerschwere Granitplatte vom Boden hochgestemmt und als Deckplatte auf ein fertiggestelltes Mauerstück plumpsen lassen – begleitet von Kates leicht spöttischem Blick. Ich halte mich bewusst unauffällig im Hintergrund und fülle angelegentlich meine Kiesel in den blauen Korb. Ich kenne, und schätze, meinen Rücken.

Außer dem amerikanischen Gespann gibt es noch einen weiteren Ausländer in der Gruppe: Marco aus Holland ist fasziniert davon, dass er mit Baumaterial hantiert, das vor vielen Hundert Jahren schon andere Menschen bearbeitet haben. »Und was wir bauen, wird ebenfalls eine kleine Ewigkeit Bestand haben«, schwärmt er und klopft sich die Arbeitshandschuhe an den speckigen Jeans ab. »Eigentlich kann man so eine Weidemauer mit einer gotischen Kathedrale vergleichen. Solide, dauerhafte Handarbeit.«

Die übrigen Mitglieder kommen aus allen Teilen der Schweiz, was insofern von gewisser Symbolkraft ist, als ja eigentlich ihr ganzes Land nichts anderes ist als ein einziger großer Felsen: Berge, wohin man blickt. Bevor den Eidgenossen der Geniestreich gelang, diese unfruchtbaren und unzugänglichen Gebirgsmassive willigen Ausländern als Ferienparadies zu verkaufen, waren sie die Ursache für die bittere Armut des Landes – zum Teil noch bis in unsere Tage.

Staubig, müde und mit wunden Fingerknöcheln lässt sich unsere Gruppe am Abend an zwei Holztischen in der niedrigen Stube des 300 Jahre alten Bauernhauses nieder, das diese Woche unsere Heimat ist. Ruth setzt uns eine ihrer eigenwilligen Kochkreationen vor: überbackener Blumenkohl mit Kartoffelbrei. Kartoffeln scheinen einen prominenten Platz in der Menügestaltung einzunehmen. Mittags fanden sie sich als Belag auf einer Pizza.

Wie immer, wenn Schweizer zusammensitzen, erforschen sie die Herkunft des anderen. Und weil jeder Schweizer schon mit einem voll funktionsfähigen Professor-Higgins-Gen zur Welt kommt, erkennt er bereits an der Intonation des ersten Grüezi, wo der andere aufgewachsen ist. Wie der gestrenge Lehrer des Blumenmädchens Eliza Doolittle aus George Bernard Shaws Lustspiel »Pygmalion«

fällen sie aufgrund sprachlicher Normabweichungen denn auch prompt Charakterurteile. Denn was Shaw über seine englischen Landsleute gesagt hat, trifft teilweise auch auf die Eidgenossen zu: »Für einen Engländer ist es unmöglich, den Mund aufzumachen, ohne dass ihn ein anderer Engländer hasst oder verachtet.«

Regionale Rivalitäten gibt es überall, aber nirgendwo scheinen sie so ausgeprägt zu sein wie in der Schweiz. Zentralschweizer gegen Berner, Basel-Städter gegen Basel-Bauern, Appenzeller (katholisch) gegen Appenzeller (reformiert). Einig ist man sich nur, wenn es gegen die Zürcher geht. Manchmal grenzt es an ein Wunder, wie ein derart zerstrittenes Volk es geschafft hat, sich inmitten begehrlicher und starker Nachbarstaaten zu behaupten. Wahrscheinlich bedurfte es tatsächlich eines notariell besiegelten Eides, um diese Genossenschaft zusammenzuhalten.

Heute schlägt man sich nicht mehr die Köpfe ein, sondern man stichelt und witzelt nur mehr gegeneinander. An unserem Abendbrottisch kriege ich in einer einzigen Stunde mehr Witze über andere Schweizer mit als in einem ganzen Jahr – und das sind nur diejenigen, die ich verstehe. Lachen tun alle, auch die Opfer des Spotts. Irgendwie habe ich das Gefühl, dass Schweizer in der Tiefe ihrer Seele stolz darauf sind, wie vielfältig ihr kleines Land geblieben ist. Mit den Seitenhieben vergewissern sie sich nur dieser Verschiedenheit. Und gilt nicht auch der Umkehrschluss der Volksweisheit: Wer sich neckt, der muss sich lieben?

Hinter Eitelkeiten und Eifersüchteleien lodert meist unbeugsamer Individualismus auf, der den Eidgenossen heilig ist. Letzten Endes besteht die Schweiz nicht aus vier Sprachgruppen, 26 Kantonen, 139 Städten und 2495 Gemeinden, sondern aus – nach jüngster Zählung – rund acht Millionen souveränen, selbstständigen und selbstbewussten Verwaltungseinheiten, vulgo: Schweizer Bürgerinnen und Bürgern. Sie lassen sich nur ungern von irgendjemandem dreinreden.

Miteinander reden sie allerdings sehr gerne. Bis heute wundere ich mich, wie schnell ich mit Fremden in der S-Bahn ins Gespräch komme. Ganz anders als in Deutschland oder in England, wo Pendler meist miesepetrig in ihr Smartphone oder aus dem Fenster starren und wie von einem Stromstoß getroffen zusammenzucken, wenn man sie anspricht.

Noch erstaunter war ich als verzopfter Deutscher, wie unkompliziert Schweizer ins Du wechseln – ganz ohne die üblichen Verrenkungen im Sinne von: »Also, ahemm, ich als der Ältere wollte Dir, äh, Ihnen mal vorschlagen …« In der Schweiz sind noch nicht einmal zwei Gläser Alkohol und verklemmt untergehakte Arme für den feierlichen Schritt von förmlicher zu vertrauter Anrede notwendig. Es genügt, wenn man gemeinsam irgendetwas tut: wandern, singen, Essen gehen oder einfach nur denselben Beruf ausüben.

Selbstverständlich haben auch wir Mauerspechte uns sofort geduzt, umso mehr, als wir eine Tätigkeit ausüben, die moralisch über jeden Zweifel erhaben ist: Wir arbeiten schließlich freiwillig, ohne einen Rappen für unsere Mühen zu erhalten. Mit Ausnahme vielleicht der Amerikaner gibt es keine andere Nation der Welt, die ihre Arbeitskraft und ihre Intelligenz derart bereitwillig unentgeltlich in den Dienst verschiedener guter Sachen stellt.

Mehr als jeder dritte erwachsene Schweizer Bürger engagiert sich irgendwo freiwillig: bei der Feuerwehr oder im örtlichen Sportverein, in einer karitativen Einrichtung oder im Krankenhaus. Häufig ist sogar die Politik noch nicht zum Beruf verkommen. Ob Stadt-, Gemeinde- oder Nationalrat – die Amtsträger gehen in der Regel einer bezahlten Hauptbeschäftigung nach.

Gemeinsame Arbeiten haben schon früher, als regionale Gegensätze noch mit Spießen und Hellebarden ausgefochten wurden, die Gräben überwunden. Wenn es um ein gemeinsames Projekt im Interesse der Gemeinschaft geht, tritt der Individualismus in den Hintergrund. Auch in unserer Gruppe sind am nächsten Morgen alle Sticheleien vergessen. Schulter an Schulter stehen wir vor der steinernen Mauer. Einer geht dem anderen zur Hand. Was soll ich sagen: Sogar der Deutsche ist wohl gelitten, obschon er weiter nur kleine Steinchen zusammentragen darf.

Hier liegt vermutlich das Geheimnis der Schweiz. Um nicht auseinanderzufallen, braucht sie gemeinsame Projekte: einen Krieg gegen die Habsburger, einen Gotthard-Tunnel, ein faschistisches Meer rings um ihre Insel der Demokratie, eine anmaßende Brüsseler Bürokratie. Dann steht die Nation zusammen, wohl wissend, dass man sich ja morgen, wenn die Gefahr gebannt ist, wieder kloppen kann.

Im Staatssiegel der Vereinigten Staaten, die mit ihren 50 Kantonen irgendwie ähnlich verfasst sind wie die Eidgenossenschaft, steht das lateinische Motto »e pluribus unum«. Übersetzt heißt das so viel wie »aus vielen Teilen eine Einheit«. Heute würde man wohl Multikulti dazu sagen. Wenn man diese Teile richtig zusammenfügt, entsteht eine erstaunlich stabile Konstruktion, die Jahrhunderte überdauert. Wie eine Mauer aus verschieden großen Feldsteinen.

Spötter behaupten, dass das Zitat des römischen Dichters Vergil nicht aus einer Ode stammt, sondern aus einem Salatrezept. Aber entwertet das den Wahlspruch etwa? Nein. Salat ist wohlschmeckend, gesund und voller Vitamine. Genau betrachtet könnte Ruth mal einen zum Abendessen machen. Es kann auch ein Kartoffelsalat sein.

# Der Zaubertrank aus dem Tal der grünen Fee:
## Warum Asterix eigentlich Schweizer war

Die Ähnlichkeit ist unübersehbar. Die drahtige Figur, der buschige Schnurrbart und vor allem die schelmischen Augen – ja, er könnte sein älterer Bruder sein. Der Mann, der gerade eine Flüssigkeit in einen schimmernden Kupferkessel kippt, mag zwar größer sein als der gallische Cartoon-Held. Aber sie ist schon erkennbar, die Verwandtschaft zu Asterix. Ganz zu schweigen von dem Kessel, den er sich von Miraculix ausgeborgt zu haben scheint.

Vor allem besteht da eine Seelenverwandtschaft. Denn auch Willy Bovet hat sich sein Leben lang mit der Staatsgewalt angelegt – ebenfalls auf eine eher verschmitzte, augenzwinkernde Weise. Und wenn man die Parallelen noch ein wenig weitertreibt, dann stellt man fest, dass sich auch im Leben des 75 Jahre alten Schweizers viel um eine Art von Zaubertrank gedreht hat. Nur dass sein Getränk keine übermenschlichen körperlichen Kräfte verleiht, als vielmehr künstlerische Inspiration. Dies jedenfalls behaupteten zahllose Künstler – Maler ebenso wie Dichter.

Willy Bovet brennt Absinth, und er hat das schon getan, als er dafür in seiner Schweizer Heimat ins Gefängnis hätte kommen können. Theoretisch, denn in der Praxis haben die eidgenössischen Staatsanwälte diese Schwarzbrenner nie mit dem nötigen Nachdruck verfolgt. Nur ein einziges Mal wurde eine Frau zu einer Geldstrafe verurteilt. Schamrot lief der Richter an, als sie ihn fragte, ob sie die Buße gleich bezahlen müsse oder ob sie warten könne, bis er seine nächste Flasche bei ihr abholen komme.

Im Val de Travers, in diesem versteckten Winkel des Landes,

scheint eine Schweiz zu existieren, die so gar nicht dem Klischee von Ordnung, Pflicht und Gesetzestreue entspricht. Aber die Städtchen Môtiers, Couvet oder Noiraigue erinnern auch mehr an westdeutsches Zonenrandgebiet als an geschniegelte, adrette Schweizer Orte aus den Werbeprospekten: Putz blättert von den Fassaden, Unkraut sprießt zwischen Geleisen, Rost platzt von den Brückengeländern. Wer hier lebt, braucht starke Drinks und keine lästigen Vorschriften.

Seit einigen Jahren ist das Absinth-Verbot aufgehoben, und deshalb mache ich mich nicht strafbar, als Bovets Tochter Francoise vor mir nun fünf Gläser mit einer klaren Flüssigkeit sowie einen Wasserbehälter aufbaut, der aussieht wie ein gläserner Samowar. Das heißt, streng genommen hätte ich auch früher nicht gegen das Gesetz verstoßen, wie Bovet mit sarkastischem Grinsen anmerkt, da nur Herstellung, Transport und Verkauf von Absinth untersagt waren, nicht aber sein Genuss.

Bis zu seinem Verbot am Vorabend des Ersten Weltkriegs stand Absinth vor allem für Frankreich und für französische Lebensart. Er war das Symbol einer Ära, der Belle Époque, und einer gesellschaftlichen Schicht, der Bohème. Letztlich labte sich aber »tout Paris« an der grünen Fee, wie der Drink wegen seiner klassischen grünlichen Farbe genannt wurde: Intellektuelle ebenso wie Arbeiter. Der Trunk wurde zum Synonym einer Nation, und er begründete den Ruhm einer Marke, die fortan so französisch sein sollte wie Gauloises und Courvoisier: Pernod.

Nur eben, dass der Firmengründer Henri-Louis Pernod ursprünglich Schweizer war und Absinth eine Schweizer Erfindung, ähnlich wie das Kräuterbonbon von Ricola. Um Kräuter geht es auch beim Absinth, genau genommen um jene Kräuter, die im Val de Travers wachsen, einem seit jeher kargen und armen Tal nördlich des Neuenburger Sees. Vor allem gedeiht hier der bittere Wermut, dessen französischer Name dem Getränk seinen Namen gegeben hat und der ein wesentlicher Bestandteil des Getränkes ist.

Absinth hatte schon immer ein bisschen Wohlstand in die ärmlichen Dörfer im Val de Travers gebracht, und deshalb scherte sich auch niemand darum, als das Verbot verhängt wurde. Mehr als 100

Schwarzbrennereien soll es gegeben haben. Bei bestimmten Wetterlagen lastete der süßliche Anisduft über dem ganzen Dorf – zum Glück, denn so konnte man den Geruch nicht zu einem einzelnen Haus zurückverfolgen. Manche Brenner versuchten, mit einem besonders großen und übel riechenden Misthaufen vor der Tür von sich abzulenken. Aber das wäre gar nicht nötig gewesen: »Die Polizisten«, erinnert sich Bovet mit spitzbübischem Grinsen, »waren zuverlässig unsere besten Abnehmer.«

Alkohol kann man verschieden konsumieren. Man kann ihn runterkippen wie einen Korn, bedächtig an ihm nippen wie an einem edlen Burgunder oder ihn durstig in die Kehle schütten wie eine Halbe Bier. Oder man kann ein Ritual daraus machen – feierlich und kompliziert wie eine japanische Teezeremonie. Francoise Bovet hat die Gläser unter den Behälter mit dem eiskalten Wasser gestellt und die kleinen Messinghähne geöffnet. Tröpfchenweise perlt das Wasser herab – zuerst auf ein Stück Zucker, das auf einem filigran durchbrochenen Löffel ruht, dann in das Glas, wo es milchige Schlieren in die ölige, klare Flüssigkeit malt. Als sich der Zucker aufgelöst und das Getränk milchweiß verfärbt hat, dreht sie den Hahn zu und reicht mir das Glas.

Ich weiß nicht, was ich erwartet hatte. Vorsichtig schnuppere ich am Glas und nippe ein wenig. »Das ist ja Ouzo«, rufe ich empört. »Oder Pastis«, korrigiere ich mich eilig, als ich Bovets missbilligendes Gesicht sehe. »Es schmeckt nach Anis.« Das könne man aber beim besten Willen nicht miteinander vergleichen, meint Bovet streng. Man erkenne das schon daran, dass weder Ouzo noch Pastis jemals so streng vom Gesetz verfolgt worden seien wie Absinth.

Aber gerade deshalb hatte ich mit einem ganz besonderen Geschmack gerechnet, mit einem Aroma, das es so nirgendwo anders gibt. Schließlich wurde Absinth nicht nur verteufelt, sondern auch verklärt. Vincent van Gogh soll sich im Absinth-Rausch sein Ohr abgeschnitten haben, hieß es. Denn »L'absinthe rend fou«, sagten die Franzosen – der Absinth treibt in den Wahnsinn. Ein französischer Arzt verstieg sich sogar zu der Behauptung, dass es nicht lange dauern werde, bis die Hälfte der Bevölkerung in Irrenanstalten eingewiesen werden müsse – unter tatkräftiger Mithilfe der gesunden Hälfte, die ihr die Zwangsjacken anlegen würde.

Viele Künstler schworen allerdings auf den Trank, der angeblich zu luziden Gedanken führen würde. Charles Baudelaire hätte seine »Fleurs du mal« nie ohne die Hilfe der grünen Fee zustande gebracht, raunte man sich zu. Sie inspirierte Rimbaud und Oscar Wilde, Edgar Alan Poe und Ernest Hemingway, der dem Absinth sogar einen eigenen Cocktail widmete: »Tod am Nachmittag« ersetzt das Wasser durch eiskalten Champagner. Maler von Gauguin über Manet bis Picasso wiederum verewigten Absinth-Trinker auf der Leinwand – ohne sich dabei irgendwelche Körperteile abzuschneiden. Und all dies soll eine Art von Longdrink bewirkt haben, wie man ihn beim Griechen oder Türken vor den Mezze herunterwürgt?

»Absinth ist in erster Linie eine Medizin«, unterbricht Bovet meine Gedanken. Diesmal grinst er nicht, er meint es offenkundig ernst. An zwei Händen zählt er die Kräuter auf, aus denen er den Drink brennt: den großen und den kleinen Wermut, Ysop, Pfefferminze und Zitronenmelisse. Sie alle wachsen im Val de Travers. Dazu kommen Süßholz, grüner Anis und Sternanis, Fenchel und Koriander. »Alles gute Sachen«, brummt der Schnapsbrenner, der früher im Hauptberuf Uhrmacher war und in seiner Jugend für die Schweiz Medaillen als Mittelstreckenläufer errang.

Inzwischen habe ich die ersten beiden von Monsieur Bovets Absinth-Sorten gekostet, und ich muss gestehen, dass sich mein Urteil ganz allmählich ändert. Zugegeben, die ersten Schlucke kosteten Überwindung. Jetzt aber spüre ich durch den Lakritz-Geschmack hindurch die feine Süße des Zuckerwassers. Erinnerungen an die Kindheit meiner Tochter werden wach, als sie mich abwechselnd mit Lakritz-Schnecken und Marshmallows fütterte. Aufmunternd nickt mir Bovet zu: Absinth ist gut fürs Wohlbefinden, n'est-ce pas?

Tatsächlich begann der Absinth seine Existenz Mitte des 18. Jahrhunderts als Heiltrank gegen alle möglichen Maladien. Nachdem Daniel-Henri Dubied und sein Schwiegersohn Henri-Louis Pernod 1797 der Gastwirtin »Mutter Henriod« das Rezept abgekauft hatten, vermarktete Pernod den Trank zuerst als Arznei. Wegen hoher Einfuhrzölle in seinem Hauptmarkt Frankreich verlegte er die Produktion im Val de Travers bald ein paar Kilometer weiter über die Grenze ins französische Pontarlier.

Auch in Frankreich waren es die vermeintlichen medizinischen Wirkungen, die dem Absinth zum Durchbruch verhalfen. Als die »Grande Nation« 1830 Algerien eroberte, fingen sich ihre Soldaten Malaria, Cholera und andere Krankheiten ein. Als Allheilmittel wurde ihnen der neumodische Kräutertrunk aus der Provinz verabreicht – und siehe da: Sie fühlten sich bald viel wohler. So wohl, dass sie das liebgewonnene Getränk mit nach Hause brachten. Ohne es zu wissen, leiteten sie damit eine Kulturrevolution ein. Jahrhundertelang hatten Franzosen aller Schichten Wein getrunken – pur oder verdünnt, weiß oder rot, aber immer Rebensaft. Zum ersten Mal tauchte nun ein Trank auf, der dem Klassiker Konkurrenz zu machen drohte. Denn Absinth war nicht nur billiger als Wein, er war vor allem stärker – bis zu 77 Prozent Alkoholanteil stecken in einer Flasche mit der grünen Fee. Zu stark also, um pur genossen zu werden. Doch darin lag der nächste Vorteil: Absinth ließ sich strecken – man konnte fast beliebig Wasser nachfüllen und sich auf diese Weise recht lange an einem einzigen Glas erfreuen. Dies waren alles gute Argumente für schlecht entlohnte Arbeiter, die der »fée verte« in der »heure verte« zusprachen, der sogenannten »grünen Stunde« am Feierabend.

Im Jahr 1912 konsumierten die Franzosen über 200 Millionen Liter Absinth. Mehr als die Hälfte davon kam aus dem Val de Travers. Das rief mächtige Gegner auf den Plan: Frankreichs Winzer, die zu Recht um ihren Absatz, ja um ihre Monopolstellung bangten. Sie verbündeten sich mit einem nicht weniger einflussreichen, wenn auch überraschenden Alliierten – der Abstinenzler-Bewegung, die in den letzten Jahren des 19. Jahrhunderts überall in Europa enorm Zulauf erhielt. Heute würde man von Lobbys sprechen, die Druck auf die Politik und auf die Öffentlichkeit ausüben. Mithilfe von fadenscheinigen wissenschaftlichen Studien sagten Weinbauern und Temperenzler dem Modetrunk den Kampf an.

Ich habe inzwischen das vierte Glas geleert und kann die Haltung der Absinth-Gegner immer weniger nachvollziehen. »Nostalgie« kann ich auf dem Etikett der Flasche entziffern, die Bovets Tochter mir vor die Nase hält. »Seine aromatische Bitterkeit umhüllt sanft Ihren Gaumen und verführt mit einem unendlich langen Abgang zum Träumen«, hat Bovet lyrisch über sein edelstes Produkt gedichtet. Ich lecke mir mit der Zunge über die Lippen. Ja, das hätte ich auch nicht besser formulieren können.

Trotz der massiven Massenbewegung hielt Absinth dem Druck erstaunlich lange stand – ein Indiz dafür, wie populär das Getränk gewesen sein muss. Den Todesstoß erhielt der Schnaps durch eine Bluttat in seiner schweizerischen Urheimat. Es war an einem heißen Augusttag des Jahres 1905, als der Waadtländer Arbeiter Jean Lanfray – ein stadtbekannter Alkoholiker – noch tiefer ins Glas blickte als gewöhnlich.

Sieben Glas Wein, sechs Cognacs, zwei Crème de Menthe, zwei Gläser Absinth und – vermutlich zum Ausnüchtern – einen mit Schnaps versetzten Kafi fertig hatte er allein zum Mittagessen gebechert. Daraufhin begab er sich volltrunken nach Hause, wo er einen weiteren Kaffee mit Schuss trank, bevor er einen Streit mit seiner Frau vom Zaun brach. Ein Wort gab das andere. Dann holte Lanfray – er war schließlich Reservist der eidgenössischen Armee – sein Gewehr aus dem Kleiderschrank und erschoss seine Ehefrau und seine beiden kleinen Töchter.

Für den Staatsanwalt war der Fall klar: Der Mann war total betrunken, egal von was. Der Verteidiger aber konzentrierte sich auf die zwei Glas Absinth: Sie hätten Lanfray wahnsinnig und daher unzurechnungsfähig gemacht. Dem Angeklagten half das Argument jedoch nicht. Er wurde zu 30 Jahren Haft verurteilt, wo er sich wenig später erhängte.

Für die Anti-Absinth-Bewegung kam das Urteil wie gerufen. Eine Welle moralischer Empörung schwappte durch Europa. Drei Jahre später verbot die Schweiz Absinth, ja, sie nahm das Verbot sogar in die Verfassung auf. Frankreich und andere Länder folgten, und Absinth trug fortan das Stigma einer alkoholischen Ausgeburt des Teufels.

So weit würde ich nicht gehen, jetzt schon gar nicht, nach dem fünften und letzten Glas, gefüllt mit einer großzügigen Dosis »JJR«, quasi dem pièce de résistance in Willy Bovets Ausschank. Diesen Absinth hat er zu Ehren des 300. Geburtstages von Jean-Jacques Rousseau kreiert. Der große Philosoph war vor seinen Häschern einmal kurz in diese unwegsame Gegend geflüchtet. Absinth gab es damals noch nicht. Schade, er hätte ihn brauchen können, denn die Gastfreundschaft für den politischen Flüchtling währte nicht lange. Aber wer weiß, wie Rousseaus Œuvre aussähe, wenn er seine Gedanken mit dem Wermut-Trank beflügelt hätte.

Sicher bin ich zwar nicht mehr auf den Beinen, als ich Bovets Haus verlasse. Aber eines kann ich mit Sicherheit bestätigen: An schwarzen Tagen verhilft die grüne Fee zu einem rosaroten Blick auf die Welt. Ich schaue über den Marktplatz und hinüber zum Bahnhof, der vorhin so schäbig wirkte. Doch nun erfasst mich ein ungeheuer wohliges Gefühl der Großzügigkeit. Verschwunden sind der blätternde Putz und die Gräser zwischen den Bahngeleisen. Eigentlich ist es ganz hübsch hier, fast wie im Berner Oberland. Man muss nur die Augen ein wenig zusammenkneifen und dem Absinth-Geschmack auf der Zunge nachspüren.

Mein Blick geht hinauf auf den Höhenzug, der über Môtiers aufragt. Ist es eine Sinnestäuschung? Oder gar ein Zeichen vom Himmel? Vom Gipfel, eingemeißelt in den nackten Fels, leuchtet ein Schweizer Kreuz herab – auf alle Eidgenossen gleichermaßen, gesetzestreue wie alle anderen.

# Begeisterung in pharmazeutischen Dosen:
## Die stille Liebe zum FC Basel

Die Schweiz nimmt im Herzen deutscher Fußballfreunde einen ganz besonderen Platz ein. Nicht, weil das Schweizer Team im Allgemeinen von der deutschen Nationalmannschaft geschlagen würde (das auch, aber bei den Österreichern macht das mehr Spaß). Es liegt vielmehr daran, dass die deutsche Fußballnation den wohl glückseligsten Moment ihrer Geschichte in der Eidgenossenschaft erlebte: das Wunder von Bern, jenes denkwürdige Ereignis, als die ausgemergelten Underdogs in schwarzen Hosen und weißen Hemden 1954 im Wankdorf-Stadion die Weltmeisterschaft gewannen.

So fest ist dieses Ereignis bis heute im kollektiven Selbst- und Unterbewusstsein eingebrannt, dass man den Rest des Turniers und die anderen Stadien vergessen hat, in denen sich die Truppe von Sepp Herberger ebenfalls recht wacker schlug. Im Basler St. Jakob-Park etwa fertigten die Deutschen das österreichische Team in der Vorrunde mit 6:1 ab – so viel zum bereits erwähnten Spaßfaktor. Allerdings wurden sie am selben Ort vom späteren Finalgegner Ungarn mit 8:3 abgewatscht. (Waren früher eigentlich die Tore größer oder die Torwarte kleiner?)

Die Stadien von damals stehen längst nicht mehr. Sie sind durch neue, riesige und mit allen technischen Schikanen ausgestattete Sportarenen ersetzt worden – in Bern und auch in Basel. So mächtig sind sie, dass ich mich aufrichtig wundere, weshalb ich das Basler Stadion St. Jakob-Park partout nicht sehen kann, obwohl ich mich doch wahrscheinlich unmittelbar vor ihm befinden muss. Denn um mich herum stehen Männer und Frauen, offenkundig voller Vorfreude auf ein Match und ebenso offenkundig Anhänger des FC Basel – erkennbar an den rot-blauen Schals. Diese flattern freilich nicht anarchisch im Wind, sondern sind unter sorgfältig zugeknöpften Jacken versteckt, unter denen sie sehr dezent hervorlugen. Derart gesittet stehen die Menschen in kleinen Grüppchen herum, dass ich mich eher in eine Vernissage der Fondation Beyeler versetzt fühle als in ein Fußballmatch. Mit dem einzigen Unterschied, dass die Leute hier keine Kanapees und Champagnerkelche in der Hand halten, sondern Bratwürste und Bierdosen.

Nirgendwo sind Schlachtgesänge zu hören, wie sie vor Englands oder Deutschlands Fußballstadien das Blut des Gegners in den Adern gefrieren lassen. Es wird nicht gegrölt und gejohlt, ja noch nicht einmal besonders laut gesprochen. Fußball als heiteres Happening und nicht als bierernster Kampf. Vielleicht liegt es an den vielen Frauen, die es augenscheinlich unter den Fans gibt.

Aber zum Fußballspiel braucht man ein Stadion, und das ist weiterhin nirgendwo zu sehen. Vor mir ragt lediglich die Mauer eines Wohnblocks in den trüben Abendhimmel – Typus Leipzig, späte DDR, zirka frühe 1980er-Jahre. Geschmückt ist die Fassade mit Konsum-Logos von Manor, H&M und Electrolux. Der einzige Hinweis auf eine sportliche Veranstaltung ist ein Schild für einen Fitnessclub. Sollte es den Baslern tatsächlich gelungen sein, nach Art des Magiers David Copperfield ein Stadion mit Platz für knapp 40 000 Menschen mir nichts, dir nichts mittels eines gigantischen Spiegeltricks verschwinden zu lassen?

Ich komme mir jedenfalls ziemlich blöd vor, als ich einen zufrieden lächelnden Mittfünfziger nach der Arena frage. »Aber Sie stehen doch direkt davor«, wundert er sich. »Zeigen Sie mir doch einmal Ihr Ticket.« Ich reiche ihm die blau-rote Eintrittskarte. »Sehen Sie das rote B dort drüben auf der Wand? Da ist schon Ihr Eingang.«

Ich will schon fragen, bei welchem Klingelknopf ich läuten soll, um in diese Wohnburg eingelassen zu werden, da bemerke ich, dass sich das Stadion tatsächlich hinter den Appartement-Waben verbirgt.

Es muss ein merkwürdiges Gefühl sein, in einer Wohnung zu leben, in der hinter dem Badezimmer die Champions League gastiert.

Ihr Stadion mögen die Basler verstecken, ihren Verein aber stellen sie stolz zur Schau – auch wenn dies Neider in anderen Landesteilen auf den Plan ruft. Basel ist nicht Hauptstadt und nicht Finanzmetropole. Aber es ist die Fußballhauptstadt – und das mit einer Leidenschaft, wie man sie sonst nur aus Hamburg, Dortmund oder München kennt, aber nicht aus Zürich, Bern und Luzern.

Die Basler haben sich freilich schon daran gewöhnt, dass die übrigen Schweizer sie ein wenig scheel ansehen und für verkappte Deutsche halten. Es war eine klassische Vernunftehe, als die Stadt am Rheinknie, die sich immer mehr nach Norden orientierte, 1501 der Eidgenossenschaft beitrat. Sie hat gehalten, diese Ehe, aber Liebe wurde nie daraus. Bis vor wenigen Jahren stand auf dem Aeschenplatz in Basel ein Schild, das den Weg in die Schweiz wies.

Doch ob sie nun fremdeln oder nicht: Sogar die Berner und die Zürcher – die Erzkonkurrenten Basels – müssen zähneknirschend einräumen, dass der Fußballklub der Stadt die Eidgenossenschaft als Fußballnation auf die europäische Bühne katapultiert hat. Basel spielt in der Champions League gegen Schwergewichte wie München und Manchester, und mitunter gelingt der Mannschaft sogar ein Sieg gegen solche Giganten. In der heimischen Liga konnte ihr seit Jahren niemand richtig das Wasser reichen. Die großen Tage von Grasshoppers oder Young Boys jedenfalls scheinen gezählt. Der Fußball in Genf, Neuchâtel oder Lausanne macht eher durch exotische Präsidenten und exorbitante Skandale von sich reden, und die Tessiner berauschen sich lieber gleich an Inter oder AC Milano.

Wie die meisten europäischen Fußballvereine entstand auch der FC Basel aus unscheinbaren Anfängen. Elf Männer – genug für eine Mannschaft – folgten im November 1893 einer Anzeige in der »Basler Nationalzeitung« und gründeten im oberen Saal der Schuhmacher-Zunft den Verein. Glücklicherweise war ein Sportjournalist anwesend, der die Regeln dieser verhältnismäßig neuen Sportart aus dem Englischen übersetzte. Elf Tage später – schon wieder diese Schicksalszahl – trug der FC Basel sein erstes Match aus.

Immerhin erlagen die Gründer nicht der Mode der Zeit, und sie gaben ihrem Kind keinen englischen Namen. Das war vor allem in der Schweiz üblich, wo sich außer den Young Boys und den Grasshoppers zeitweise auch die Young Fellows Zürich, der Anglo American Club und sogar die Old Boys Basel auf dem Rasen tummelten.

Stattdessen gibt es Anzeichen, dass die Basler ihren Fußball exportierten. Es gehört zu den bis heute ungelösten Rätseln der Fußballwelt, dass die ein paar Jahre später gegründeten Vereine FC Barcelona und FC Bayern München nicht nur dieselben Initialen aufweisen wie die Schweizer, sondern, und das ist wichtiger, dass sie dieselben blau-roten Klubfarben verwenden. Eine Legende besagt, dass Auslandschweizer zugegen waren, als die Bayern und die Katalanen ihre Vereine aus der Taufe hoben – und ihnen die vertrauten Farben aufschwatzten.

Im Stadion scheint heute nur ein Teil der Ränge tiefrot und blau eingefärbt zu sein: die Muttenzerkurve auf der mir gegenüberliegenden Seite des Spielfeldes. Hier konzentrieren sich die wahren Basel-Fans, also all jene, die behaupten, dass man ein Fan eigentlich gar nicht werden kann, weil die Zuneigung zum Verein in der DNA codiert sein muss. Über ihren Sitzreihen spannt sich ein Transparent, das die Vereinsfarben nachträglich erklärt: »Rot isch unseri Liebi, blau die ewigi Treu.«

Wie die Fans dort drüben überhaupt etwas sehen können, ist mir ein Rätsel, so viele Fahnen schwenken sie einander vor den Gesichtern herum. Und je näher der Anpfiff rückt, desto mehr Fackeln entzünden sie. Die Rauchschwaden wabern bis weit über die Mittellinie und legen eine dichte Nebelwand vor die Muttenzerkurve.

Als der Schiedsrichter das Spiel freigibt, hat sich dieser Nebel allerdings wieder verzogen. Doch obwohl Basel von Anfang an beherzt attackiert, will keine rechte Stimmung aufkommen. An mangelnder Masse kann es nicht liegen: Angeblich sind 27 000 Menschen ins Stadion gekommen. Sie hatten brav Enthusiasmus an den Tag gelegt, als der Stadionsprecher die Aufstellung verlas. Es war ein wenig wie das Wechselspiel von Pfarrer und Gemeinde beim Kyrie eleison. Der Sprecher rief den Vornamen des Spielers und die Menge brüllte den Nachnamen. Und am Ende erwiderten die Zuschauer das »Dankeschön« des Sprechers mit einem höflichen »Bitteschön«.

Ich würde mich ja gerne mit einem Sitznachbarn unterhalten, aber links und rechts von mir dehnen sich die Sitzreihen in gähnender Leere aus. Erst gut zehn Reihen hinter mir sind die Bänke besetzt. Ich weiß, dass man im Kino hinten und in der Oper in der ersten Reihe sitzen sollte. Mit Fußballstadien aber kenne ich mich nicht aus, und deshalb hatte ich dummerweise einen Platz sehr weit vorne gekauft. Das ermöglicht es mir zwar, das Mienenspiel einzelner Spieler, etwa bei Eckbällen, eingehend zu studieren; der große Überblick indes geht verloren. Außerdem scheint man beim Bau des neuen Stadions am Dach gespart zu haben: Mich schützt es nicht mehr, sodass mir der Regen in den Kragen zu tropfen beginnt.

Wenn nicht wenigstens die Muttenzerkurve ständig krakeelen würde, käme ich mir vor wie beim Tennis in Wimbledon – zu einer Zeit, als es dort noch gesitteter und gentleman-artiger zuging als heute. Denn das Publikum verhält sich geradezu britisch unterkühlt. Der FC spielt den ersten Eckball heraus, und von den Rängen ertönt zur Belohnung – verhaltener Applaus. Selbst als kurz vor der Pause das erste, lang ersehnte Tor fällt, rasten nur die Hardcore-Fans aus. In meiner Ecke des Stadions reißt es allein einen kleinen Jungen vom Sitz.

Basler stehen ohnehin im Ruf, fast schon hanseatisch unterkühlt zu sein. Das gilt vor allem für die führende Schicht dieser Stadt – Geschäftsleute, Handelsherren, Pharmaproduzenten, kurz der »Daig«. Tatsächlich verkörpert dieser »Teig« so etwas wie eine Ansammlung helvetischer Buddenbrooks-Dynastien. Und wie in den Hanse-Republiken legten diese Familien schon immer Wert darauf, den Ruf als schnöde Händler abzustreifen und sich einen kulturellen Anstrich zu geben.

Dies äußert sich weniger darin, dass diese Familien herausragende Pianisten oder Maler hervorgebracht hätten, vielmehr unterstützen sie die schönen Künste durch einen großzügigen Griff in ihre Privatschatullen. Ob Opernhaus, Theater oder Galerien – dass Basel eine Kulturmetropole ist, die trotz ihrer Größe mit gewichtigeren

Städten mithalten kann, verdankt sie in erster Linie der Largesse ihrer Patrizier.

Da musste eine Frau wie Gisela »Gigi« Oeri ziemlich anecken, als sie ihre Zuwendung – rein finanzieller Natur, versteht sich – keinen hoffnungsvollen Künstlern schenkte, sondern muskulösen Fußballspielern. Da sie von Beruf Physiotherapeutin war, dürften ihr im Laufe ihres Lebens zwar ohnehin mehr Sportler als Künstler unter die Finger geraten sein. Dennoch war es für das alte Geld in Basel ein ziemlicher Schock, als die in den »Daig« eingeheiratete Deutsche einen nicht unerheblichen Teil des Familienvermögens in den damals darbend darniederliegenden Klub investierte.

Vor allem ihr Mann, ein Erbe der Pharma-Dynastie Roche und einer der reichsten Männer der Schweiz, dürfte seinen Augen nicht getraut haben. Er gilt eher als Feingeist, dem vor dem Engagement seiner Frau vermutlich nicht einmal bewusst gewesen sein dürfte, dass es in seiner Heimatstadt einen Fußballverein gab. Später wurde er an der Seite seiner Gattin im Stadion gesichtet, und dem Vernehmen nach gelang es ihm nach einiger Zeit sogar, die Heimmannschaft von den Gästen zu unterscheiden.

Nicht nur ihren Mann konnte Gigi Oeri bekehren. Ihr schreibt man es zu, dass der FC Basel heute allen Gesellschaftsschichten und beiden Geschlechtern offen steht. Als einen Gentleman-Sport, der von Proleten gespielt wird, hatte man Fußball in seiner englischen Heimat einst bezeichnet. Doch in Basel sitzen auch Gentlemen auf der Tribüne, an ihrer Seite distinguierte Ladys – ein Cüpli Sekt in der manikürten Hand haltend. Mehr noch: Das brandneue Stadion, im Volksmund niedlich »Joggeli« gerufen, war die erste Sportarena im Land mit einer eigenen Family Corner.

Hartgesottene Anhänger der alten Schule mögen es bedauern, aber die Entwicklung lässt sich nicht mehr rückgängig machen: Im St. Jakob-Park dampft es nicht von Adrenalin und Testosteron. Hier herrscht eher die ausgelassene Atmosphäre eines Familienausflugs. Was nicht heißt, dass es zuweilen nicht trotzdem altmodische Straßenschlachten mit Fans anderer Klubs gibt. Das gilt vor allem, wenn diese Fans aus Zürich sind und ihrer Mannschaft zujubeln. Bei diesen Begegnungen, so habe ich mir sagen lassen, kocht auch die Seele des biederen Bildungsbürgers im Stadion über. Denn da steht mehr auf dem Spiel als läppische drei Punkte, mehr auch als die jahrhundertealte Rivalität der beiden selbstbewussten Städte Basel und Zürich.

Überheblich, vorlaut, neureich schimpfen die Basler ihre Kontrahenten an der Limmat denn auch gerne. Und wo könnte man die Vorurteile besser pflegen als bei einem Fußballmatch gegen einen Zürcher Klub. In solchen Fällen verbünden sich sogar die Berner mit den Baslern. Wie formulierte es doch ein Exil-Berner, der schon seit vielen Jahren in Deutschland lebt, mit maliziösem Lächeln: »Wenn Basel gegen Zürich spielt, dann ist Basel für mich das bessere Bern.«

# Besuch bei der alten Dame: **Neues von der ganz neuen »Neue Zürcher Zeitung«**

Andere Nationen mögen der Elektronik mit Tablets, Smartphones oder Laptops verfallen sein. Die Schweizer aber sind ein Volk von Zeitungslesern geblieben. In Zug, S-Bahn oder Tram wird allmorgendlich geraschelt und geblättert, und sogar jüngere Menschen stecken die Nase in ein Druckwerk – egal ob das die kostenlosen »20 Minuten« sind, der »Tages-Anzeiger« oder der »Blick«.

Was man in den Pendlerströmen eher selten sieht, ist das berühmteste und wohl schweizerischste aller Blätter: die ehrwürdige »Neue Zürcher Zeitung«. Jeden Tag werden mehr als 130 000 Exemplare verkauft, aber die dürften wohl weniger in der engen Straßenbahn oder im voll besetzten Zug konsumiert werden. Diese Zeitung stellt man sich eher in einem mit Walnussholz getäfelten Kontor vor, an einem gediegenen Frühstückstisch oder gleich im fein nach Leder duftenden Fonds einer von einem Chauffeur gelenkten Limousine.

Die »Neue Zürcher Zeitung« war schon immer ein Blatt für die besseren, die gehobenen, die betuchten Stände. Evangelium für die einen, ein Hort finsterster Reaktion für die anderen. Sie war – und ist – das Sprachrohr der Elite: der Banken und der Geschäftswelt. Im Ausland verkörperte die Zeitung die Schweiz, sowohl das, was man an ihr mochte, als auch, was einem an ihr missfiel: grundsätzlich solide und seriös, doch mitunter auch skurril, oft stockkonservativ und von Ordnungswahn besessen, doch, wenn man es am wenigsten erwartete, voll revolutionärem Freiheitsdurst. Langatmig waren ihre Beiträge und nicht selten auch langweilig. Aber man konnte sich immer darauf verlassen, dass sie stimmten.

Vor allem aber umgab sich die NZZ seit jeher mit einer sehr eidgenössischen Bescheidenheit. Wie oft bin ich in Zürich durch die Falkenstraße gegangen, ohne zu bemerken, dass in dem unscheinbaren, hellgrauen Gebäude ein journalistischer Mythos, eine Legende produziert wird. Andere Verlage klotzen protzige Wolkenkratzer in die Innenstädte. Die NZZ ist seit 200 Jahren nicht aus ihren Räumlichkeiten ausgezogen.

Nur angestückelt hat man hier und da: vier Gebäude, vier Epochen, vier Baustile. Geschaffen hat man damit einerseits ein dauerhaftes Provisorium und andererseits einen unübersichtlichen Fuchsbau aus Treppen, Korridoren und Verbindungsgängen, wie er schon immer das Zeichen eines lebendigen Redaktionsorganismus war. Dass man sich als Untermieter eine Brasserie hereingeholt hat, kann nur jene überraschen, die nicht wissen, wie wichtig die regelmäßige Zufuhr berauschender Getränke für die Entstehung einer Zeitung ist.

In der Eingangshalle aber ist etwas schiefgelaufen. So etwas habe ich doch schon einmal gesehen, denke ich, als ich mich auf einem der unbequemen Hocker niederlasse. Diese halb in die Decke versenkten elliptischen Leuchtkörper und die kahlen, geriffelten Wände. Richtig, das war die Science-Fiction-Serie »Raumschiff Orion« – Futurismus nach Art der Sechzigerjahre.

Dennoch erfüllt mich eine gehörige Portion Ehrfurcht, als ich darauf warte, von der Sekretärin des Chefredakteurs abgeholt und in die ehrwürdigen Redaktionsstuben geführt zu werden, die es sicher jenseits dieses Weltraumbahnhofes geben muss. Schließlich erscheint die NZZ seit mehr als 220 Jahren, was im deutschsprachigen Journalismus rekordverdächtig ist. In der Bundesrepublik drückten die Alliierten nach Kriegsende auf den Reset-Knopf: Keine einzige Vorkriegszeitung durfte weiterbestehen, denn sie hatten alle dem Nazi-Regime gehuldigt. Gerade in den dunklen Jahren der deutschen Diktatur aber erwarb sich die »Neue Zürcher« den Ruf als eine der letzten Stimmen von Wahrheit, Aufrichtigkeit und Vernunft im deutschsprachigen Blätterwald.

So betrachtet ist es ein erhabenes Gefühl, einen Zeitungstitel in der Hand zu halten, in dem schon die Schlacht von Waterloo kommentiert wurde. Obwohl ich mir bei der NZZ da nicht so sicher bin. Denn bis in die jüngste Vergangenheit hing es weniger von der Nachricht ab, ob es ein Thema ins Blatt schaffte. Wichtiger war, ob der Korrespondent Lust auf das Thema verspürte. Es wäre also denkbar, dass es der Mann in Paris damals satt hatte, schon wieder einen Artikel über diesen lästigen Napoleon zu schreiben, und stattdessen ein Feature über Stickerinnen in der Auvergne anbot.

In die Ehrfurcht, die man als deutscher Journalist für die alte Tante aus der Eidgenossenschaft empfindet, mischte sich früher freilich auch Spott. Denn das Blatt kam altmodisch und schrullig daher. Ob die Redaktion je plante, welche Geschichte in welcher Länge an welchem Ort stehen würde, weiß ich nicht. Zu erkennen war es nie. Vielmehr hatte es den Anschein, als ob die Beiträge freihändig ins Blatt geschaufelt wurden – dorthin, wo eben noch Platz war.

So musste man den Artikeln zuweilen wie ein Fährtenleser auf ihren verschlungenen Pfaden quer über die Seite folgen. Wenn man Glück hatte. Längere Beiträge liefen schon mal auf die nächste Seite über. Und diese langen Geschichten zeichneten sich nicht nur durch enzyklopädische Länge, sondern auch durch eine Aktualität aus, wie man sie ansonsten nur in einem Lexikon fand – Brockhaus, nicht Wikipedia.

Die Redaktion in Zürich besaß die Größe, die Titelseite Themen zu widmen, die kein anderes Medium auf der Welt aufgegriffen hätte – weil sie, offen gestanden, niemanden interessierten. Einsilbige Überschriften verhießen sinngemäß »Wenig Neues aus Paraguay« oder »Interessante Entwicklungen im südlichen Oman«.

In allen Fällen vermittelten die Artikel fundiertes Wissen eines mit paraguayischen oder omanischen Angelegenheiten intimst vertrauten Experten – Pflichtlektüre für alle, die sich irgendwann einmal beruflich mit diesen Ländern befassen mussten. Zur NZZ griff man nicht aus Neugier, Spannung oder Leselust, und schon gar nicht mit bebenden Händen. Aus ihr riss man methodisch die Seiten heraus, um sie für einen späteren Gebrauch zu archivieren.

Dass die Leser keinen atemlosen Sensationsjournalismus erwarten dürften, teilten die Verleger dem geschätzten Publikum schon in der ersten Ausgabe mit: »Es wird uns, so wie anderen Zeitungs-schreibern, nicht möglich seyn, die Weltbegebenheiten früher anzu-zeigen, als sie geschehen sind«, schrieb das Blatt auf der ersten Seite der allerersten Ausgabe am 12. Januar 1780. Es wurde nie geklärt, ob das ernst oder ironisch gemeint war.

So schnell ist die NZZ auch heute noch nicht, obwohl sie sich – wie andere Zeitungen auch – alle Mühe gibt, über ihre diversen elektronischen Ausgaben Schritt zu halten mit den sich überschla-genden Nachrichtenströmen. Überhaupt ist die Zeitung normaler geworden, obwohl Chefredakteur Markus Spillmann dieses Wort überhaupt nicht gefällt. »Journalistischer« treffe es besser, sagt er und hält einen ausgedehnten Augenblick lang stumme Zwiesprache mit einer geschnitzten Krähe, die auf dem Sims vor seinem Fenster hockt.

Der schwarze Vogel, den seine Mutter angefertigt hat, ist das Einzige, was in seinem Arbeitszimmer aus dem Rahmen fällt. Denn es ist kein altmodisches Kontor mit Mahagoni an den Wänden, in den der Zigarrenrauch vergangener Generationen von Chefredak-teuren eingesickert ist. Glas, Edelstahl und helles Holz – so eine Arbeitsatmosphäre gibt es überall, und das schließt sogar die schöp-ferische Unordnung auf dem Schreibtisch ein, die offenbar weltweit Voraussetzung für eine Tätigkeit als Chefredakteur ist.

Spillmann führt mich durch das Haus, aber er hat es eilig. Im Sturmschritt hetzt er durch die Gänge, als ob er sich ein wenig dafür schämen würde, dass hier die moderne Zeit noch nicht Einzug ge-halten hat. In jede der Holztüren, hinter denen sich die Schreibstube eines Redakteurs verbirgt, ist eine Klappe eingelassen, vor der ein Metallkorb hängt. Ich würde mir das gerne genauer anschauen, aber der Chef verlangsamt auch dann nicht seinen Schritt, als ich bewusst zurückbleibe.

»Kriegen die Schreiber durch diese Klappen etwa ihre Mahlzei-ten reingeschoben, wenn sie an einem längeren Stück arbeiten?«, rufe ich. Spillmann dreht sich um und bleibt stehen. »Nein«, ruft er zurück, »in die Körbe wurden die Depeschen gesteckt. Die konnte sich der Redakteur dann herausholen, ohne dass er die Tür öffnen musste.« Und schon ist er um die nächste Ecke verschwunden. Deshalb kann ich ihn leider nicht fragen, welche Bewandtnis es mit den grünen Kacheln hat, mit denen die Wände der Korridore bis in Brusthöhe überzogen sind und die den Gängen den irritierenden Eindruck eines türkischen Hammams verleihen.

Unvermittelt bremst Spillmann und öffnet die Tür zu einem mit Holz getäfelten Raum. Es ist der alte Konferenzsaal. Im Hausjargon spricht man allerdings lieber vom Komiteezimmer, was denn auch besser zu der Ahnengalerie der Herausgeber an den Wänden und dem Wappen aus farbigem Glas in der Fensterscheibe passt. Der Saal steht unter Denkmalschutz, ebenso wie der runde Konferenztisch. Nur die Stühle getraute sich Spillmann auszutauschen. Es klingt, als ob nur wenige Entscheidungen so schwer durchzusetzen gewesen wären.

Die wichtigen Beschlüsse aber fallen inzwischen anderswo, drüben im nüchternen Großraumbüro unter einem Großbildschirm, der die eigene Online-Ausgabe sowie die elektronischen Editionen der in- und ausländischen Konkurrenzblätter zeigt. Jetzt erklärt sich die Eile des Chefredakteurs, denn die meisten Ressortleiter haben sich schon um einen hohen Tresen versammelt, an dem man nicht sitzen, sondern nur stehen kann.

Diese Anordnung hat unbestreitbar Vorteile, entmutigt sie doch langatmige Suadas einzelner Redakteure. In einem Berufsstand, dessen Mitglieder nicht unbedingt vor persönlicher Eitelkeit gefeit sind, waren Redaktionskonferenzen schon immer eine Bühne für Selbstdarsteller beiderlei Geschlechtes und jedweden Alters. Hineingegossen in einen bequemen Ledersessel konnte man sich trefflich auslassen über Gott, die Welt und vor allem über die eigene Position in ihr.

An diesem Stehpult freilich werden die Dinge knapp, klar und knackig abgehandelt. Ich habe mir gerade einen Platz an der Ecke ergattert und mich gewundert, warum Spillmann mich den neugierig blickenden Kolleginnen und Kollegen gar nicht vorgestellt hat, da ist die Veranstaltung auch schon wieder vorüber. Themen vorgetragen, Autoren bestimmt, Platz verteilt, zack, zack, zack – so preußisch ist es in der einst so schrullig schweizerischen Zeitung früher nie zugegangen.

Vielleicht ist es daher ganz gut, dass Salomon Gessner nicht mehr über diese Konferenzen wacht. Sein Porträt hat man nicht vom Komiteezimmer herübergeholt in den neuen Newsroom. Das Gemälde des Zeitungsgründers in seinem schweren Goldrahmen würde auch gar nicht passen zu den schmucklosen weißen Wänden und den Computer-Bildschirmen.

Er muss ein ziemlicher Hallodri gewesen sein, dieser Gessner, eigentlich gar nicht NZZ-gemäß. Ja, die Zürcher Geschäftswelt dürfte sich ordentlich den Mund zerrissen haben über ihn. Zunächst einmal hatte er keine Lust, in das Verlagsgeschäft seines Vaters einzusteigen. Viel lieber dilettierte er als Dichter und als Maler.

Gessner teilte die Ideale der Aufklärung, und um deren Geist zu verbreiten, entschloss er sich zur Gründung einer Tageszeitung. Wie es sich für ein neues Publikationsorgan gehört, schickte die Redaktion der ersten Ausgabe einen Leitartikel über Sinn, Zweck und Ziele des Unternehmens voraus. Im Allgemeinen werden bei diesen Gelegenheiten hehre Ideale und ewige Werte beschworen: Tod den Tyrannen, Freiheit – für den Einzelnen und für die Presse, dazu natürlich auch Gleichheit und Brüderlichkeit.

Doch mit derlei irrelevanten Selbstverständlichkeiten hielt sich Gessners Blatt nicht auf. Schließlich erschien die Zeitung in Zürich, einer von Nüchternheit und Realismus geprägten Stadt, und nicht an einem Hort ungestümer revolutionärer Gärung. Entsprechend setzte die Redaktion ihre Prioritäten: Abo-Preise und Erscheinungsweise.

»Alle Mittwoche und Samstage, auf den Mittag, soll davon ein halber Bogen herauskommen«, informierten die pingeligen Herausgeber ihre geschätzten Leser. »Und man bezahlt uns für den vollständigen Jahrgang Ein Gulden und dreyssig Kreuzer, Zürich-Valuta, gegen Empfangsschein zum voraus.«

Irgendwie schien selbst Gessner der Preis ein wenig hoch vorzukommen, denn er schickte eine vollmundige Rechtfertigung hinterher. Zeitung machen sei nicht billig, schrieb er und zählte auf:

der Kauf von teuren ausländischen Zeitungen, teure Redakteure, teure Auslandskorrespondenten, Papier, Druckerschwärze. Man konnte fast Mitleid bekommen mit diesem selbstlosen Mann, der sich finanziell schier ruinierte für seine Leser. Hier sprach kein revolutionärer Hitzkopf und Weltverbesserer, sondern ein sparsam kalkulierender Federfuchser. Gewiss: Die »Neue Zürcher Zeitung« half jene Revolution vorzubereiten, die schließlich in den für damalige europäische Verhältnisse bahnbrechend modernen Schweizer Bundesstaat von 1848 mündete. Aber es war eben eine bürgerliche Revolution, deren Verfechter bestickte Samtwesten und steife Hemdenkragen trugen. Bürgerliche Freiheiten gepaart mit Eigenverantwortung und solidem Wirtschaften – dafür stand und steht die NZZ.

Die Zeitung hatte es nie nötig, marktschreierisch um Aufmerksamkeit und um Leser zu buhlen. Wer vernünftig war, fand früher oder später sowieso zu ihr. Und die Unvernünftigen sollten gefälligst etwas anderes lesen. Diese Unaufgeregtheit schlägt sich bis heute in Überschriften nieder (von knalligen Schlagzeilen mag man bei diesem Blatt sowieso nicht sprechen): Da gab es einen Artikel mit dem vielsagenden Titel »Der Runde Tisch wird eckig«, bei dem es nicht um ein Möbelhaus ging. Der Beitrag »Platins Schwester im Katalysator« beschrieb kein Familiendrama, sondern das Edelmetall Palladium. Und der Titel »Erste Abkühlung einer heißen Kartoffel in der Raumplanung« ließ geschickt die Frage offen, ob es weitere Kartoffeln gibt und welche Temperatur sie haben.

Heute sind die Zeiten auch für die NZZ härter geworden. Sie wird von denselben Problemen geplagt wie andere Zeitungen auch: Die Kosten steigen, die Einnahmen sinken, die Auflage ebenfalls. Alte Leser halten dem Blatt zwar weiter loyal die Treue. Aber genau darin liegt das Problem: Sie sind älter und sterben bald aus. Eines Tages wird man auch die »Neue Zürcher Zeitung« nicht mehr raschelnd auseinanderfalten, sondern nur mehr elektronisch lesen können. Aber auch dies wird vorwiegend in einem mit Walnussholz getäfelten Kontor, an einem gediegenen Frühstückstisch oder im fein nach Leder duftenden Fonds einer von einem Chauffeur gelenkten Limousine geschehen. Denn was soll sich schon an der Einschätzung ändern, die der legendäre Chefredakteur Hugo Bütler – unschweizerisch auftrumpfend – abgab: »Die NZZ ist die beste Zeitung der Welt.«

## Im Einklang mit Specht und Ameise: **Die Wetterschmöcker vom Muotathal**

Ehrlich gesagt habe ich mir noch nie besonders viele Gedanken über Spechte gemacht. Ich weiß, dass sie hämmern und klopfen. Warum sie das tun? Vielleicht wollen sie irgendwo hinein, vielleicht bohren sie sich eine Höhle in den Baumstamm, vielleicht picken sie Würmer und Käfer aus der Borke?

Spechte kamen nur in zwei Formen in meinem Leben vor: Früher, als mein Geschmack ähnlich schlicht gestrickt war, wie er es im Alter abermals zu werden droht, habe ich mir mit Vergnügen die Cartoons mit Woody Woodpecker angeschaut. Und während der Studienzeit wuchs mir der Ruf eines veritablen Schluckspechtes zu. Nun aber höre ich zum ersten Mal, dass sie auch singen; nicht so schön wie Nachtigallen, aber doch wie normale Vögel. Offenbar lag ich falsch mit der Vermutung, dass Spechte mit ihrem Hämmern und Klopfen auch miteinander kommunizieren. »Achten Sie genau auf den Ruf«, ermahnt mich Peter Suter erneut. »Auf den letzten Pfiff müssen Sie horchen, ob er lang ist oder kurz.«

Ich drehe meinen Kopf probeweise nach rechts und nach links wie ein Radar. Unten auf der Hauptstraße rumpelt ein Lastwagen in Richtung Schwyz. Man hört ihn noch lange, obwohl er längst hinter der Kirche verschwunden ist. Irgendwo summt ein Insekt. Dann ist es wieder ruhig im Muotathal, wo ich zusammen mit diesem vom Wetter gegerbten alten Mann auf einer nach frisch gemähtem Gras duftenden Wiese stehe und angestrengt lausche. Ein Spechtpfiff? Ich zucke die Achseln. Fehlanzeige. Ich bin nicht schwerhörig, will ich mich verteidigen, aber da fällt mir Suter schon ins Wort: »Machen

Sie sich nichts draus. Man hört ihn eh am besten in über 2000 Meter Höhe.«

Dabei wäre es jetzt schon ziemlich wichtig, dem Specht nachzulauschen. Denn er flötet nicht einfach heraus, was ihm gerade in den kleinen Kopf kommt, hat Suter mir geduldig erklärt. Vielmehr teilt er seinen Artgenossen mit, was der Tag noch bringen wird, zumal in meteorologischer Hinsicht. »Wenn man wissen will, wie am Nachmittag das Wetter wird«, sagt Suter, »gibt es kaum etwas Genaueres als den Specht. Außer vielleicht die Ameise.«

Gut, aber was will uns der Specht mit dem letzten Pfiff mitteilen, dem kurzen, hohen? Suter blickt zum Himmel. Der ist wolkenlos und blau, der Wetterbericht hat ununterbrochene schöne Sommertage bis zum Wochenende angekündigt. »Er sagt uns, dass es heute Nachmittag regnen wird.«

Auf den Wetterbericht im Radio hat Suter noch nie viel gegeben, und professionellen Meteorologen begegnet er genauso skeptisch wie die meisten Menschen. Deshalb überprüft er gerne selber, ob die Prognosen stimmen werden. Denn mit dem Wetter kennt der 85-Jährige sich schließlich schon seit seiner Kindheit aus.

Wenn er wissen will, ob es am Nachmittag wirklich regnen wird, schnürt er die festen Stiefel, zieht eine Joppe über und geht hinauf in die Berge. Dort lauscht er dem Pfiff des Spechtes, schaut den Ameisen bei der Arbeit zu oder hält einfach nur die Nase in die Luft. Schnuppern ist wichtig, denn Suter ist Wetterschmöcker, was wörtlich übersetzt schließlich nichts anderes bedeutet, als dass er das Wetter buchstäblich riechen kann.

Sechs Wetterschmöcker gibt es derzeit, und obwohl sie sich alle Muotathaler nennen, ist er der Einzige – darauf weist Suter ein wenig eingeschnappt hin –, der nicht nur hier geboren wurde, sondern auch noch immer im Tal lebt.

Was die Muotathaler von allen anderen Menschen unterscheidet, die einen Wetterumschwung im Knie oder in der Nase spüren, ist zum einen ihr ziemlich undurchdringlicher Dialekt und zum anderen ihr Mutterwitz. Schon 65 Jahre ist es her, dass im Gasthof Adler in der Gemeinde Ried ein paar Männer aus dem Tal zusammenkamen und den Verband mit dem leicht hochtrabenden Namen »Innerschwyzer Meteorologen« gründeten. Damals waren sie nur eine Handvoll Leute, und ihr Ziel war sehr bescheiden: mit Humor und Selbstironie für die Leute hier im Tal das Wetter vorherzusagen. Eigentlich kam es letzten Endes mehr auf den Witz als auf die Vorhersage an. Die meisten Bauern wussten selber, worauf sie achten mussten, wenn sie ihr Heu ins Trockene bringen wollten.

Inzwischen hat der Verband knapp 4000 passive und das Wetter nicht vorhersagende Mitglieder. Und weil sich das so gehört, stiftete er einen Preis: Wer jeweils am genauesten den kommenden Sommer oder Winter vorhersagt, erhält als Pokal eine geschnitzte Waldohreule. Die Entscheidung wird von einer Jury getroffen, in der unter anderem Bauern, Waldarbeiter oder Hirten sitzen. Den Vorsitz hat traditionell ein Geistlicher inne, und wer aus dieser Tatsache Rückschlüsse darauf zieht, wie heiß es bei der Bestimmung des Preisträgers mitunter zugeht, der liegt nicht ganz falsch.

Der prominenteste Preisträger heißt Martin Horat, denn wegen des 67-Jährigen ist aus den Muotathaler Wetterschmöckern inzwischen ein globales Phänomen geworden. Mehrere Hunderttausend Menschen in aller Welt haben ein YouTube-Video angeklickt, das Horat zeigt, wie er breitbeinig auf einem Ameisenhaufen sitzt, schelmisch unter einem breitkrempigen Hut hervorlugt und einen »verreckt schönen Winter« prophezeit – mit Untertiteln für das ausländische Publikum, versteht sich. Dies erkenne man, erklärt er verschmitzt in dem Video, an den dicken, gut trainierten Oberschenkeln der Insekten.

Weil in Wirklichkeit aber nur Horat dicke Schenkel hat, gab es ein Nachspiel, bei dem entrüstete Tierschützer eine Hauptrolle spielten. Männer von derartigen Ausmaßen sollten sich nicht auf zerbrechliche Ameisen setzen, hieß es, allein schon wegen des schlechten Vorbildes, das sie abgäben. (Die dickschenkligen Männer, nicht die Ameisen.)

Horat wehrte sich mit dem Hinweis, dass die Tiere sich freuten, wenn er sich zu ihnen setze. »Sie sind sehr anhänglich und klettern an mir hoch«, meinte er, ganz so, als ob Ameisen anderen Lebewesen grundsätzlich aus dem Wege gehen würden. Die Proteste konnten schließlich mit einem stichhaltigen Argument abgeschmettert werden: Kein Mensch sei doch so blöd, das Video nachzuahmen und sich auf einen Berg bissiger Insekten zu hocken.

Entscheidend aber war, dass Horat recht behalten sollte. Denn der folgende Winter hatte mit klirrendem Frost und meterhohem Schnee in der Tat Jahrhundertformat. Produziert hatte den Film Schweiz Tourismus, der eidgenössische Fremdenverkehrsverband. Dort war man hoch erfreut über die internationale Breitenwirkung, die der neue »Botschafter des schweizerischen Tourismus« entfaltete. Im Frühjahr folgte ein zweiter Streifen, in dem Horat genüsslich Schnee verspeiste, aus dem er prompt weitere Schneefälle herausschmeckte. Ein Tipp für Nachahmer: Das erkennt man am süßlichen Geschmack – wie Horat behauptet.

Peter Suter ist anderer Meinung, sowohl was den Schnee als auch was die Ameisen betrifft. Er ist überhaupt nicht gut zu sprechen auf den Kollegen, der unversehens aus dem verschwiegenen Gebirgstal heraus zu einer Art von globaler Celebrity aufstieg. Suter trägt ein rotkariertes Hemd und eine robuste braune Gabardine-Hose, zu der die Nikes an seinen Füßen nicht recht passen. Die blauen Augen sind hellwach und kommen noch immer ohne Brille aus. Jetzt blickt er versonnen irgendwo ins Leere, als ob er nach den richtigen Worten suchen müsse, um den ungeliebten Kollegen zutreffend zu beschreiben.

»Der Horat«, sagt er schließlich seufzend, »der Horat will doch nur eine Schau machen.« Kein Wetterschmöcker würde sich auf einen Ameisenhaufen setzen oder Schnee fressen. Suter schüttelt den Kopf, und er weiß nicht, ob er traurig oder zornig sein soll. Die Behauptung Horats, er könne das Wetter an den dicken Oberschenkeln der Ameisen ablesen, sei sowieso »ai fertiger Chabis«. Zu Deutsch in etwa: totaler Blödsinn.

Das soll freilich nicht heißen, dass Ameisen kein guter Wetterindikator seien. Ganz im Gegenteil: Sie seien fast so gut wie Spechte. Schon sein Vater habe beim Heuen auf der Alm immer auf die Insekten geschaut. »Wenn sie trotz Sonnenschein nur wirr durcheinandergelaufen sind und nicht richtig gearbeitet und Tannennadeln weggeschleppt haben, dann hat er uns zur Eile getrieben«, erinnert sich Suter. »Wir müssen bis um viere fertig sein, hat er gesagt, denn dann regnet es.« Meist behielten die Ameisen und der Vater recht.

Mehr als der Vater war es allerdings die Mutter, die den kleinen Peter lehrte, die Natur zu beobachten und daraus Rückschlüsse auf das Wetter zu ziehen. »Die Mutter wusste mehr als der Vater«, erzählt Suter und widerspricht damit freilich schon wieder dem Konkurrenten Horat. Denn der hatte behauptet, dass Frauen zum Wetterschmöcken nicht geeignet seien. Suter sieht das wesentlich entspannter. »Vor drei Jahren hat einmal eine Frau eine Prognose gemacht«, erinnert er sich und fügt leicht herablassend hinzu: »Die war gar nicht mal so schlecht.« Naja, das klingt nicht danach, als ob die Vorherrschaft der männlichen Wetterfrösche im Muotathal schon bald von wetterkundigen Frauen gebrochen würde.

Wie alle Wetterschmöcker hat auch Suter einen Beinamen: Sandstrahler nennen sie ihn, weil er seinen Lebensunterhalt mit einem Sandstrahlgebläse verdient hat. »Felsen habe ich geputzt im Stollen und dann Eisen von Rost befreit«, berichtet er. Als er 20 gewesen sei, hätte sein Vater den Hof verkauft, da habe er sich halt nach etwas anderem umsehen müssen. Vorbehalte der anderen Schmöcker, dass er aus diesem Grunde gar nicht richtig mit der Natur verbunden sei, wischt er beiseite. »Ich bin jeden Tag im Wald und auf den Bergen, in jeder freien Minute«, betont er. »Ich bin mehr in der Natur als der Horat. Den triffst du doch nur noch im Fernsehstudio.«

Da klingt mehr als nur ein wenig Futterneid mit, denn vermutlich lässt sich der Starschmöcker seine Auftritte mittlerweile entlohnen – im Widerspruch zu Ethos und Tradition. Die Preiseule und zwei Abendessen im Jahr bei Vereinstreffen sind der einzige Lohn, den ein echter Wetterschmöcker erwarten kann.

Es ist nicht so, dass Suter und die anderen Klimapropheten keine Kamera-Erfahrung hätten. Vor Jahren ist eine abendfüllende Dokumentation über die Wetterschmöcker vom Muotathal gedreht worden, die sich in der Schweiz zu einem Renner entwickelte. Der

Film wurde von fast so vielen Schweizern gesehen wie »Titanic« oder »Avatar«. Das sagt nicht nur einiges über die Qualität des Streifens aus, sondern vor allem auch über die Popularität der urchigen Wetterfrösche.

Geld hat es für den Film offenbar keines gegeben, denn Suter sieht mich nun ganz streng an und sagt: »Heute mach ich nichts mehr umsonst.« Einen Augenblick lang befürchte ich, dass er mir eine Rechnung ausstellen wird für seine Auskünfte. Aber offensichtlich will er sich nur für Kamera-Auftritte bezahlen lassen.

Im Grunde genommen, räuspert er sich nun und beugt sich vertraulich zu mir herüber, sei es gar nicht schwer, das Schmöckerhandwerk zu erlernen: »Das kann jeder. Du musst dir nur ein eigenes Thema suchen.« Der Martin Holdener etwa fragt die Mäuse, ob es morgen regnen wird. »Muser« nennt man ihn daher, den »Mauser«. Womöglich leistet er Abbitte für die Taten seines Vaters. Der war als Gemeindemauser für die Ausrottung der lästigen Nager zuständig. Karl »Steinbockjäger« Reichmuth hingegen schwört auf das Wetterradar der Rehe, und Alois »Tannzapfen« Holdener analysiert Nadelbäume.

Ich solle nun selber üben, meint Suter und drückt mir zum Abschied einen Zettel in die Hand. Es ist eine Art von Wetter-Quiz, das er selbst erstellt hat. Kompliziert sieht es wirklich nicht aus. »Bei welchem Wetter sind die Straßen und Wege nur unter den Bäumen nass?«, heißt es da beispielsweise. Antwort: Nebel. Und was sagt es dem Wanderer, wenn bei schönem Wetter einzelne Steine auf dem Wanderweg nass sind? Antwort: Regen. Das kann also nicht so schwer sein. Solche Prognosen traue ich mir auch zu. Außerdem bin ich ja zusätzlich gewappnet durch mein neu erworbenes Wissen über das Verhalten von Specht und Ameise. Wenn alle Stricke reißen, sagt mir mein Smartphone, ob das Wetter umschlagen wird. Natur ist gut, aber sicher ist sicher.

Ich lasse Suter auf der Wiese vor seinem Haus zurück und mache mich beschwingt auf den Weg hinauf in den Wald. Die Sonne strahlt vom wolkenlosen Himmel, kein Lüftchen weht, und der Weg zu meinen Füßen ist staubtrocken. Auch die Wetter-App prophezeit bis auf Weiteres Sommer pur. Irgendwo pfeift ein Vogel. War das nun ein hoher Pfiff? Egal, es war wahrscheinlich ohnehin kein Specht. Am Waldrand erhebt sich ein Ameisenhügel, und ich wundere mich, dass so wenige Tiere einen so großen Bau brauchen. Denn es ist kaum ein Insekt zu sehen. Aber wahrscheinlich machen sie gerade Feierabend. Ziemlich früh. Sagt man Ameisen nicht nach, dass sie emsig seien?

Genussvoll drehe ich mein Gesicht der Sonne zu. Immer höher bin ich gestiegen, mein Auto ist nur ganz klein auf dem Parkplatz zu erkennen.

Das erklärt, weshalb ich bis auf die Haut durchnässt bin, als ich mich endlich hinter das Steuer fallen lasse. Ich habe keine Ahnung, woher alle die schwarzen Wolken plötzlich gekommen waren. In Minutenschnelle hatte sich die liebliche Sommerlandschaft in eine Vision des jüngsten Tages verwandelt.

Als ich ein Taschentuch aus der Hose ziehe, um mir das Gesicht abzutrocknen, fällt mir Suters Zettel in die Hand. Mein Blick fällt auf die letzte Frage, bis zu der ich natürlich nicht gelesen hatte. »Wie erkennt man die Ruhe vor dem Sturm?« Die Antwort: Tiefblauer Himmel, kein Wind, unheimliche Ruhe.« Mahnend hat Peter Suter noch dazugeschrieben: »Viele Opfer in den Alpen könnten vermieden werden, wenn diese Ruhe beachtet würde.«

## Sattelfest und tellerfertig: **Wo die Liebe zum Pferd auch durch den Magen geht**

Ich hätte auch Diva kriegen können, oder Cocotte. Ob das gut gewesen wäre, weiß ich nicht. Denn Namen erlauben häufig Rückschlüsse auf den Charakter ihrer Träger. Und launisch oder kokett wäre wohl nicht das Richtige gewesen, denn bei den beiden Damen handelt es sich um Pferde.

Divas und Cocottes Namen stehen auf einem der Zettel, die ganz oben unterhalb der Decke an die Stallwand gepinnt sind, gleich über den Sätteln. Die Zettel sind mit Blümchen und Herzchen verziert. Wahrscheinlich waren es die Enkelkinder von Jean-Louis, die sie gezeichnet haben.

Für mich als Anfänger hat Jean-Louis stattdessen Mandoline auf den Hof herausgeführt und gesattelt. »Mandoline, so wie das Instrument«, sagt er. »Sehr handsam. Très facile. Sie lässt sich ganz einfach spielen.«

Wenn man Mandoline spielen kann.

Es ist nicht so, dass ich noch nie auf einem Pferd gesessen hätte. Vor Jahren in London habe ich sogar ein paar Reitstunden genommen. Mein Traum war es, an einem Herbsttag im Morgennebel auf dem Rücken eines rassigen Rappen durch den Richmond Park zu galoppieren. Gut, es hätte auch eine ruhigere Stute sein können, aber in seiner Gesamtheit fand ich das Bild äußerst attraktiv. Doch leider kam ich nie aus der Reitschule heraus. Solange das Pferd den Reiter kontrollierte und nicht der Reiter das Ross, ließ man uns nicht durch die belebten Zugangsstraßen zum Park traben. Durchaus verständlich, doch für mich auf Dauer sehr langweilig, wenn man immer nur im Kreis herum reiten darf.

Immerhin lernte ich einige Grundregeln. Etwa, von welcher Seite aus man ein Pferd besteigt. Oder dass man es mit Schenkeldruck lenkt und führt (was zu mörderischen Muskelkatern führt). Und dass man mit einem »trot diagonal« das Hinterteil beim Trab zum richtigen Zeitpunkt aus dem Sattel lüpft. Dies, so sagte man mir, schone das Pferd. Und das Hinterteil. Bei dieser Gelegenheit war mir zum ersten Mal klar geworden, dass Reiter offenbar mehr in den Steigbügeln auf dem Pferd stehen, als bequem auf ihm zu sitzen.

Aber Jean-Louis Beuret scheint das alles nicht so streng zu nehmen. Reiten soll Spaß machen, ist seine Devise, und eine überdachte und sichere Manege sucht man auf seinem Hof vergebens. Die kennt er nur aus dem Zirkus. Bei ihm wird von der ersten Stunde an quer durch die Natur geritten.

Mit Pferden kennt der Bauer sich aus. Auf seinem Hof in den Freibergen im Jura hat er sein Leben lang Pferde gezüchtet, so wie vor ihm sein Vater, sein Großvater, sein Urgroßvater und so weiter und so fort bis mindestens ins frühe 17. Jahrhundert. Denn so lange schon bewirtschaften die Beurets ihren Hof in dem kleinen Weiler La Bosse.

Jean-Louis sieht selbst so aus, aus sei er aus der Zeit gefallen. Er hat trotz seines Alters noch immer dicht gekräuselte, weiße Haare, einen mächtigen Schnurrbart und einen Haarwuchs im Gesicht, der irgendwo zwischen Dreitagebart und Vollbart angesiedelt ist. Man könnte ihn sich auch gut in einem Lederwams nach Landsknecht-Manier vorstellen, wie es seine Vorfahren getragen haben.

Mandoline und ich mustern einander mit kritischen Blicken. Ich kann nicht sagen, was sie von mir denkt. Taxiert sie mein Gewicht oder überlegt sie, welche Figur ich wohl machen würde, wenn sie mich in hohem Bogen abwirft? Aber doch nicht in ihrem Alter. Ganz offensichtlich sind die grauen Strähnen in ihrer Frisur. Da haben wir schon etwas gemeinsam.

Ich hingegen finde, dass der unbekannte Wikipedia-Autor zumindest Mandoline Unrecht getan hat, als er die Freiberger als

»kompakte, quadratische« Pferde beschrieb. Quadratisch? Vielleicht dachte er an die Werbung für eine Schokolade, die als »quadratisch, praktisch, gut« angepriesen wird. Und als praktisch, problemlos und sehr umgänglich gelten die Freiberger seit jeher. »Ein Pferd für alle Fälle«, wie ein Züchter einmal lobte.

Typische Kaltblüter eben, wie jetzt Pferdenarren sachverständig nicken werden. Wobei der Begriff meines Erachtens irreführend ist, da diese Pferde nicht kaltblütig jeder Gefahr ins Auge sehen, sondern vielmehr das sind, was man als schwerblütig bezeichnen würde. Sie lassen sich nicht so leicht aus der Ruhe bringen, akzeptieren auch schon mal Idioten auf dem Rücken und erledigen ihre Arbeiten immer zuverlässig und ehrlich. Fleißig, genügsam und sehr, sehr lieb. Also genau so, wie die Schweizer selbst am liebsten vom Ausland wahrgenommen würden.

So gesehen ist es keine große Überraschung, dass die letzten Kaltblüter Europas ausgerechnet in der Schweiz gezüchtet werden, und zwar schon länger, als die Beurets ihren Bauernhof betreiben. Im 14. Jahrhundert begann man auf den Freibergen, einem kalten, kargen Hochplateau in einem schon immer reichlich vergessenen Winkel Europas, schwerfällige Arbeitsrösser mit orientalischen Pferden zu kreuzen.

Seitdem steht der Jura in der Schweiz für Pferde. Der jedes Jahr am zweiten August-Wochenende stattfindende Marché-Concours im Freiberger Hauptort Saignelégier ist das größte Pferde-Ereignis des Landes mit diversen Pferderennen, Pferdeschauen und einem Markt. Drei Tage lang dreht sich alles nur um Pferde, und dies schließt auch die Gastronomie ein. Die Liebe zu diesen Tieren geht hier eben auch durch den Magen – mit Rossbratwürsten oder Fohlenschnitzeln.

Gerade Letztere können sehr lecker sein, wie ich bestätigen kann, vor allem in Pfeffersauce. Ich hatte sie bei einem früheren Besuch im Jura gegessen, aber zu meiner Rechtfertigung sei vielleicht gesagt, dass ich sie versehentlich bestellte. Auf der Karte stand »poulain«, was ich für einen Schreibfehler für »poulet« hielt. Zum Glück kannte der Kellner, als ich ihn nach dem seltsamen Huhn fragte, die genaue Übersetzung nicht und sprach von einem Pony. Er meinte halt ein Pferdchen.

Nur zum Verzehr freilich sind die Freiberger nicht bestimmt. Sie gelten vor allem als vielseitig einsetzbare und lernfähige Pferde. Bis heute überschlagen sich Züchter in Superlativen, wenn sie über einen Freiberger sprechen: »Ein ausdrucksvolles, rassetypisches, mittelrahmiges, korrektes, leistungsstarkes, umgängliches und marktgerechtes Pferd von mittelschwerem Typ mit schwungvollen, elastischen, korrekten Bewegungen und trittsicheren Gängen«, heißt es beispielsweise.

Persönlich kann ich mir zwar unter einem »mittelrahmigen« Pferd nicht viel vorstellen, außer dass es vielleicht an »quadratisch« erinnert. Dem Militär freilich blieben die Vorzüge der Freiberger nicht lange verborgen. Die Schweizer Kavallerie vertraute ihnen bis in die jüngste Vergangenheit, und es ist nicht übertrieben zu sagen, dass Napoleons Grande Armée Europa auf dem Rücken von Rössern aus den Franches-Montagnes eroberte. Paris gehörte lange zu den besten Abnehmern.

Wenn allerdings Mandoline in diesem Tross mitgezogen wäre, dann stünden die französischen Truppen noch immer am Rhein. Zwar geben Jean-Louis und Prunelle kein flottes Tempo vor, aber Mandoline kann trotzdem nicht mithalten. Ich drücke ihr die Schenkel in den Bauch und klicke versuchsweise mit der Zunge. In London hatte das – manchmal – funktioniert, um mein Pferd zur Eile anzutreiben.

Bei Mandoline verfängt es besser als erwartet. Sie macht einen kleinen Satz, als ob sie von einer Bremse gestochen worden wäre, und beschleunigt wie ein Formel-1-Bolide nach dem Boxenstopp. Hektisch rücke ich meinen Helm zurecht. Er wird nur durch einen Bindfaden provisorisch am Kopf festgehalten und dient somit eher der Ästhetik als dem Schutz. Im Ernstfall würde er noch vor meinem Kopf auf dem Boden aufprallen.

Rechtzeitig gelingt es mir, wieder die Zügel zu ergreifen und Mandoline zum Stehen zu bringen. Jean-Louis hat entweder nichts von meiner Notlage gemerkt oder sich unwissend gestellt. Entspannt sitzt er auf seiner Prunelle, pfeift ein Lied, grüßt die Hunde, die wüst bellend an einem Gartenzaun hochspringen, als ob sie noch nie zwei Reiter gesehen hätten, und biegt schließlich auf einen Waldweg ab.

Dass ich mir ein wenig vorkomme wie ein Musketier liegt sicherlich daran, dass Jean-Louis französisch spricht. Aber auch die Landschaft mutet an, als ob man mit einer Zeitmaschine zurück ins 17. oder 16. Jahrhundert gereist wäre.

Langsam ziehen wir an einem sprudelnden Bach entlang, den die Bäume mit einem Laubdach bedecken. Tief steht die Sonne, die Luft riecht erdig, modrig, nach Herbst. Zur Rechten dehnt sich eine Wiese hinauf bis zu einer Hügelkuppe. Ein paar Schafe weiden. Im Himmel ziehen Bussarde ihre Kreise. Die moderne Zivilisation? Sie wurde irgendwo an einer unsichtbaren Zauberpforte verschluckt.

Bei so viel Glückseligkeit bemerke ich zuerst gar nicht, wie Mandoline mich unauffällig immer näher an die Bäume drängt, die unseren Weg säumen. Zuerst hatte ich gedacht, dass sie sich nur ihren Weg sucht. Als wir einen mit losen Kieselsteinen überfüllten steilen Hohlweg hinabgegangen waren, hatte ich es schnell aufgegeben, der Stute mit sanften Zügelzügen helfen zu wollen. Auch Jean-Louis hatte sich umgedreht und mich ermahnt, dass das Pferd den Weg alleine finden würde. Mit einem Freiberger, so sagt man, geht man durch dick und dünn – und dies ist nicht nur im übertragenen, sondern durchaus auch im wörtlichen Sinn gemeint.

Nun aber gibt es keinen Grund, so nahe am Wegesrand entlangzuscheuern – es sei denn, Mandoline will mich ärgern oder zeigen, wer der Boss ist. Zu allem Überdruss hängen hier auch die Äste besonders tief, sodass ich mich immer tiefer über ihren Rücken beugen muss. In Westernfilmen attackierten die Indianer meistens in dieser Haltung die Siedler oder die US-Kavallerie. Aber bei denen sah das cooler aus als bei mir. Das könnte auch daran liegen, dass ein Sioux oder Apatsche keinen mit einer Schnur befestigten Helm trug, der ihm ständig vom Kopf zu rutschen drohte.

An Wildwest-Manieren sind die Freiberger Pferde und ihre Reiter allerdings gewöhnt. Fremde, die mit dem Zug anreisen oder eine Ausflugsfahrt mit einem Planwagen buchen, werden in den Franches-Montagnes nämlich gern von wild in der Gegend herumballernden Cowboys überfallen. Meist haben diese einen Steckbrief mit dem Konterfei eines Reisenden dabei, den sie dann ohne viel Federlesens auf ein Begleitpferd packen, bevor sie mit ihm im gestreckten Galopp hinter dem nächsten Hügel verschwinden.

Nun mag sich der Jura zwar bis heute einen Ruf als besonders rebellischer Kanton (im schweizerischen Maßstab, nicht nach tschetschenischen oder kurdischen Verhältnissen) bewahrt haben. Aber Touristen bleiben dennoch unbehelligt. Selbst die in Fremdenverkehrszentren im Wallis, im Berner Oberland oder im Engadin praktizierte Preisgestaltung, die an Straßenräubermethoden erinnert, findet im billigeren und beschaulicheren Jura nicht statt. Die Überfälle sind denn auch nur Teil einer Folklore, die man vorab buchen und bezahlen kann. Peinlich wird es nur, wenn ein Mitreisender den Spaß nicht versteht und seinen Chef mit Handkantenschlägen und Fäusten gegen die vermeintlichen Wegelagerer verteidigt. Vor allem Gäste aus Ostasien nehmen die Scheinüberfälle zuweilen ernst.

Uns scheint kein Outlaw aufzulauern, und mit einem entschiedenen Ruck am Zügel bringe ich Mandoline wieder zurück ins richtige Fahrtwasser. Der Zuchtverband hatte selber darauf hingewiesen, dass ein Freiberger »ebenfalls wie jedes andere Pferd gute und konsequente Führung« brauche: »Andernfalls wird er die Führung übernehmen, was für jedes Pferd normal und überlebenswichtig ist.«

Ein wenig ist mir Mandoline ans Herz gewachsen, als ich nach einer Stunde mit der Eleganz einer vom Teller rollenden Weißwurst aus dem Sattel gleite. Ich bin weit davon entfernt, einen Freund fürs Leben gefunden zu haben, wie Fans der Freiberger dies gerne insinuieren. Aber es könnte etwas werden mit uns. Ich verspreche auch, nie wieder Fohlen zu essen. Oder auch nur ein Pony.

Wir könnten sogar zusammen alt werden. Denn auf Mandoline und die anderen Pferde von Jean-Louis wartet nicht der Metzger, sondern ein schickes Altenheim. »Le Roselet« ist eine Anlage mit ausgedehnten Weiden und bequemen Ställen, wo derzeit an die 200

Pferde, Ponys und sogar ein paar Esel ihren Lebensabend verbringen.

Zu sagen, dass die Tiere hier ihr Gnadenbrot verzehren, würde der Sache alles andere als gerecht werden. Das klingt nach widerwillig gewährter Wohlfahrt, nach armseligen Brosamen, die für die alten Gäule noch abfallen. »Le Roselet« aber ist laut Homepage »eine Institution, die sich für das Wohlergehen der Pferde und für den Respekt ihrer Persönlichkeit einsetzt«.

Es gibt nicht viele Rentner, die solchen Luxus genießen – und ich meine jetzt zweibeinige Pensionäre. Der Prospekt ist verfasst, als ob er sich direkt an lesende Pferde richten würde: »Ein genussreicher Lebensabend auf weiten Juraweiden, in der Herde und doch unter der Obhut des Menschen«, verheißt die Werbung.

Dolce far niente mit Freunden und Rund-um-die-Uhr-Betreuung – man hätte als Freiberger Pferd zur Welt kommen sollen. Ganz zu schweigen von der persönlichen Wertschätzung, die sie erfahren, von dem Respekt fürs Alter, den man ihnen entgegenbringt: »Was bringen diese alten Persönlichkeiten doch für eine Erfahrung mit, was haben sie in ihrem oft bewegten Leben alles erlebt«, schwärmen die Betreiber des Altenheims. Das hätte ich auch nicht schöner formulieren können – für mich. Aber wie gesagt, leider bin ich kein Pferd.

## Mein Alphatier heißt Omega: **Wir mieten uns eine Kuh**

Nein, das geht zu weit. Das mache ich nicht, ich bin doch nicht pervers. Jedenfalls nicht so pervers. Ich werde Omega nicht in den After blasen und auch sonst nirgendwohin. Woher hat meine Frau nur diese Idee?

Ich blicke zu ihr hinüber. In ihrem Gesicht, das vom iPad angestrahlt wird, steht ein ironisches Lächeln. Die ganze Fahrt schon hat sie sich im Internet über Kühe kundig gemacht, und nun ist sie auf diese Webseite gestoßen, die sich damit beschäftigt, wie man den Kühen am meisten Milch aus dem Euter lockt. Unter anderem eben mit dem, was die Fachwelt das »Kuhblasen« nennt.

Doch bevor ich meiner Empörung freien Lauf lassen kann, hebt meine Frau den Finger. »Moment, Kuhblasen ist seit der Züchtung von Hochleistungskühen nicht mehr nötig«, sagt sie, und unüberhörbar schwingt Enttäuschung in ihrer Stimme mit. »Hier geht es um eine sumerische Fruchtbarkeitsgöttin. Ist also schon länger her.« Sie seufzt. »Eigentlich schade.«

Glück gehabt. Denn dass Omega mit einer Milchproduktion von zehn Litern pro Melkvorgang eine solche Hochleistungskuh ist, daran besteht kein Zweifel. Ich hätte auch nichts anderes erwartet – nicht für diesen Preis und nicht von einer Schweizer Qualitätskuh. Dieses Land ist im Premiumsegment zu Hause, auch beim Nutzvieh.

Gehören tut uns die Simmentaler Kuh freilich nicht. Wir haben sie nur für drei Monate gemietet. In dieser Zeit dürfen wir sie, so oft wir wollen, besuchen, streicheln und – wenn wir unbedingt darauf bestehen – sogar melken. Nur sie nach Hause mitnehmen, um sie den Nachbarn vorzustellen, das dürfen wir nicht. Der Deal ist besser als jener, den ich einmal vor Jahren abgeschlossen hatte, als ich meiner Frau zu Weihnachten einen virtuellen Wasserbüffel gekauft hatte. Denn wir bekamen das Tier noch nicht einmal zu Gesicht. Es ging als Spende an eine Familie in Bangladesch, deren Augen hoffentlich mehr strahlten als die meiner Frau, als sie mein Geschenk in Empfang nahm.

Zur Omega-Miete gehört sogar ein Kilo Käse, in den auch ihre Milch eingeflossen sein soll. Gemessen an dem, was wir für drei Monate an Kuhmiete zahlen, dürfte es der teuerste Käse meines Lebens sein. Aber was macht das schon, wenn man die Produzentin persönlich kennengelernt hat? Käse aus der Region? Was ist das, verglichen mit Milch aus eigenem Euter?

Omega lebt im Engadin, genauer gesagt im Unterengadin nahe der Ortschaft Sent, und wir sind auf der Fahrt dorthin. Ihre Besitzer, Martin und Flurina Etter, sind auf die Idee mit den Mietkühen gekommen, weil man heute als Landwirt mit Milch und Käse alleine nicht mehr überleben könne, wie mir Martin am Telefon erklärt hat: »Da braucht es schon mal eine verrückte Idee.« Das Prinzip der »Rent a cow« kommt denn auch ursprünglich aus Amerika, der Heimat aller verrückten Ideen. Inzwischen gehört die Vermietung einer Kuh bei immer mehr Schweizer Landwirten zum festen Brauchtum wie Jodeln oder Hornussen.

Ergänzt wird das Mietangebot durch eine Kälber-Patenschaft. Sie »bringt Augen zum Leuchten und lässt Herzen höher schlagen«, wie es auf der Webseite der Etters heißt. Man kann diese Patenschaften für maximal drei Jahre abschließen. Zum einen, weil dann aus dem Kalb ein Rinder-Teenager geworden ist, zum anderen, weil die meisten Tiere dann ein Schicksal ereilt, das nur noch die Herzen von Feinschmeckern höher schlagen lässt.

Leider dürfen die potenziellen Patentanten und Patenonkel den Namen ihres Kälbchens nicht wirklich frei wählen. Der Anfangsbuchstabe steht fest – es muss derselbe sein, mit dem der Name der Mutter beginnt. Denn so lassen sich Stammbäume zurückverfolgen.

Und dass diese matriarchalisch aufgebaut sind, macht schon Sinn, auch bei Kühen haben ja letztlich die Frauen die Hosen an und nicht die Hornochsen, wenn man das mal so salopp formulieren will.

Meine Frage nach dem ausgefallenen Namen unserer Kuh war mit diesem Wissen denn auch beantwortet. Kommt Omega vielleicht aus Griechenland, hatte ich mir überlegt. Oder liefert sie ihre Milch so pünktlich ab wie eine Schweizer Uhr? Dann könnten auch eine Rolex und eine Tissot in Martins Stall stehen. Die Wahrheit freilich war viel banaler: Omegas Mutter hieß Ornella, und auch bei der hatte damals niemand an Ornella Muti gedacht.

Insgesamt 564 280 Kühe leben in der Schweiz, und die Frage, weshalb 34 000 von ihnen aus Statistiken und Ställen spurlos verschwunden sind, soll an dieser Stelle unbehandelt bleiben. Wichtig ist, dass man 14 der 25 Etter'schen Kühe mieten kann – von der Bonita über die Genua bis zur Lorellei – mit einem Doppel-L. Sie alle stehen mit Foto und Kurzcharakteristik nach Facebook-Manier im Netz.

Unsere Wahl war auf Omega gefallen, weil sie als »zierliche Lady« vorgestellt wurde, die »am liebsten draußen auf der grünen Wiese ist und die warmen Sonnenstrahlen und die gute Bergluft« genießt. Damit kann ich mich identifizieren. Eine Kuh wie Silvana hingegen wäre nie infrage gekommen. Man muss kein Personalchef sein, um zu wissen, was sich hinter der Formulierung »charakterstarke Persönlichkeit, die weiß, was sie will« verbirgt.

Als wir nun auf dem Etter-Hof eintreffen, sehen wir weder Omega noch Silvana noch irgendeine andere Kuh. Kein Muhen, keine Glocke ist zu hören. Nur das Summen der Insekten und eine kreischende Motorsäge durchbrechen die Stille. Die Tiere, erklärt uns Martin, sind zur Zeit in der Sommerfrische, oben auf der Alm, noch einmal 500 Meter hinauf in die Berge: »Gute Luft, kein Stress und Fitnesstraining, weil sie ja immer die Hänge hochsteigen müssen, anstatt nur faul das Maul in die Futterkrippe zu hängen.«

Aha, wir machen eine Wanderung, denke ich, womöglich mit einem gedrechselten Knotenstock in der Hand über Stock und Stein hinauf auf die Alm. Wie wildromantisch. Doch bevor ich mir das

Bild weiter ausmalen kann, hat uns Martin schon in sein Auto verfrachtet und ist aufs Gas getreten, dass die Schottersteine nur so wegspritzen.

Mit dem Auto auf die Alm? Meine Frau und ich sehen uns an. Wir haben beide denselben Gedanken: Ist denn nichts mehr heilig? Eine echte Alm sollte so gut wie unerreichbar hoch liegen, knapp unterhalb der Grenze, an der die Felsen und das ewige Eis beginnen – total abgeschnitten von der bösen Welt tief unten im Tal. Und der Senner sollte wie ein Einsiedler leben in dieser majestätischen Berg-Einsamkeit – in Zwiesprache allein mit der Natur, mit Gott, den Tieren oder auch nur mit sich selbst. Und nun stellt sich heraus, dass er nur eine halbe Autostunde von der Zivilisation entfernt ist und theoretisch jeden Abend den Pizzadienst bestellen könnte.

»Jetzt haben wir es gleich geschafft«, lässt sich nun Martin vernehmen und brettert derart forsch in eine Spitzkehre hinein, dass Sebastian Vettel neidisch geworden wäre. Als wir aus der Kurve herauskommen, sehen wir die Almhütte. Aber eine Hütte wie aus einem Heimatfilm ist das streng genommen nicht, was sich da in eine Felsmulde schmiegt. Eher würde ich von einer Art von Maschinenfertigungshalle sprechen, in der die Stallungen, die Käserei und die Wohnquartiere untergebracht sind. Immerhin plätschert vor dem Haupteingang arktisch kaltes Wasser aus einem Hahn in einen Steintrog. Hier also stählen die Senner jeden Morgen ihren Körper? Nein, sagt Martin und lacht. Dafür gibt es eine Dusche mit heißem Wasser.

Es ist schon spät. Die Kühe sind von der Weide getrieben worden und warten im Stall darauf, gemolken zu werden. Vorher haben sie sich aber offensichtlich noch einmal gründlich erleichtert. Der Weg zu ihnen ist derart flächendeckend mit grünlichen Fladen zugepflastert, dass es unmöglich ist, nicht in sie hineinzutreten. Jetzt verstehe ich, warum Martin vor der Abfahrt ein Paar von Dreck strotzender Arbeitsstiefel angezogen und skeptisch die Designer-Bergstiefelchen an den Füßen meiner Frau gemustert hat.

»Eure Omega steht ganz hinten«, ruft er und verschwindet in der Stalltür. Die Tiere stehen dicht gedrängt, vor allem aber stehen sie mit den Hinterteilen zu dem schmalen Mittelgang, durch den ich mich nun quetsche, um Martin nicht aus den Augen zu verlieren. Haarscharf huscht eine Schwanzspitze an mir vorbei. Ich ducke mich und entgehe nur knapp einem sich entleerenden After. Da haben die alten Sumerer hineinpusten müssen? Ein Lob dem Fortschritt, der uns die Hochleistungskuh beschert hat.

Martin ist stehen geblieben und deutet mit der Hand auf eine hellbraune Kuh. Als ob sie ahnen würde, dass ihre, nun ja, Adoptiveltern zu Besuch gekommen sind, dreht Omega ihren schweren Kopf, um uns in Augenschein zu nehmen. Ich kann mir nicht helfen, aber es liegt schon ein besonderer Zauber in Kuhaugen: tief und sanft wie ein See in einem Moor.

Als ich meine Gedanken meiner Frau mitteilen will, bemerke ich allerdings, dass diese nur Augen für einen jungen Mann hat, der unversehens hinter Omega aufgetaucht ist und uns fröhlich anstrahlt. »Das ist Jean-Luc«, stellt Martin den unverschämt schlanken und sehnigen Jüngling mit den schwarzen Locken vor. »Er ist aus Frankreich und hat sich dieses Jahr hier als Senn verdingt.«

»Oh, das ist aber schön«, lässt sich meine Frau vernehmen. Sie scheint zum ersten Mal seit dem Aufbruch von zu Hause ungeheucheltes Interesse an unserem Ausflug zu bekunden. »Aus Frankreich sind Sie, wie interessant.«

Tatsächlich könnte man Jean-Luc in einer Neuverfilmung der drei Musketiere für die Rolle des D'Artagnan besetzen. Hämisch stelle ich jedoch fest, dass er statt eines Degens einen Melkschemel umgeschnallt hat, dessen einzelnes Bein wie ein steifgefrorener Rattenschwanz aus seinem Rücken ragt. Der Anblick lässt mein Herz ruhiger schlagen. Es gibt wenig, was einen Menschen lächerlicher aussehen lässt als ein Melkschemel am Steiß.

Böse Zungen behaupten, dass diese Schemel deshalb nur ein Bein hätten, damit sich einsame Senner in langen Sommernächten nicht auf ihn stellen und der Kuh nähern könne. Die üble Nachrede, dass sie ein besonders enges Verhältnis zu ihren Rindern hätten, verfolgt ausgerechnet die Schweizer seit Jahrhunderten. In die Welt gesetzt wurde sie von den übel meinenden Deutschen, die das

Schmähwort vom »Kuhschweizer« erfanden – für das sich die Schweizer mit dem »Sauschwaben« revanchierten. Der »Kuhschweizer« ist indes nur die jugendfreie Version des früher gängigen »Kuhgeigers«. Mit Musik hatte der allerdings nur wenig zu tun; vielmehr leitete sich der Begriff vom althochdeutschen Verb »gehiven« ab, das so viel bedeutete wie »sich paaren« oder »vermählen«. Den Menschen im Mittelalter war dieser Kontext noch geläufig. Aus dem Schwabenkrieg wird berichtet, dass kaiserliche Landsknechte ein Kalb als Braut verkleideten und auf die Schweizer Stellungen zutrieben mit der Aufforderung, Hochzeit zu halten: »Sy satzend einem kalb ein tuechly uff, fürten das by dem schwantz, dantzend zuo den Eidgenossen, schriende, sy soltend inen den bruttman schicken, dan die brutt were bereidt«, schilderte der Chronist den derben Spaß.

Auf unserer Alm hätte sich Jean-Luc aber nicht an Omega oder an anderen Kühen vergreifen müssen. Gleich zwei Frauen verbringen den Sommer mit ihm, die Schweizerin Verena und die Österreicherin Bernadette. Sie sind die Sennerinnen und damit, wenn man so will, die Vorgesetzten, weil Jean-Luc nur Handlangerdienste macht – im Stall und bei den Kühen.

»Sennrin singt so manches Lied, wenn durchs Tal der Nebel zieht«, heißt es in jenem Schlager, von dem nur der Refrain bekannt geblieben ist, wonach es auf der Alm angeblich »koa Sünd« geben soll. Sündig sehen Verena und Bernadette zwar nicht gerade aus. Aber der erste Eindruck mag ja täuschen, also frage ich lieber nach. Die beiden bestätigen jedoch, dass ihnen noch nicht einmal zum Singen zumute sei angesichts des Haufens an Arbeit, den sie jeden Tag bewältigen müssen: »Melken, misten, Käse machen.« Und am Abend, hake ich nach. Wenn das Vieh versorgt ist, die Sonne hinter den Bergen verschwindet und der Mond sein mildes Licht über den Wiesen ausgießt? »Ja, von wegen«, schnaubt Bernadette. »Essen, schlafen, Augen zu. Wenn du um vier Uhr morgens wieder raus musst, bleibt keine Zeit für gar nichts.« Immerhin zwinkert sie bei diesen Worten ein bisschen.

Martin ist zu uns herangetreten. Neben ihm steht Jean-Luc, der zu meinem Leidwesen den Melkschemel abgeschnallt hat und ihn nun mir hinstreckt. »Wolltest du die Omega nicht einmal melken?«, fragt der Bauer. »Aber wie ich gesehen habe, habt ihr doch Melkmaschinen hier«, stottere ich. »Das schon, aber die muss schließlich auch an den Zitzen angeschlossen werden. Komm schon, Omega wird ungeduldig.«

Widerwillig lasse ich mich mitziehen. Meine Frau verfolgt die Szene mit maliziösem Grinsen. Wahrscheinlich kann sie es nicht erwarten zu sehen, wie komisch ich mit einem Melkschemel am Hinterteil aussehen werde. Ich zwänge mich zwischen Omega und Silvana. Der Raum zwischen den Kühen scheint in der Zwischenzeit noch mehr zusammengeschrumpft zu sein. Hier ist noch weniger Platz. Das ist ja fast wie in einer Legebatterie, zuckt es mir durch den Kopf.

»Du hast den Schemel vergessen«, ruft Jean-Luc und wedelt mit dem Hocker. »Ja, einen Augenblick noch.« Vorsichtig beuge ich mich hinunter zu Omegas Euter. Warum nur habe ich das Gefühl, etwas Unanständiges zu tun? Ich strecke zaghaft die Hand aus. Die Zitzen sind nur noch wenige Zentimeter entfernt – da nimmt mir Omega die Entscheidung ab. Nur leicht verlagert sie ihr Gewicht, aber ich verliere die Balance und lande im Dreck. Ich höre ein zärtliches Schnauben und sehe Omegas breites Maul vor mir. Diesen Ausdruck habe ich doch schon einmal gesehen. Genau, in einer Werbung für französischen Käse. Wie hieß der noch gleich? La vache qui rit.

## Wir können auch anders: **Wenn Schweizer die Sau rauslassen**

Vielleicht sollte ich es doch einmal tun. Es geht schließlich um Selbstversuche. Wie kann man über eine Sache reden, die man nicht selber ausprobiert hat? Und seit einiger Zeit ist diese Sache offenbar wirklich erschwinglich geworden. Um die Hälfte sind die Preise gefallen, hat »Die Weltwoche« recherchiert, immerhin eine Zeitung, die sich – trotz ihres globalen Anspruchs im Namen – vor allem in schweizerischen Angelegenheiten gut auskennt. Glaubt man dem Blatt, dann gehört er inzwischen zu den letzten preisgünstigen Dienstleistungen der Schweiz: der Besuch im Puff.

Puff im Sinne von Bordell, wohlgemerkt. Denn Puff kann auch etwas anderes bedeuten in der Schweiz, und diese Art von Puff mag man ganz und gar nicht. Das Puff steht für Unordnung, für Tohuwabohu, für Durcheinander, für sehr unschweizerische Zustände also. Schweizer gehen ins Bordell, und dieses wird, wie man hört, ordentlich und korrekt geführt, also ganz ohne jedes chaotische Puff. Aber das ist nicht der einzige Grund, weshalb Schweizer Männer Freudenhäuser offensichtlich öfter, lieber und ausgiebiger besuchen als andere Europäer. »Wir sind oben herum dauernd so fürchterlich zugeknöpft«, haben mir Schweizer Freunde zugeraunt, »da muss es unter der Gürtellinie ein Ventil geben, wo der ganze Druck wieder rauskommt.«

Zugeknöpft kann ich ja nachvollziehen, aber Ventil? Als Ausbund an Anarchie und Ausgelassenheit sind mir das Land und seine Bürger nie vorgekommen. Von einer geriatrischen Abteilung im Gebirge hatte meine Tochter nach dem ersten Besuch verächtlich gesprochen. Gut, sie ist in einem Alter, in dem ihr jeder über 25 suspekt ist. Ihr Urteil muss also nicht unbedingt objektiv sein.

Aber es ist schon etwas dran: Im internationalen Kontext steht die Eidgenossenschaft weniger für Samba, Sex und Seitensprung, sondern eher für Sauberkeit, Sparsamkeit und spröde Prüderie. Seien wir doch ehrlich: Das letzte Mal, dass ein helvetisches Sexsymbol den Männern auf der ganzen Welt die Augen aus den Höhlen springen ließ, war 1962, als Ursula Andress in »Dr. No« ihren Bikini schier vom Leibe sprengte.

Eine Aura von Vernunft und Fleiß durchzieht das Land, der sich auch junge Schweizer – doch, doch, auch die gibt es – nicht ganz entziehen können. Man muss nur beobachten, wie ernst und besonnen ABC-Schützen jeden Morgen in die Schule gehen, und man erkennt in ihnen unschwer die Bünzlis, Banker und Bundesbeamten von morgen.

Aber diese Bünzlis, Banker und Beamten haben es offenbar faustdick hinter den Ohren. Auch in vermeintlich erloschenen Vulkanen brodelt Lava, und sie kann sich jederzeit einen Weg an die Oberfläche bahnen. Man braucht nur die Street Parade in Zürich zu betrachten oder den Luzerner Karneval: Schweizer sind imstande, Hemmungen abzuwerfen. Aber selbst dann landen die leeren Bierflaschen meist in eigens für diesen Zweck bereitgestellten Sammelbehältern. Man muss es ja nicht übertreiben.

Ja, man lässt die Hosen runter. Aber ein Schweizer schleudert sie nicht wild um den Kopf und wirft sie ins nächste Gebüsch. Er behält sie – säuberlich gefaltet – in Griffweite. Sicher ist sicher. Selbst Sexclubs bleiben bürgerlich und bodenständig. »Die Weltwoche« vergleicht sie mit einem Migros-Restaurant: »Solide Kost in einem angenehmen und sauberen Ambiente, nichts Extravagantes, moderat im Preis.«

Das klingt nun nicht derart verlockend, als dass ich mich umgehend zum Zwecke des Selbstversuches in die »Oase«, den »Red Palace« oder das »History« stürzen müsste. Letztere erfreuen übrigens die Kundschaft in den brausenden Kantonsmetropolen Liestal und

Frauenfeld. Außerdem sind bei riskanten Eigentests immer Frau und Familie zu berücksichtigen. »Liebling, ich gehe ins Freudenhaus – arbeiten, damit du nichts Falsches denkst.« Ein solcher Satz käme schlecht an.

Deshalb werde ich mich wohl auch einer anderen Schweizer Spezialität nicht praktisch, sondern nur theoretisch annähern: dem Seitensprung. In dieser Disziplin sind Schweizerinnen und Schweizer Europameister. Sogar im weltweiten Vergleich haben sie hier die Nase vorn, um nicht andere Körperteile ins Spiel zu bringen.

Ashley Madison heißt eine einschlägige amerikanische Website. Sie operiert international und verspricht ihren männlichen und weiblichen Kunden Affären ohne Reue: mal kürzer, mal länger, aber immer ohne Verpflichtung. Wer sich hier einloggt, sucht keinen Partner fürs Leben, sondern für ein schmutziges Wochenende.

Dass die Schweizer Rekordhalter sind, hat Ashley Madison übrigens mit einer unbestechlichen Maßeinheit festgestellt: dem Umsatz. Nirgendwo in Europa nimmt die Firma so viel Geld ein wie zwischen dem Thurgau und dem Tessin. Vielleicht liegt es auch daran, dass die Webseite der Schweizer Ordnungsliebe entgegenkommt: Sie bietet Affären in einem genau umrissenen Rahmen. Abenteuer, die nicht aus dem Ruder laufen können. Oder anders ausgedrückt: Leidenschaft mit angezogener Handbremse.

Als ich mich probeweise registriere, quillt schon am nächsten Tag die Inbox über von Anfragen weiblicher Nutzer. Guter Gott! Welche Ventile habe ich bei zugeknöpften Eidgenossinnen geöffnet? Ein zweiter Blick ernüchtert mich rasch. Ausschließlich jüngere alleinstehende Frauen haben sich gemeldet, die ältere Herren suchen und ihnen das Paradies auf Erden versprechen. Sie heißen Swetlana, Olga oder Mira, und ich werde den Verdacht nicht los, dass ich sie auch im »History« in Liestal treffen würde.

Unter diesen Umständen bleibt nur ein Experiment übrig, bei dem ich zusehen kann, wie Schweizer total ausrasten. Ein Großereignis, das zu gleichen Teilen traditionell, unverfänglich und aussagekräftig ist: das Gurtenfestival in Bern. Auf der größten und bekanntesten Rock- und Pop-Sause des Landes, versicherte man mir, würde ich Schweizer außer Rand und Band treffen, wollüstig zuckend im Rausch der Musik, der Drogen und der freien Liebe. Ich glaubte mich verhört zu haben. Ein Gurkenfestival lässt schließlich nichts Gutes erwarten, so wie man ja auch nicht gerne eine Gurke von einem Auto fährt. Doch beim Gurten handelt es sich um den 850 Meter hohen Hausberg Berns. Von ihm aus genießt man einen schönen Blick auf die zu seinen Füßen dahingebettete Stadt mitsamt Aare und Bundeshaus – ganz so, wie man es von einem anständigen Hausberg erwartet. Und man sieht, wie überschaubar, übersichtlich und kompakt Bern mitsamt der Aare und dem Bundeshaus ist – ganz so, wie man es von der anständigen schweizerischen Hauptstadt erwartet.

Ebenfalls überrascht war ich, dass sich ausgerechnet Bern einmal im Jahr in eine Arena der Ausschweifungen verwandeln sollte. Ist das nicht die Stadt, deren Langsamkeit, sprich: Langeweile geradezu sprichwörtlich ist? Wird ihr Autokennzeichen BE nicht mit »bin eingeschlafen« übersetzt? Gut, Bern stand seinerzeit gleichsam Pate bei der Gründung des politischen Anarchismus, aber nur, um ihn anschließend fürsorglich in eine warme Steppdecke einzuhüllen. Denn heute steht die Bewegung des Radikal-Revoluzzers Michail Bakunin auf einer Liste schützenswerter kantonaler Brauchtümer – neben Alphornblasen, Jodeln und der Produktion von Emmentaler Käse.

Als mich die Straßenbahn zusammen mit Hunderten von anderen Gurten-Gästen am Fuß des Berges ausspuckt, stelle ich mit Befriedigung fest, dass sich mir eine echte Schweizer Alternative bietet: Bergbahn oder Wanderung. Vor der Talstation dehnt sich eine endlose Menschenschlange; eine Tafel verkündet eine Wartezeit von 45 Minuten. Der gelbe Wanderwegweiser hingegen verspricht einen Fußmarsch von nur 40 Minuten.

Ich muss nicht lange überlegen. Zeitangaben auf schweizerischen Wanderwegen sind Kantonsangelegenheit, und wir sind hier im langsamen Kanton Bern. Wozu ein Berner 40 Minuten braucht, das sollte doch ein strammer Deutscher lässig in der Hälfte der Zeit bewältigen können.

Nach 20 Minuten wird mir klar, dass die Angaben auf Wanderwegen ziemlich präzise zu sein scheinen und dass dies vor allem im Kanton Bern zutrifft. Außerdem bemerke ich, dass sich die ansonsten sehr wanderfreudigen Schweizer ihre Kräfte hier offenbar für Besseres aufsparen. Ich habe den steilen Weg mehr oder weniger für mich alleine. Die anderen ruckeln in einer berstend vollen Zahnradbahn an mir vorbei.

Was dieses Bessere sein könnte, entdecke ich bei einem Rundgang durch die Mini-Migros, als ich das Festivalgelände endlich keuchend erreicht habe. Ich brauche dringend etwas zu trinken für meinen dehydrierten Körper. Gleich am Eingang stolpere ich über eine Auslage mit Kondomen. »Wir haben keine große Auswahl«, sagt mir die Kassiererin bedauernd, und ich weiß zunächst nicht, ob sie das gesamte Ladensortiment meint oder nur die Palette der Verhüterli. »Aber wir verkaufen genau das, was auf dem Gurten wirklich gebraucht wird«, fügt sie zur Erläuterung hinzu.

Nun, das klingt ja vielversprechend. Auf alle Fälle verlockender als der Augenschein, der sich mir bietet. Von Chaos, Anarchie und Sittenverfall ist nicht viel zu sehen. Präservative hin oder her, alleine dass die gut bürgerliche Migros-Kette hier einen Laden betreibt, lässt wenig Aufregung erwarten. Nicht weit davon entfernt hat Swissmilk, der Dachverband der schweizerischen Molkerei-Industrie, einen Verkaufsstand aufgebaut. Er erfreut sich offenbar größeren Zuspruchs als das Bacardi-Zelt, und das ganz ohne DJ.

Entsprechend nüchtern wogt die Menschenmasse denn auch über die Hügelkuppe. Wie könnte es anders sein. Am Bar-Tresen werden Trinker vorsorglich gewarnt:»Ein Energy Drink sollte nicht mit Alkohol gemischt werden.« Die meisten halten sich an den Ratschlag. Wer nicht gleich Milch trinkt, greift höchstens zu einer Stange Bier.

Abfall wird penibel und korrekt in knallgelben Beuteln mit der niedlichen Aufschrift »Dräcksack« entsorgt. Zudem sind weite Flächen der Gurten-Wiese unter Schutzbezügen aus Hartplastik verschwunden: Schondeckchen für das Gras, damit ja kein Halm zu Schaden kommt. Gummistiefel- und Schlammorgien, für die etwa das britische Glastonbury Festival berüchtigt ist, werden sich hier wohl selbst bei Wolkenbrüchen auf ein überschaubares Areal beschränken.

Unter diesen Umständen erübrigt es sich fast zu erwähnen, dass die einzelnen Musikdarbietungen auf den verschiedenen Bühnen derart pünktlich beginnen, als ob sie auf den nationalen SBB-Fahrplan abgestimmt wären. Selbst dezidiert nicht-schweizerische Künstler wie Lenny Kravitz, Noel Gallagher oder Snow Patrol, für die Unpünktlichkeit das lässlichste Laster ist, treten auf die Minute genau vor das Publikum. Irgendwie werden wohl auch sie von der alles überwindenden Macht der Verschweizerung erfasst, die sich zäh, doch unaufhaltsam ausbreitet wie der Inhalt eines umgestürzten Fonduekessels.

Inzwischen ist es dunkel geworden, aber trotzdem schlägt niemand über die Stränge. Möglicherweise liegt diese Zurückhaltung am Generationen-Mix. Erleichtert habe ich festgestellt, dass sich auch andere, von den Beatles und den Stones sozialisierte ältere Damen und Herren auf den Gurten verirrt haben. Genau betrachtet befinden sich sogar ziemlich viele Angehörige der Woodstock-Generation unter den Besuchern. Ihr Haar mag stahlgrau geworden sein, gleichwohl ist es mit einem Ledergurt zum Pferdeschwanz gebunden – und ich rede hier von männlichen Gästen.

Anders als die Jungen legen sich meine Altersgenossen freilich ein Kissen unter, bevor sie sich ins Gras setzen. Ab einem gewissen Alter sind Blasen- und Nierenbeschwerden keine Fremdworte mehr. Ein drahtiger Harley-Typ mit schwarzer Lederjacke und weißem Bart dreht verstohlen die Lautstärke an seinem Hörgerät herunter, als ihm die Gorillaz zu sehr dröhnen. Alter kann auch Vorteile haben.

Vielleicht halte ich mich auch nur im falschen Teil des Geländes auf. Denn die Schlafwiese mit den Zelten, wo die hartgesottenen Festival-Fans die Nächte verbringen, liegt züchtig hinter einem Wäldchen versteckt. Zugang erhält nur, wer beweisen kann, dass er dort einen Zeltplatz gebucht hat. Höchstens Zwei-Bett-Zelte sind erlaubt, aber mehr ist auch gar nicht nötig. Die Zeltstadt bietet Platz für 6000 Leute, da gibt es mehr als genug Möglichkeiten zu Tausch und Wechsel. Am Morgen wird das Frühstück am Schlafsack serviert – liebevoll zusammengestellt vom Molkereiverband Swissmilk. Ob man nach einer heißen Liebesnacht in einem zerwühlten Schlafsack wirklich mit einem Glas warmer Milch und einem Früchte-Joghurt aufwachen will? Was weiß ich denn schon, vielleicht bändigt nur eine solche Art der Schonkost kochende Schweizer Hormone. Eines weiß ich aber sicher: Falls Schweizer ausrasten, alle Hemmungen abwerfen, sich in zuckende Emotionsbündel verwandeln, dann tun sie dies so, wie sie alles andere tun: mit Diskretion. Das setzt ein stilles Kämmerlein voraus, keine freie Wiese, wo jeder jeden beobachtet.

Am Ende finde ich ihn dann aber doch noch, den gequälten Schrei aus tiefster Seele, das Aufbäumen gegen Konvention, Sitte, Zucht und Anstand. »Tschau alltag, tschau ornig, tschau vernunft« heißt es da, in radikaler, bürgerverachtender, revolutionärer Kleinschreibung, »hallo sittertobel und ooopenaiiir.« Die Worte sind auf die Innenwand einer Herrentoilette gekritzelt, also an jener Stelle, wo auch andere schmutzige Fantasien klammheimlich protokolliert werden, die auszuleben man sich nicht getraut.

Ach ja, im Sittertobel, habe ich mir sagen lassen, lässt St. Gallen bei seinem Rock-Festival alljährlich die Hosen runter. Da geht echt die Post ab. St. Gallen, sieh mal einer an! Vielleicht sollte ich das nächste Mal dort recherchieren.

## Tristesse republicaine: **Ein glorreich verregneter Sonntag in Genf**

Über Genf gibt es nur wenige Reiseführer, und meist handelt es sich um recht schmale Bändchen. Mein Büchlein wäre sogar noch dünner, wenn sich der Autor nicht so häufig wiederholen würde. Schätzungsweise auf jeder fünften Seite weist er erneut auf die begnadete geografische Lage der Stadt hin. Genf, so schreibt er voll Bewunderung, liegt am Ufer eines Sees. Da in der Schweiz mit Ausnahme von Bern, Basel und dem Matterhorn so gut wie jede Lokalität an einem stehenden Gewässer liegt, will sich mir der Ausnahmecharakter von Genf allerdings nicht recht erschließen.

Als zweiten topografischen Pluspunkt erwähnt der Schreiber die eindrucksvolle Bergkulisse: Eingebettet zwischen den Hängen des Jura im Westen und den Ausläufern des Montblanc-Massivs im Osten erstrecke sich die Stadt in einer fruchtbaren Ebene. Hier wachse schrecklich viel Wein, und auch diese Ebene liege übrigens am Ufer des bereits erwähnten Sees.

Was der Autor verschweigt, ist die Tatsache, dass diese beiden Bergzüge eine Art von Korridor bilden, an dessen unterem Ende – wie am Ausgang eines Trichters – Genf liegt. Macht nun oben einer die Tür auf, fegen bitterkalte Winde diesen Flur entlang und beuteln alle Genfer, ohne Ansehen der Person – Banker, Diplomaten oder Spekulanten. Wenn Chicago nicht schon den Spitznamen »Windy City« hätte, hier wäre er ebenfalls passend. Aber »Ville venteuse« würde auch nicht schlecht klingen.

Wenn man Pech hat, dann gesellt sich zum Wind auch noch der Regen – stahlnadelfein und frostig wie eine Atlantik-Gischt. Ich habe Pech und bin durchnässt bis auf die Haut. Seit Stunden streife ich durch die Stadt auf der Suche nach einem warmen, trockenen Unterschlupf. Wenn es dort auch noch eine Tasse Kaffee gäbe, umso besser. Doch inzwischen bestehe ich nicht mehr darauf. Aber ich habe doppelt Pech, denn es ist Sonntag, und Sonntage in Genf werden, wie soll ich sagen, noch ein wenig ernster genommen als anderswo.

Ernst trifft es nicht ganz, eher schon heilig. Sonntage sind heilig in dieser Stadt, im alttestamentarischen Sinne von »am siebenten Tage aber sollst du ruhen«. Nur die inbrünstige Verehrung des Geldes, die man den Genfern nachsagt, scheint noch höher zu stehen als die Einhaltung der Sonntagsruhe. Der Genfer Essayist Georges Haldas beschrieb es sehr treffend, als er den Alltag seiner Landsleute so umriss: »Wenn man sich ein Bild ihres Lebens machen will, muss man sich das Gegenteil eines Films von Fellini vorstellen.«

Das strikte Gebot der sonntäglichen Ruhe verdanken die Genfer einem ihrer größten Söhne – auch wenn er zugewandert war: dem Reformator Jean Calvin. Er verordnete seinen Anhängern einen ausgeprägt lust- und vergnügungsfeindlichen Lebensstil. Spaß wurde aufs Jenseits vertagt, im Hier und Jetzt war es außer Beten und Fasten lediglich gestattet, Geld zu verdienen. Dass der Name des Reformators heute in der Form »Calvin Klein« Reizwäsche und Männerunterhosen ziert, kann nur als späte, aber ausgleichende Gerechtigkeit gesehen werden. Der oben erwähnte Fellini war übrigens katholisch und hatte mit Reizwäsche nie ein Problem.

Calvins gestrenge Spielart des Protestantismus wird auch in anderen Teilen Europas und Amerikas gepflegt, so etwa in Teilen Schottlands, der Niederlande und bei extrem sittenstrengen Amerikanern. Auf der schottischen Isle of Lewis beispielsweise wurde einmal ein Ladenbesitzer fast gelyncht. Er hatte es versäumt, am Samstagabend den Stecker aus einem Automaten zu ziehen, der Schokoriegel, Kartoffelchips und andere schottische Grundnahrungsmittel verkaufte. Und im nordirischen Belfast ist es noch gar nicht so lange her, dass in protestantischen Stadtteilen am Tag des Herrn auf Kinderspielplätzen die Schaukeln angekettet wurden.

Denn der Herr stieg nach getaner Arbeit schließlich auch auf keine Wippe.

Da Genf einen Ruf als Weltstadt zu verlieren hat und obendrein fast zur Hälfte von Nicht-Genfern besiedelt wird, stehen die Dinge hier nicht ganz so schlimm wie auf den Äußeren Hebriden. Dennoch habe ich über weite Strecken das Gefühl, nicht durch eine Stadt zu wandern, sondern durch ein Set für einen Film über eine Stadt – nach Abschluss der Dreharbeiten: nur Kulissen, die sich in Regenpfützen spiegeln – und natürlich im See.

So gesehen könnte man es als Ironie des Schicksals bezeichnen, dass ich ausgerechnet in jenem schmucklosen Gebäude Zuflucht vor Regen und peitschendem Wind finde, in dem der große Calvin einst selbst gepredigt hat. Warmes Licht strömt aus der Tür des Auditoire de Calvin. Nicht, dass sie einladend geöffnet gewesen wäre. Aber sie wird ständig aufgerissen, um einen steten Strom von Menschen einzulassen.

Der Lichtschein verbreitet leider die einzige Wärme in dem Raum. Ihn schmucklos zu nennen wäre hemmungslos geschmeichelt. Kerkerzellen besitzen mehr Ausstrahlung als diese weißen Wände. Ich verstehe ja den Grundgedanken: Kein bunter Zierrat soll den Gläubigen von seiner Zwiesprache mit Gott abhalten. »Der Prunk der katholischen Riten irritiert uns gewaltig«, urteilte einmal der Genfer Financier Edouard Pictet. »Wir ziehen die Nüchternheit, die strenge Schmucklosigkeit des protestantischen Gottesdienstes vor. Seine Sprödheit gefällt uns unendlich gut.«

Was Monsieur Pictet noch besser gefiel, war das Anhäufen von möglichst viel Geld. Dies tat er, wie viele andere Genfer, mittels einer Bank. Deren Gebäude säumen das untere Ende des Sees (der, glaube ich, bereits erwähnt wurde) sowie einen Teil des Rhone-Ufers. Die Banken umschließen die Altstadt wie eine neue Stadtmauer aus Glas und Beton. Entlang der oberen Etagen haben sie ihre Fassaden, also gleichsam die Zinnen, als Werbeflächen vermietet: Cartier, Hermes, Piaget, Louis Vuitton – so seidig klingen diese Namen, man könnte sie zu einem Chanson von Edith Piaf verweben.

Was man nicht sieht, sind die Schatzkammern dieser Banken. Immer tiefer haben sie sich in die Erde gebohrt, um dort unten ihre Tresore zu verbergen. Das behauptet jedenfalls der ewige Schweizer Nestbeschmutzer und Wahl-Genfer Jean Ziegler. Doch der streitbare Alt-Sozialist dürfte die letzte Person sein, der eine Schweizer Privatbank Zutritt zu ihrem Allerheiligsten verschafft. Zumal Ziegler sogar noch weiter geht: Seinen Worten nach verdrängen die unterirdischen Bauprojekte das Wasser in Richtung Westufer, wo deshalb in der Vorstadt St. Gervais die Fundamente gefährlich unterspült werden. Da sich aber mittlerweile auch hier Banken mit mehrere Stockwerke in die Erde reichenden Safes niedergelassen haben, ist sein Urteil vielleicht besser mit Vorsicht zu genießen. Im besten Fall würde der Druck von beiden Ufern das Wasser in der Mitte emporschäumen lassen, und Genf bekäme einen zweiten Jet d'eau. Als ich mich zu Beginn meines Spazierganges – waagrecht in den Wind gebeugt – bis zum See vorgekämpft hatte (ich habe den See erwähnt, nicht wahr?), war die Fontäne leider abgeschaltet. Es gab ja auch keinen Grund, weshalb ausgerechnet der berühmteste Genfer sonntags arbeiten sollte – zumal da er seine Existenz dem niedrigen Klempner-Handwerk verdankt. Der 140-Meter-Springbrunnen war ursprünglich nur das Sicherheitsventil der Wasserwerke gewesen.

Spätestens hier am See hatte ich bemerkt, dass ich in die falsche Richtung gegangen war – weg von den letzten Außenposten der Zivilisation. Ich blickte über die graue Wasserfläche und hinauf in die grauen Wolken, aus denen unaufhörlich Tropfen fielen. Die einzigen Lebewesen, auf die ich hier traf, waren ein schwarzer Jogger, dem man schon von Weitem seine Tätigkeit als Sicherheitsmann bei der amerikanischen Botschaft ansah, und eine Möwe, die einbeinig auf einem Pfosten hockte und missmutig den Schnabel in den Federn versteckte.

Es war falsch gewesen, mich vom Bahnhof Cornavin wegzubewegen. Bahnhöfe sind, gerade in der Schweiz, vibrierende Oasen des Lebens in der Ödnis des geheiligten Sonntags. Nicht von ungefähr nennt die SBB sie Railcity, denn sie sind Städte in der Stadt. Sie stellen die Grundversorgung sicher, und man muss nicht einmal mehr eine gültige Fahrkarte vorweisen, um einen Liter Milch und ein halbes Dutzend Eier kaufen zu dürfen.

Aber ich wollte ja unbedingt Abstand von meinem Hotel gewinnen, das in Rufweite des Bahnhofs lag. Es war zwar zentral gelegen und obendrein für Genfer Verhältnisse recht günstig. Anders ausgedrückt: Für den Preis einer Übernachtung hätte ich in Antalya oder Scharm El-Scheich auch nicht viel mehr als eine Woche »all inclusive« bekommen. Außerdem hatte die Adresse vertrauenswürdig geklungen: Rue de Berne. Was könnte solider sein als die Schweizer Hauptstadt.

Erste Zweifel hatten mich beschlichen, als ich nach meiner Ankunft in der Stadt am Pacha Kebab, dem Planet Beauty und dem Parfum de Beyrouth vorübergegangen war. Bern hatte ich anders in Erinnerung. Dem Hotel gegenüber befanden sich der Funny Horse Nightclub (wohl weil Crazy Horse schon vergeben ist) und der Ayasofya Kebab. Bevor ich im Hotel verschwinden konnte, hauchte mir ein dunkelhäutiges, dralles Ding in Netzstrümpfen und High Heels im Leoparden-Look ein »Bon soir, darling« entgegen.

Um es kurz zu machen: Was man über Genf an tristen Sonntagen sagen kann, gilt nicht für Samstagnacht. Da brummt das Leben. Zumindest der unter meinem Fenster liegende Abschnitt der Rue de Berne kann es mit Hongkong oder Las Vegas aufnehmen. Von Calvinismus keine Spur, gelobt sei der Prophet, der den Allnight-Döner und die Teestube gebilligt hat. Erst mit den ersten Regentropfen morgens um sieben wurden geräuschvoll die Tische von der Straße geräumt und die Pforten verschlossen.

Im Calvin-Auditorium traue ich deshalb meinen Augen nicht, als uns der Pastor der Church of Scotland (Presbyterian) auffordert, die Gesangbücher bei Psalm 210 zu öffnen: »Shake off your sleep and joyful rise to pay your morning sacrifice«, lese ich. So ist das also, zum Schaden der durchwachten Nacht gesellt sich nun auch noch göttlicher Spott. Wenn ich wenigstens Schlaf gehabt hätte, den ich hätte wegschütteln können, dann wäre ich vermutlich auch fröhlicher aufgestanden.

Ich würde ja gerne das Weite suchen. Gottesdienste waren noch nie mein Ding, auch ohne das Beiwerk persönlicher Schmähungen. Aber zum einen scheint sich das Wetter noch immer nicht gebessert zu haben, und zum anderen hat man mich mit dem Versprechen auf eine warme Mahlzeit geködert. Nepalesischen Reis mit Linsen soll es im Anschluss an den Gottesdienst geben. »Yummy, delikat, nahrhaft und obendrein gesund«, verspricht der Zettel, den man mir zusammen mit dem Gesangbuch in die Hand gedrückt hat.

Nun ist ein auf Plastikgeschirr serviertes Linsengericht nicht unbedingt das Essen, das ich in Genf erwarten würde. Immerhin nennt sich die Stadt stolz »kulinarische Metropole der Schweiz«. Doch leider bleiben sonntags die meisten kulinarischen Küchen kalt. Auf meinem Streifzug durch die Stadt war ich an Restaurants vorbeigekommen, die derart fest verrammelt waren, als ob die Wirte einen Überfall einer ausgehungerten Soldateska befürchteten. Meine Lunch-Alternative pendelte also irgendwo zwischen Ayasofya Kebab und McDonald's. Dann schon lieber Linsen. Da kommt der Erlös wenigstens einer Leprastation zugute.

Deshalb fühle ich mich nicht nur körperlich, sondern auch seelisch gestärkt, als ich nach dem Essen wieder auf die Straße trete. Als ob Gott meine gute Tat gesehen hätte und belohnen wollte, hat der Regen aufgehört. Die Straßen haben sich ein wenig belebt, und auf der Place du Bourg-de-Four steigt mir der Geruch von frisch aufgebrühtem Kaffee in die Nase. Es ist keine olfaktorische Fata Morgana, sondern ein sehr reales Café.

Nur gerade eine Stunde beten und freche Psalmen singen, und schon hat sich die Atmosphäre in der Stadt gedreht. Nun ja, ein wenig. Sie erinnert nicht mehr so sehr an Pjöngjang nach Feierabend, sondern eher an einen Kindheitssonntag: Damals verstand man unter Shopping einen Schaufensterbummel, mittags war das einzige Geräusch das Klappern von Essbesteck, das aus offenen Fenstern drang, und nachmittags balancierte man auf ausgestreckter Hand sorgfältig verpackte Kuchenstücke aus der Konditorei nach Hause.

Derart versöhnlich gestimmt, zwinkere ich sogar Calvin und seinen drei Mit-Reformatoren zu, als ich an ihrem Standbild an der Mauer der Reformation vorbeischlendere. Es stört mich nicht, dass sie in ihren knöchellangen Burnussen und den pfannkuchenartigen Paschtunen-Mützen so verdrossen aussehen wie ein Trupp von Taliban. Denn sie sind aus Stein und können nicht verhindern, dass ein paar Schritte weiter am Plainpalais mehrere Händler Marktstände aufgeschlagen haben. Auch ohne den Reistopf der Presbyterianer hätte ich also nicht verhungern müssen. Sogar Kaffee und Kuchen könnte ich bekommen.

Auf dem Markt decke ich mich mit Käse ein, bevor ich zurück zum See gehe, an dessen Ufer – wie erwähnt – Genf liegt. Da noch immer niemand die Tür am oberen Ende des Gebirgskorridors geschlossen hat, kräuselt ein kalter Wind die Wasseroberfläche. Schwere Tropfen beginnen auf das Pflaster zu klatschen. Ich lasse eine Straßenbahn passieren. Ein einziger Mensch sitzt darin. Mit leeren Augen sieht er mich an. Wo kommt er her? Wo fährt er hin? Was will er in der Tram? Ich zucke zusammen: Ließ sich außer Voltaire und Rousseau auch Jean-Paul Sartre von Genf inspirieren, als er seine Philosophie des Existentialismus entwickelte?

Eine melancholische Stimmung ergreift mich, aber sie fühlt sich wohlig an. Irgendwie scheint plötzlich alles zusammenzupassen: die tiefen Wolken, das Grau des Himmels, das Grau des Wassers und der leeren Straßen. Vielleicht enthüllt Genf seinen Charakter erst an solchen Tagen und nicht an einem sonnigen Werktag. Vielleicht wird diese Stadt erst liebenswert, wenn sie ihr wahres, sprödes Gesicht zeigen darf und nicht so tun muss, als ob sie Paris kopieren müsste.

Wem das nicht gefällt, für den gibt es immer noch die Rue de Berne. Der Kebab im Ayasofya soll recht anständig sein. Auch über die Vorstellungen im Funny Horse ist mir nichts Abträgliches bekannt, wenn man auf solche Dinge steht. Und dann gibt es natürlich noch den See.

## Mal Bunker, mal Brücke: **Ein Fußmarsch mitten durch den Gotthard**

Ziemlich warm ist es hier, erstaunlich warm sogar. Und dunkel, aber das ist ja normal bei einem Tunnel. Weil draußen Nacht ist, sieht man noch nicht einmal das berühmte Licht an seinem Ende. Es wäre, wenn überhaupt, ein klitzekleiner Lichtpunkt. Denn außer warm und dunkel ist der Tunnel vor allem lang: von meinem Standpunkt aus 7500 Meter – in beide Richtungen, links nach Airolo, rechts nach Göschenen.

Wir wollen nach Airolo gehen, von wo uns gerade eine Rangierlok gebracht hat. Sie hat uns genau in der Mitte der finsteren Röhre abgesetzt und sich stante pede gleich wieder aus dem Staub gemacht. Als ihre Rücklichter verschwunden sind, ist es aber nicht völlig dunkel. Alle paar Dutzend Meter glimmen kleine Lämpchen an den Wänden, und in der Entfernung sind Signale auszumachen. Sie sind noch nicht auf Rot umgesprungen, denn einen Zug müssen wir noch passieren lassen. Erst dann werden beide Gleise gesperrt, und zwar so lange, bis wir wieder draußen an der frischen Luft sind. Ich schaue auf die Uhr: ab jetzt noch vier Stunden.

Mit einem Sicherheitsschlüssel öffnet Markus Indergand eine Metalltür, auf welcher noch der Ruß der Dampflok-Ära zu kleben scheint. Die Tür gibt den Weg zu zwei Kammern frei: darin ein verbeulter Metallspind, zwei Holzbänke mit Wolldecken, ein wackeliger Tisch. Hier befindet sich das Basislager für die Streckenwärter der Schweizer Bundesbahnen, die zweimal im Jahr die wohl berühmteste unterirdische Röhre des Landes abgehen: den Gotthard-Tunnel.

»Hotel 7.500« hat ein Witzbold unter Hinweis auf die mittige Lage der Felsenkammer im 15 Kilometer langen Tunnel an die Wand gekritzelt. Darunter steht in leicht fehlerhaftem Englisch: »It makes you feel like the rest of the world dosent exist.« Die übrige Welt fühlt sich tatsächlich sehr, sehr weit entfernt an. Es ist ja nicht nur die Entfernung zum Süd- und Nordportal; es ist der Umstand, dass wir uns ziemlich tief in den Gedärmen der Erde befinden.

»Über uns sind knapp 2000 Meter Fels«, sagt Markus, der von der anderen Seite des Berges, aus Uri, stammt. »Das erklärt, warum es so warm ist.« Er zeigt mit einem ausgestreckten Daumen zur Decke, um anzudeuten, wo die Steine auf uns lasten. Aber es sieht aus, als ob er »alles paletti, super« signalisieren würde. Meine Gefühlslage trifft er damit nicht. Klaustrophobie habe ich bei mir zwar noch nicht diagnostiziert, aber hätte er das mit den 2000 Metern Gebirge über unseren Köpfen wirklich erwähnen müssen?

Erst unmerklich, dann immer stärker weht ein Luftzug durch das Mauerrohr. »Tritt lieber ein wenig zurück in die Nische«, rät mir Kari, der Kollege von Markus. »Da kommt der Zug, und wir wollen ja nicht, dass dein Ausflug endet, bevor er richtig begonnen hat.« In der Entfernung sind drei winzige Lichtpunkte auszumachen. Sie nähern sich unerhört schnell wie eine Formation von Ufos und schieben eine Säule kalter Luft vor sich her. Rasch trete ich zurück. Zum Greifen nahe zischen die Waggons an mir vorbei. Eine junge Frau schaut verträumt aus einem Fenster. Was hätte sie gedacht, wenn sie mein bleiches Antlitz vor der schwarzen Tunnelwand erspäht hätte? Gespenster im Gotthard?

Wahrscheinlich nicht. Der Gotthard nimmt zwar einen speziellen Platz im Seelenhaushalt der schweizerischen Nation ein – als Berg, als Pass, als Tunnel und als Mythos –, doch obwohl damals 199 Arbeiter beim Bau der Bahnröhre im Bauch des Berges ihr Leben ließen, ranken sich keine Spukgeschichten um ihn. Auch Markus Indergand schüttelt nur verständnislos den Kopf, als ich ihn nach unheimlichen Begegnungen frage. Er hat seine Taschenlampe angeknipst und gibt nun endlich das Kommando zum Aufbruch.

»Verlaufen kann man sich zum Glück nicht«, versuche ich einen schwachen Witz, als ich aufs Gleis trete. Die beiden Männer haben zwar versichert, dass die Strecke gesperrt ist, aber ein bisschen unsicher fühle ich mich schon. Es hat ja einen Grund, weshalb auf jedem Schweizer Bahnhof in vier Sprachen davor gewarnt wird, die Gleise zu überqueren.

»Keine Sorge«, beruhigt mich Kari. »Dass ein Zug kommt, erkennst du am Luftzug. Und wenn er von vorne kommt, siehst du die Lichter. Der Tunnel ist ja ganz gerade.« In diesem Fall würden wir halt schnell zu einer der Nischen sprinten, die alle Hundert Meter auf beiden Seiten in die Tunnelwand gefräst worden sind, erklärt er und deutet auf eine dunkle Aushöhlung von der Größe eines Ikea-Kinderzimmerkleiderschrankes. Früher seien diese Nischen wichtig gewesen, sagt er, als der Tunnel noch jeden Tag abgegangen und auf mögliche Schäden untersucht worden sei. »Da konnte man den Zugverkehr nicht unterbrechen, nur weil da jemand durchgegangen ist«, ergänzt Markus.

Jeder der beiden Männer hat einen Schienenstrang gewählt. Ich tappe erst hinter Kari, dann hinter Markus her. Im Schein meiner Lampe erkenne ich ein grünes Schild mit dem Piktogramm einer flüchtenden Person, das die verbleibende Entfernung bis zum Südportal anzeigt – alle Hundert Meter, wie mir Markus erklärt, für den Fall, dass die Passagiere eines Zuges einmal den Rest der Reise zu Fuß zurücklegen müssen. 7300 Meter noch. Nach einer gefühlten Ewigkeit fingere ich einen neuen Hinweis aus dem Dunkel: 7100 Meter. Mein Herz sinkt tiefer. Dabei bin ich mir bewusst, dass mein Abenteuer ein geruhsamer Spaziergang ist im Vergleich zu den unmenschlichen Bedingungen, unter denen sich Tausende meist bitterarmer italienischer Arbeiter durch den Fels sprengten und gruben. Zehn Jahre dauerte es, von 1872 bis 1882, bis das Projekt fertiggestellt war – und damit länger als geplant. Nach einem Jahr war man gerade mal einen Kilometer weit gekommen – im Norden ging es schneller als an der Südseite, wo der Fels tückischer war. Auch die Kostenvoranschläge waren rasch Makulatur. Nur weil die beiden Haupt-Finanziers Deutschland und

Italien erneut Millionensummen zuschossen, wurden ein Bankrott und eine gigantisch teure Bauruine im letzten Augenblick abgewendet.

Das Interesse der Regierungen in Berlin und Rom zeigt freilich die enorme Bedeutung, welche die Gotthard-Route schon immer für ganz Europa hatte. Daran hat sich bis heute nichts geändert: Der Gotthard ist eine der Klammern, die beide Teile des Kontinents zusammenhalten. Das macht aus der Schweiz eine Brücke, deren Enden weit über die engen Landesgrenzen hinausreichen.

Die ersten Eidgenossen, die das erkannten – und diese Erkenntnis in klingende Münze umwandelten –, waren die Bewohner des Kantons Uri. Sie erschlossen einen Saumpfad über den 2106 Meter hohen Pass, indem sie es im Jahr 1220 schafften, die als unpassierbar geltende Schöllenenschlucht zwischen Göschenen und Andermatt mit einer Brücke zu überspannen. Angeblich soll dabei der Teufel die Hand im Spiel gehabt haben, aber 100-prozentig lässt sich das heute nicht mehr nachweisen.

Aus reinem Altruismus für Transitreisende bauten sie die Brücke freilich nicht, sondern aus knallhartem wirtschaftlichem Eigeninteresse. Seit sie zu der ertragreicheren Dreifelder-Wirtschaft übergegangen waren, hatten sie reiche Überschüsse erzielt, vor allem an Käse. Die besten Absatzmärkte aber befanden sich im Süden, in den reichen Städten Oberitaliens. Wenig später erkannte der Staufer-Kaiser Friedrich II. die strategische Bedeutung der Alpen-Transversale und verlieh zuerst Uri und dann Schwyz und Unterwalden die Reichsfreiheit. Ist es ein Zufall, dass ausgerechnet diese drei Kantone Keimzelle der Eidgenossenschaft wurden?

Obwohl die Urner gleichsam die Tür zur Sonnenstube aufgestoßen hatten, entspann sich kein wirklich enges und herzliches Verhältnis zu den Leuten auf der anderen Seite vom Berg. Markus und Kari jedenfalls hatten den Tessiner Führer unserer Lok hartnäckig angeschwiegen, und auch der hatte keine Anstalten gemacht, ein Gespräch anzufangen. »Sprachprobleme«, hatte Markus achselzuckend erklärt. »Die lernen in der Schule lieber Englisch als Deutsch, und ich kann kein Italienisch.«

Uri und Tessin teilen sich die Verantwortung für den Tunnel, ein Umstand, der Markus und Kari allem Anschein nach nicht restlos befriedigt. Gerade haben wir die Kantonsgrenze passiert, die mitten durch den Tunnel geht. Sie wird von einem kleinen, beleuchteten Standbild der Heiligen Barbara markiert. Die Schutzheilige der Bergleute wird immerhin im Norden wie im Süden gleichermaßen verehrt und um Hilfe angerufen. Was die Zuverlässigkeit bei der Arbeit angeht, scheint es jedoch Divergenzen zu geben. Die beiden Urner murmeln undeutlich etwas von Schlamperei und Schlendrian.

Akribisch untersuchen sie die Gleise, und als wir ein Weichensystem erreichen, das einen Spurwechsel erlaubt, gehen sie gar in die Knie, um alles genauer unter die Lupe zu nehmen. Kleinste Kratzspuren auf dem Stahl werden inspiziert, fotografiert und penibel in einem Notizbuch dokumentiert. Ich fühle mich an die Abnahme einer Wohnung durch den Vermieter erinnert, die in der Schweiz mit derselben Präzision abgewickelt wird, mit der die Forscher im CERN-Teilchenbeschleuniger ihre Geräte überprüfen.

Sehnsüchtig blicke ich während dieser Pausen ins Dunkel, an dessen Ende die Lichter von Airolo locken. Nicht, dass ich mich fürchten würde, eher beschleicht mich eine gewisse Langeweile. Für mich sieht alles im Wesentlichen gleich aus, um nicht zu sagen gleichförmig: zwei schnurgerade Stahlbahnen mit Schwellen und Schotter dazwischen, die wahrscheinlich nie ein Ende nehmen werden. Ringsherum eine schwarze Mauer, deren Eintönigkeit durch nichts unterbrochen wird. Irgendwo hatte ich gelesen, dass die Gotthard-Arbeiter an den Unfallorten mit schlichten Gedenktafeln an ihre getöteten Kollegen erinnerten. Fehlanzeige.

Für ein wenig Aufregung sorgt ein toter Marder, den Markus von den Gleisen aufhebt und mit Schwung in die nächste Nische befördert. Immerhin hat sich eine Befürchtung nicht bewahrheitet: Ich muss nicht um Fäkalien auf den Schienen herumtanzen – obwohl auf dieser Strecke noch Züge mit altmodischen Plumpsklos verkehren. »Vielleicht trauen sich die Leute im Dunkeln nicht aufs WC«, mutmaßt Markus, aber eine richtige Erklärung findet auch er nicht.

Wenn erst einmal der neue Gotthard-Basistunnel fertig ist, dann werden diese Züge sowieso nicht mehr fahren, und mit der Romantik der Streckengänger ist es dann auch vorbei. Mal abgesehen davon, dass keine Nische die Männer vor den mit 200 Sachen durchbrausenden Zügen schützen könnte; ein 57 Kilometer langer Kontrollgang würde ähnlich lange dauern wie eine bemannte Mars-Mission (vor allem, wenn er von peniblen Urnern durchgeführt wird).

Der neue Tunnel wird die Schweiz außerdem wieder an die Weltspitze katapultieren. Lange, viel zu lange, hatten die Japaner den Rekord für die längste unterirdische Bahnröhre gehalten. Der Ehrenpreis kehrt also dorthin zurück, wo er hingehört. Denn niemand kennt sich besser aus mit Tunnels als die Eidgenossen. Sie graben ja selbst dort Löcher durch die Erde, wo es gar nicht notwendig wäre. Meist ist dies an der Landesgrenze der Fall. Hinter Kreuzlingen etwa schütteten sie allem Anschein nach in einer bretterebenen Landschaft eigens einen Hügel auf, damit sie ein Loch hineinbohren und eine Straße durchführen konnten.

Neben den bekannten Tunnels gibt es außerdem noch die Geheimprojekte. Angeblich ist die Schweiz so lückenlos unterkellert, dass man das ganze Land vom Rheintal bis zur Rhone trockenen Fußes unterirdisch durchqueren kann. Angelegt wurde diese Unterwelt über Jahrzehnte von der Armee. Gedacht war wohl, dass sich die Bevölkerung im Falle einer Okkupation geschlossen in dieses Mega-Basement begibt. Den Besatzern würde sich ein menschenleeres Land darbieten. Also ähnlich wie in Friedenszeiten an einem Sonntag.

Da das Wort »Alpenfestung« im Deutschen negativ besetzt ist, umschreibt man diese Bunkermentalität lieber mit dem Wort »Reduit«: dem uneinnehmbaren Rückzugsraum in den Bergen, von wo aus tapfere Eidgenossen die Rückeroberung ihrer Heimat orchestrieren würden, falls sie in fremde Hände fällt. Auch für dieses Denken ist der Gotthard ein Symbol, denn auch in seine steinernen Flanken hat man zahllose Bunker und Geschützstellungen gebohrt: die Festung Sasso San Gottardo. »Der Gotthard«, bestätigt Markus Indergand, »der Gotthard ist durchlöchert wie ein Emmentaler.«

Abermals unterstreicht er seine Worte mit einem aufmunternd nach oben gereckten Daumen. Diesmal trifft das Symbol viel besser meine Empfindungen. Das letzte Fluchtweg-Schild hat mir verraten, dass es nur noch 400 Meter bis zum Ausgang sind. Es wird auch höchste Zeit. Inzwischen spüre ich Muskeln, von denen ich nie wusste, dass ich sie überhaupt besitze. »Es ist die Schrittlänge«, nickt Markus mitfühlend. »Sechzig Zentimeter sind es von Schwelle zu Schwelle, zwischen Trippeln und einem normalen Schritt. So geht kein normaler Mensch.« Außer vielleicht Kettensträflinge.

Wir treten hinaus ins Freie. Es ist vier Uhr morgens und nichts regt sich in Airolo außer einer Rangierlok, die einsam ihre Runden dreht. Wie oft schon bin ich achtlos hier vorbeigefahren, mit dem Zug oder mit dem Auto. Ich drehe mich um und blicke zurück in den schwarzen Schlund, aus dem ich gerade mit schmerzenden Hüften hervorgehumpelt bin. Und da erfasst mich ein tiefes Gefühl der Bewunderung und der Dankbarkeit für all die unbekannten Männer, die immer wieder Leib und Leben riskiert haben, um diese Mauer zwischen dem nebligen Norden und dem sonnigen Süden zu überwinden – die Saumpfade erschlossen, Brücken geschlagen, Straßen gelegt und Tunnels gebohrt haben. Ist doch egal, wenn sie nur ihren Käse verkaufen wollten.

# Die wohl härteste Praline der Welt: **Schoggi, selbst gemacht**

Wie schwierig kann es schon sein? Es ist ja nicht so, dass ich mit einem Jutesack voller Kakaobohnen frisch von der Staude beginnen müsste. Ich muss nicht rösten und nicht reiben, nicht rühren oder fermentieren. Ich habe die Schokoladetafel fertig vor mir liegen, säuberlich in Stanniol verpackt, bereit, an der Tischkante zertrümmert, zwischen den Fingern zerbröselt und im heißen Wasserbad geschmolzen zu werden: zigmal im Fernsehen gesehen, wirklich kein Problem.

Sogar meine Tochter hat das Verfahren im Griff. Und dies, obwohl sie einer Generation angehört, die nicht nur mit Mikrowellen groß geworden ist, sondern auch mit Microsoft. Selbst wenn sie Rührei macht, schleppt sie den Laptop in die Küche, baut ihn neben dem Herd auf und ruft das Rezept online ab. Bevor sie einen Elternteil um Hilfe ruft.

Ihr Arbeitsplatz ist schräg gegenüber von meinem. Die schokoladenmoussebraune Schürze steht ihr prächtig, und die Art und Weise, wie sie mit einem extrabreiten Spachtel dickflüssige Schokoladenpampe auf einer Marmorplatte verstreicht, trägt professionelle Züge. Bei mir hingegen sieht es aus, als ob ich Moltofill anrühren wollte. (Was ich, nebenbei bemerkt, auch nicht besonders gut kann.)

Der Himmel weiß, weshalb ich für diesen Ausflug einen Anzug angezogen hatte. Und ich habe noch nicht einmal das Jackett ausgezogen und die Hemdsärmel aufgekrempelt, bevor ich mich der halbflüssigen Schokolade näherte. Immerhin weiß ich jetzt, weshalb Zweijährige, die man an einem mäßig warmen Tag mit einem Schokoriegel sich selbst überlässt, nach einer Viertelstunde aussehen, als ob man sie in Abano Terme ins Schlammbad getaucht hätte. Und ich lerne, was Kinder längst wissen: dass Ablecken die Situation nicht verbessert, sondern dass die braune Masse nur noch großflächiger verschmiert wird.

Ich fühle mich wie ein Schmuddelkind, vor allem wenn ich zu Jill hinüberblicke. Sie ist Amerikanerin, eine Tatsache, die sie, wie viele ihrer Landsleute, nicht zu verheimlichen sucht. Sie redet viel und sie redet laut und sie straft die Behauptung Lügen, dass Ostküsten-Amerikanisch besser klingt als Texanisch. Für eine Rolle in »Desperate Housewives« wäre sie vermutlich zu alt, was sie freilich nicht daran hindert, sich zu kleiden wie Susan, Bree oder Lynette. Ganz zu schweigen von den feurigen Blicken, mit denen sie Yves verschlingt.

Yves soll uns beibringen, wie man eine Praline komponiert, komplett mit Füllung und perfektem Schokoladenüberzug. Im Hauptberuf ist er Chocolatier bei Cailler, dem ältesten Schokoladenhersteller der Schweiz. Dreimal in der Woche steigt er von seinem Olymp herab und weist Touristen in die Grundkenntnisse seiner Zunft ein. Die fertigen Produkte darf man mit nach Hause nehmen. Was für die Kunden wie ein besonderer Anreiz anmutet, ist für die Firma geradezu eine Notwendigkeit. Sie müsste die von Dilettanten gefertigte Schokolade ansonsten als eine Art von Sondermüll entsorgen.

Die Fabrik, unterhalb der kleinen Gemeinde Broc im Schatten des Moléson gelegen, wirkt, als ob sie für eine Verfilmung von »Charlie und die Schokoladenfabrik« Pate gestanden hätte, und Yves ist nicht weniger attraktiv als Johnny Depp in der Rolle des Willy Wonka. Nur dass er keinen Zylinder trägt und auch nicht den Anschein erweckt, als ob er ungezogene Kinder zu Konfekt verarbeiten würde. Jeglicher Rest von frühindustrieller Backstein-Romantik verfliegt ohnehin im Inneren des Gebäudes: In den Forschungslabors könnte ebenso gut chemische oder pharmazeutische Grundlagenforschung betrieben werden, und sogar die Versuchsküche, in der unsere Gruppe vor den Induktionsherden Aufstellung genommen hat, blinkt und glitzert vor Edelstahl und Chrom.

Wissenschaftliche Präzision ist offenbar auch für die Herstellung einer Praline nötig. Das gilt vor allem für die Temperatur der süßen Masse. Ein halbes Grad mehr oder weniger, hat uns Yves mehrmals ermahnt, entscheidet über Gelingen oder Misserfolg. Dies ist der Grund, weshalb Jill ihn schon wieder mit einem blütenweißen Zeigefinger zu sich herwinkt. »Ich brauchte noch einmal das Thermometer«, flötet sie und beugt sich erwartungsvoll weit nach vorn. »Just to make absolutely sure.« Die Schürze ist nicht hoch genug geschnitten, um einen tiefen Einblick in ihr Dekolleté zu verhindern. Doch Yves lässt sich nicht ablenken. Wenn er überhaupt Augen für etwas anderes hat als für die blubbernden Töpfe, dann für meine Tochter. Doch die nimmt ihn überhaupt nicht zur Kenntnis.

Des einen Leidenschaft ist des andern Gleichgültigkeit, und das Resultat ist dann oft Liebeskummer. Doch zum Glück gibt es für solche Fälle ein patentes Mittel, das den Schmerz zwar nicht heilt, aber lindert: Schokolade. Wir mögen uns moralisch elend fühlen, wenn wir eine Tafel weggeputzt und wieder ein paar Hundert Gramm angefressen haben, seelisch aber geht es uns gleich viel besser. Das liegt an den Endorphinen, die durch Schokolade freigesetzt werden. Und natürlich am Geschmack. Es kann jedenfalls kein Zufall sein, dass die Berner Büros von Chocosuisse, dem Dachverband der Schweizerischen Schokoladefabrikanten, nur einen Stock über der Praxis eines Psychotherapeuten liegen. Wenn der mit einem Patienten nicht weiterwisse, so raunt man, hole er Rat und Nachschub bei den Nachbarn in der oberen Etage.

Schokolade spielt also eine überdurchschnittlich wichtige Rolle in unserem Leben, doch wenn wir jeweils gedankenlos Rippe für Rippe von einer Tafel abbrechen und vertilgen, denken wir nie an jene, denen wir den Genuss verdanken: die Schweizer. Sicher, erfunden haben die Schokolade die Azteken. Aber im Ernst: Ihr bitteres »cacahuatl« war ungenießbar. Kein Wunder, dass es jahrhundertelang nur als Luxusgetränk für höhere Stände diente. Und die schlucken bekanntlich fast alles hinunter, solange es nur teuer ist.

Doch für jedermann erschwinglich – und schmackhaft – wurde Schokolade erst dank des Erfindungsreichtums (und des Geschäftssinnes) eidgenössischer Genies. Daniel Peter dachte keineswegs an eine Verfeinerung des Geschmacks, als er zum ersten Mal versuchsweise Milch unter die Couverture mischte. Ihm ging es um den Profit. Mit Milch, deren Produzenten billig vor der Haustür auf der Weide standen, brauchte es weniger teures Kakaopulver. Noch schamloser streckte Charles-Amédée Kohler das Produkt. Wegen Lieferschwierigkeiten bei Kakaobohnen mengte er Haselnüsse unter die Mischung.

Das Ergebnis war in beiden Fällen das Gleiche: Die Herstellungskosten sanken, die Qualität stieg, der Absatzmarkt erweiterte sich explosionsartig. Das Geschäftsmodell war geradezu amerikanisch genial. Nach dem Zweiten Weltkrieg beherrschte die kleine Schweiz denn auch unangefochten den Weltmarkt: Etwa jede zweite Tafel kam aus der Alpenrepublik.

Dieser Anteil ist heute zusammengeschrumpft. Massenproduzenten aus Amerika oder Großbritannien dominieren den Markt – jedenfalls für solche Verbraucher, denen es nicht so sehr auf die Qualität ankommt. Zum Ausgleich verzehren die Schweizer mehr Schoggi denn je zuvor. Mit über zwölf Kilogramm pro Kopf und Jahr führen sie weltweit die Rangordnung an, und man kann davon ausgehen, dass der größte Teil der konsumierten Menge aus heimischer Produktion stammt. Auf Platz zwei folgen gleich die Deutschen, dann erst kommen die notorisch als Süßigkeiten-Freunde verrufenen Briten.

Jill hat unterdessen die Temperatur ihrer Schokomischung gemessen und diese dann sorgfältig wieder zurück in den Topf befördert. Ich verstehe nicht, warum man die Masse nicht einfach vom Feuer nehmen und im Gefäß abkühlen lassen kann, anstatt sie auf einer Marmorplatte auszustreichen wie Möbelpolitur. Deshalb will ich mich auch nicht mit überflüssigem Firlefanz wie Temperaturkontrollen aufhalten, was mir strenge Blicke einträgt – von Yves, Jill und meiner Tochter. Aber schließlich zählt das Endprodukt, und da rechne ich mir gute Chancen aus.

Die größten Hoffnungen setze ich auf die Füllung meiner Praline, die wir am Anfang unserer Einführung komponieren durften. Yves hatte dazu einen Wagen voller Spirituosen hereingerollt. Mit leichtem Befremden hatte ich verfolgt, wie sich meine Tochter dem Absinth zuwandte, also ausgerechnet jenem Getränk, das fast ein Jahrhundert lang als Auslöser für Wahnsinnsanfälle verteufelt wurde. Nach mehreren Verkostungen hatte sie eine großzügige Menge der grünen Fee in ihre Füllung gekippt.

Ich dagegen hatte auf Tradition gesetzt, mit einem Schuss Innovation. Cointreau mit einer Dosis Kaffeebohnen. Ich war mir sicher, das wäre eine unschlagbare Kombination. Schon ein paar Tage zuvor hatte ich bei einer Werksbesichtigung von Lindt & Sprüngli in Kilchberg dem Unternehmen gratis eine revolutionäre Neuheit offeriert. Als ich – unter fachmännischer Anleitung eines Maître Chocolatier – einen der legendären Hasen goss, versteckte ich ein Kirschstengeli im Hohlkörper. Ein Überraschungsei für Erwachsene sozusagen, so mein Gedanke, den man sicherlich noch würde ausbauen können. Der Maître schien nicht restlos überzeugt zu sein.

Inzwischen habe ich meine Schokomasse über die Öffnungen eines Plastikbrettes ausgegossen, in dem ich normalerweise Eiswürfel produzieren würde. Die Temperatur meiner Schokolade scheint letzteren recht nahezukommen, wie ich mit der Spitze meines linken Zeigefingers erteste. Und nun kommt noch die vorbereitete Füllung dazu. Cointreau mit Kaffee – eine Mischung zum Auf-die-Knie-Gehen. Ich kann es nicht erwarten.

Yves ermahnt uns zur Geduld. Eine halbe Stunde müssten unsere Kreationen in einem Kühlschrank ausharren, bevor man sie aus der Form klopfen könne. »Bei manchen geht das leichter, bei anderen muss man mit einem Hämmerchen nachhelfen«, erklärt er. »Es hängt davon ab, wie groß die Abweichung von der Idealtemperatur war.« Wie zufällig bleibt sein Blick an mir hängen. »Aber machen Sie sich keine Sorgen: Wir haben bisher noch jede Praline aus der Form gekriegt. Zur Not erst ein paar Tage später. Dann schicken wir sie Ihnen eben mit der Post zu.«

30 Minuten später nehmen wir unsere Formen in Empfang. Die Pralinen meiner Tochter gleiten heraus wie Dotter aus hart gekochten Eiern. Sie schmecken hervorragend. Absinth wird von der Schweizer Confiserie bislang offenbar unterschätzt. Das einst verpönte Teufelszeug schmiegt sich an die Schokolade wie ein Seidentuch an einen schlanken Frauenhals.

Ich bin mir ganz sicher, die Mischung aus Kaffee und Cointreau-Likör steht dieser Mischung in nichts nach. Wie so oft in der Forschung bin ich allerdings leider auf theoretische Annahmen angewiesen. Den praktischen Beweis muss ich vorerst schuldig bleiben. Denn aus dem Hämmerchen ist sehr schnell ein Hammer geworden, mit dem Yves auf meine Plastikform eingedroschen hat, um meine wie angeschweißt festsitzenden Pralinen zu lockern – ohne Erfolg. Zuvor hatte er die Form gegen die Kante der marmornen Arbeitsplatte geknallt. »Das hilft immer«, hatte er mir ermutigend zugelächelt. Ich war erstaunt darüber gewesen, welche Körperkräfte ein Chocolatier entwickeln kann. Auf die Pralinen hatte es allerdings keinen Eindruck gemacht.

»Wir finden schon eine Lösung«, keuchte Yves schließlich, nachdem alle anderen Teilnehmer der Gruppe ihre Schokostücke bereits in Zellophantütchen eingepackt und die Küche verlassen hatten. »Sie kriegen Ihre Pralinen. Spätestens übermorgen mit der Post.«

PS: Heute ist Donnerstag. Vor einer Woche waren wir bei Cailler in Broc. Ich habe aufgehört, jeden Tag aufgeregt zum Briefkasten zu laufen und nach einem Päckchen zu sehen. Schade.

PPS: Bis jetzt ist auch kein Brief aus Broc gekommen mit einer Rechnung für eine zertrümmerte Marmorplatte. Das wenigstens ist erfreulich.

# Wenn man auf Nummer sicher geht: **Ein Konto bei den Gnomen vom Paradeplatz**

Die Körpergröße konnte der frühere britische Schatzkanzler Denis Healey nicht gemeint haben haben, als er sich über die Gnome lustig machte, die angeblich das Areal des Zürcher Paradeplatzes bevölkerten. Denn Verena Schmied ist alles andere als zwergenhaft, ja, man kann sagen, dass sie mich mit ihrer hünenhaften Gestalt aus großer Höhe mustert.

Es ist eine sehr kritische Musterung, der sie mich unterzieht, und noch ist nicht ausgemacht, ob ich vor ihrem gestrengen Auge bestehen werde. Vielleicht hätte ich doch lieber meine schicke Schweizer Uhr für diesen Besuch anlegen sollen. Dann würde ich mehr Eindruck machen. »Aha, Sie wollen also ein Konto bei uns eröffnen und ein wenig Geld anlegen«, wiederholt sie meine Worte, als ob sie sich vergewissern wollte, dass sie auch richtig gehört hatte. Täusche ich mich, oder betont sie das Wörtchen »wenig«?

»Und Sie sind Deutscher?«

Bei diesem Satz machen sowohl ihre Stimme als auch ihre Augenbrauen einen Satz nach oben. Ich kann ihr nicht verdenken, dass sie sich wundert. Seit einiger Zeit haben Schweizer Banken ihre liebe Not mit deutschen Kunden, beziehungsweise mit deren heimischen Steuerbehörden. Nach allem, was man in der einschlägigen Presse so liest, fassen Schweizer Banken Teutonen deshalb eher mit spitzen Fingern an, wenn überhaupt.

»Ich werde sehen, wen ich für Sie finde«, sagt Frau Schmied und fuhrwerkt mit den Händen hinter der Sichtblende ihres Tresens herum. Sie ist sozusagen die zweite Verteidigungslinie, bevor man an das Geld und seine Verwalter herankommt. Zuerst passiert man die beiden Sicherheitsmänner, wenn man den hellgrauen Bunker betritt, in dem die UBS ihre Zürcher Zentrale untergebracht hat. Die schräg in die Fassade geschnittenen Fenster erinnern eher an Schießscharten, und der andeutungsweise real-sozialistisch gehaltene Fries mit Bauern und anderen Werktätigen über dem Eingang lässt auf eine Gewerkschaftszentrale und nicht auf einen Hort des Großkapitals schließen.

Was treibt die Frau nur so lange? Drückt sie etwa den Alarmknopf? Hält sie mich für einen potenziell gefährlichen Irren? Oder, schlimmer noch, für einen verdeckten Ermittler des nordrhein-westfälischen Finanzministeriums? Immerhin war sie beruhigt, als ich ihr bestätigen konnte, dass ich in der Schweiz lebe. Bei einem deutschen Wohnort hätte sie mich wahrscheinlich zuerst an ein Umzugsunternehmen verwiesen.

Jetzt sehe ich, dass sie lediglich eine Telefonliste hervorgezogen hat. Mit einem leichten Augenrollen greift sie zum Telefonhörer und wendet sich halb von mir ab. Ich soll wohl nicht mithören, was sie sagt.

Das also ist eine der Zentralen der berühmten Gnome von Zürich, denke ich, während ich mich in der Schalterhalle mit ihren verstaubten Bambuspflanzen und den unbequemen Designersesseln umblicke. An Zwerge erinnert hier gar nichts, es sei denn, sie würden als Einrichtungsstil Fünfzigerjahre Retro bevorzugen. Aber vielleicht beschäftigen sie die Zwerge ja an einem anderen Ort, beginne ich zu fantasieren. Unter der Erde vermutlich, wo das kleine Volk – Märchen und Sagen zufolge – ohnehin zu Hause ist. Im konkreten Fall wären dies also die von Geheimnissen umwobenen Tresorräume der Banken tief unter dem Paradeplatz. Wahrscheinlich muss man sich das vorstellen wie bei Gringgots, der von Kobolden betriebenen Magierbank aus der Harry-Potter-Serie. Gringgots gilt übrigens als der sicherste Platz der ganzen Zaubererwelt, nicht zuletzt deshalb, weil Uneingeweihte die Bank von außen gar nicht erkennen.

Ähnlich sicher wähnten sich ja auch Schweizer Banken, bevor die Voldemorts der Welt sich gegen sie verschworen. Und auch dem

Paradeplatz würde man nicht anmerken, dass hier das Herz des eidgenössischen Finanzplatzes schlägt. Auf den ersten Blick scheinen allenfalls Freunde der Zürcher Straßenbahn auf ihre Kosten zu kommen. Elf Linien schneiden, gabeln, verzweigen sich, und ihre Endstationen klingen geradezu brav und biedermeierlich: Nach Auzelg bricht man von hier auf und nach Triemli, nach Albisgütli und Rehalp.

Dennoch ist dieser Platz das eigentliche Wahrzeichen von Zürich und nicht das Großmünster drüben auf dem anderen Limmatufer. Denn am Paradeplatz liegen die neuen Kathedralen, in denen dem Geld gehuldigt wird, und es ist kein Zufall, dass hier die Bahnhofstraße vorbeiführt, wo man dieses Geld genauso schnell wie angenehm ausgeben kann. Im Fernsehen ist der Paradeplatz sowieso eine feste Einrichtung als Hintergrund für alle Berichte über Geld, Banken und Finanzen. Der Sprecher thront hoch über dem Platz, sodass ihn die Gebäude von Credit Suisse und UBS einrahmen wie eine Halskrause. Manchmal verschwindet eine Straßenbahn in seinem Ohr, um nach kurzer Zeit auf der anderen Seite wieder aus dem Kopf hervorzukriechen.

Wer will, kann auf dem Paradeplatz aber auch ebenso genüsslich wie philosophisch über Glanz und Vergänglichkeit des Mammons nachdenken oder nur ganz still den Kauf der neuen Armbanduhr feiern: bei einer Tasse Kaffee im ersten Stock des Cafés Sprüngli. Ich persönlich habe es immer für einen ironischen Wink des Schicksals gehalten, dass die von dieser Confiserie gefertigte hauseigene Spezialität der Luxemburgerli zum einen ausgerechnet den Namen eines anderen europäischen Finanzplatzes trägt und sich zum anderen wegen ihrer schnellen Verderblichkeit nur schlecht exportieren lässt. Liegt darin nicht etwa eine subtile Botschaft? Bleibe mit deinem Geld im Lande und nähre es reichlich?

Verena Schmied sucht nun schon recht lange nach einem Gesprächspartner für mich. Vielleicht hätte ich ihr nicht sagen sollen, wie viel Geld mir für eine Anlage zur Verfügung steht. Denn wenn ich mich auf die Zehenspitzen stelle, kann ich sehen, wie ihr Finger bereits auf einen Namen ziemlich weit unten auf der Liste zeigt. Ich schätze, dass die Aufstellung nicht alphabetisch, sondern hierarchisch angeordnet ist. Welche Summe, überlege ich mir, hätte ich nennen müssen, um vom Bankchef selbst empfangen zu werden?

Endlich hebt sie erleichtert den Kopf. »Kommen Sie, ich führe Sie, Frau Walser wird sich um Sie kümmern.« Sie kommt hinter ihrem Tresen hervor und stakst zügig voran. Die Sonne fällt durch das Glasdach und beleuchtet wie mit einem Scheinwerfer ein Standbild in der Mitte der Halle. Es wurde augenscheinlich aus einem einzigen Baumstamm geschnitzt und stellt einen Mann dar, der auf seinem Kopf eine auf dem Kopf stehende Frau balanciert. Der Bezug zum Bankwesen will sich auf den ersten Blick nicht einstellen.

Gerade will ich fragen, ob es sich hierbei um eine Leihgabe des Zirkus Knie handelt, da fahre ich erschrocken herum. Dicht hinter mir habe ich Schritte gehört. Doch da ist niemand. Frau Schmied hat meinen Schrecken bemerkt. Zum ersten Mal lacht sie. »Das ist nur das Echo«, beruhigt sie mich. »Ganz schön unheimlich«, bemerke ich, nachdem ich meinen Mund wieder zugeklappt habe. »Als ob einem jemand auf Schritt und Tritt folgen würde.« »Ach, finden Sie«, grinst sie. »Ich würde hier wahnsinnig gerne mal Stepp tanzen.«

Sie lässt mich in einem Besprechungszimmer zurück, das durch eine Milchglastür von der Halle abgetrennt ist. Ein Tisch, zwei Stühle, ein Kleiderständer – die Ausstattung ist minimal. Noch nicht einmal ein Computer ist irgendwo zu sehen. Gelangweilt blättere ich ein paar Broschüren durch. Ihre Titel lassen eher auf eine kalifornische Lebensberatungstherapie schließen als auf ein seriöses, schweizerisches Geldinstitut: »Dem Leben freien Lauf lassen«, verheißen sie, »Sich selbst sein«, »Sturmfrei leben«, »Das Besondere lieben« und »Die Freiheit genießen«. Ich ziehe den Schluss, dass sich die Freiheit in dem Augenblick einstellt, in dem ich mein Geld abgeliefert habe.

Aus einer Tür, die ich noch gar nicht bemerkt habe, tritt eine junge Frau. So jung ist sie, dass ich unwillkürlich den Hals verrenke, um zu erspähen, ob sie von einem Erziehungsberechtigten begleitet wird. Allem Anschein nach hat sie gerade die Schule abgeschlossen und wird nun zum Üben auf einen harmlosen Kleinkunden angesetzt. Es ist tatsächlich Frau Walser, meine Beraterin, und sie kommt allein, ausgerüstet mit einer Ledermappe von den Ausmaßen eines Frühstückstabletts, die sie kaum tragen kann. Ich werde den Verdacht nicht los, dass in Verena Schmieds Telefonverzeichnis unter dem Namen Walser nur noch die Pförtner und die Geldtransportfahrer aufgelistet sind.

»Nehmen Sie denn überhaupt Leute mit so wenig Geld wie mich?«, versuche ich mich denn auch zu vergewissern. »Sie kennen doch den alten Witz«, füge ich rasch hinzu, als ich das Flattern in ihren Augen bemerke. »Da erkundigt sich ein Deutscher flüsternd und vorsichtig über die Schulter blickend auf einer Schweizer Bank, ob er eine Million Franken anlegen kann. ›Sie können ruhig laut sprechen‹, dröhnt der Bankangestellte zurück. ›In der Schweiz ist es keine Schande, arm zu sein‹.«

Frau Walser lacht ein bisschen, dann blickt sich mich beruhigend an. »Machen Sie sich keine Gedanken«, sagt sie. »Wir nehmen alles.« Tröstlich, denke ich. Oder verzweifelt. Wenn die schon auf meine paar Kröten angewiesen sind, wie steht es da um die Bilanzen?

Mit den routinierten Bewegungen eines Zauberkünstlers, der Kaninchen aus einem Zylinder zieht, holt Frau Walser aus ihrer Aktenmappe Unmengen an Broschüren und Papieren. Nach ein paar Minuten bin ich geistig weggedriftet und in Gedanken bei den früheren Glanzzeiten Schweizer Banken. Besonders beeindruckt haben mich stets Nummernkonten. Ich kenne sie aus Filmen. James Bond oder Jason Bourne, so glaube ich mich zu erinnern, saßen auch irgendwann in einem mit edlem Mahagoni getäfelten Kontor am Paradeplatz, derweil drunten die Tram Nummer neun vorbeischepperte. Der Vertreter der Bank war selbstverständlich ein Mann in Anzug und Krawatte. Vom Alter her könnte er Frau Walsers Großvater gewesen sein. Obwohl vor ihm Sean Connery oder Matt Damon saßen, tat er so, als ob er sie nicht kennen würde, und fragte nur nach einer unglaublich langen Zahlenkombination, die den Zugang zum Nummernkonto öffnete.

»Nummernkonten, die haben Sie wahrscheinlich nicht mehr«, unterbreche ich die Ausführungen meines Gegenübers. Frau Walser errötet leicht. »Doch, doch, wir bieten sie nur nicht mehr aktiv an.« Fragend sieht sie mich an, und ich glaube an ihrer Miene ablesen zu können, was sie denkt. Sollte sich die Kollegin Schmied an der Pforte getäuscht haben? Sollte vor ihr, allen Äußerlichkeiten zum Trotz, in Wirklichkeit ein veritabler Premium-Kunde sitzen, der jeden Augenblick ein paar Millionen Franken bar aus seiner Umhängetasche auf den Tisch schütten würde? »Nummernkonten sind aber recht teuer«, sucht sie mich zu entmutigen. »Da fallen 600 bis 700 Franken Kontoführungsgebühren an, monatlich.«

Ich nicke. »Da müsste ich wahrscheinlich auch ein bisschen mehr Geld mitbringen.« Zustimmend schlägt Frau Walser die Augen nieder. »Und ich säße nicht hier unten mit Ihnen in diesem schlichten Besprechungszimmer, sondern in einer der oberen Etagen mit einem höheren Herrn«, grinse ich. Sie schluckt. Man sieht, dass ihr das Thema peinlich ist. »Aber Sie wollen sicher lieber einen Fonds oder ein Wertpapierdepot und kein Nummernkonto«, hakt sie nach. Ich erlöse sie: »Zeigen Sie mir doch noch einmal ganz langsam, was Sie haben«, erwidere ich.

Nach nur einer knappen halben Stunde sind alle Papiere ausgefüllt und unterschrieben. Die Scheckkarte ist bestellt, eine Kontonummer besitze ich – allerdings gilt sie nur in Verbindung mit meinem Vor- und Nachnamen. Lässig winke ich beim Hinausgehen zu Verena Schmied hinüber, gönnerhaft nicke ich den beiden Sicherheitsleuten zu. Wir sind ja jetzt so etwas wie eine Familie.

Ich trete hinaus auf den Paradeplatz und atme tief durch. Wie Champagner duftet die Luft zwar nicht, aber irgendwie belebend fühlt sie sich schon an. Ich habe nicht das erste Konto meines Lebens eröffnet, aber das ist mein erstes Schweizer Konto. So ähnlich habe ich mich nur gefühlt, als ich zum ersten Mal Zutritt zu einem Londoner Herrenclub erhielt und als man mir meinen amerikanischen Führerschein aushändigte. Es gibt eben Dinge, die zählen nur dann richtig, wenn man sie in deren Heimat erreicht: Auto fahren und Amerika, Clublife und England. Und eben Schweiz und Banken.

Die Welt ist schön, die Welt ist gut zu mir. Es liegt zwar noch kein Geld auf meinem neuen Konto, aber dennoch glaube ich, dass mir die Welt offen steht. Ich könnte überall hin – zum Klusplatz, nach Tiefenbrunnen oder gar zum Zoo. Wenn erst einmal die Scheckkarte da ist, dann kann ich sie auch in den Geschäften in der Bahnhofstraße aufblitzen lassen – meine Schweizer Karte. Man kann doch mit Karte bezahlen beim Brezelkönig?

## Macher, Mythen, Milchwirtschaft: **Ein Tag im Berner Bundeshaus**

Ich weiß, warum der Tell in seiner Ecke so unglücklich dreinschaut. Er sitzt genauso unbequem wie ich. Offenbar wollte ihn der Bildhauer ganz entspannt auf einen Felsen setzen. Doch er scheint abzugleiten, hinabzurutschen von seinem Podest, und es wirkt, als ob er jeden Augenblick mit einem Poltern hinter dem Vizepräsidenten des Nationalrates auf dem Allerwertesten landen könnte.

Mein Sitz ist zwar aus Holz und nicht aus Stein, aber dauerhaft möchte man sich hier nicht niederlassen. Wann habe ich das letzte Mal auf einem Stuhl gesessen, in dessen Sitzfläche ein Lochmuster gestanzt worden ist und dessen Rückenlehne im 90-Grad-Winkel aufragt? Aber immerhin habe ich einen guten Blick auf die Statue des helvetischen Gründungshelden schräg gegenüber und auf das Geschehen unter mir. Die Besuchertribüne des Bundeshauses in Bern liegt gleich unter dem Glasdach und bietet den totalen Überblick.

In einem Opernhaus wären hier die billigsten Plätze, wo die begeisterungsfähigsten Musikfreunde sitzen. Wie ein Bühnenbild für eine Aufführung von »Wilhelm Tell« (egal, ob Schauspiel oder Oper) stellt sich auch die Stirnwand des Plenums dar: Hier prangt eine Cinemascope-Darstellung der allerheiligsten Stätte schweizerischen Selbstverständnisses – des Urner Sees mit der legendären Rütliwiese und den beiden Mythen-Gipfeln im Hintergrund. Der besondere Pfiff ist eine splitternackte Schönheit mit Olivenzweig, die wie in einem Vexierbild in einem Wolkenstreif versteckt ist. Man muss schon sehr genau hinsehen, um sie zu erkennen.

Der Maler hat sich einen ungewöhnlichen Standpunkt für das Gemälde ausgesucht. So müssen Basejumper die Szenerie sehen oder Gleitschirmflieger, bevor sie sich vom Felsvorsprung abstoßen und in die Tiefe stürzen. Doch diese Vergnügungen gab es vor mehr als 100 Jahren nicht, als Charles Giron das Bild malte. Und wenn er nicht gemogelt hat, dann hielten sich auch Zersiedelung und zügellose Bebauung damals in Grenzen. Auf seiner »Wiege der Eidgenossenschaft« sind als bebaute Orte nur Brunnen und Schwyz zu erkennen.

Die kleine Schweiz hat sich eine außergewöhnlich ausladende Bühne für ihre politischen Debatten und Entscheidungen gebaut. Bern war schon immer eine reiche, mächtige und selbstbewusste Stadt, und dies zeigt sich in ihrer stolzen Architektur. Aber das Bundesrathaus, wie das Parlamentsgebäude bei der Eröffnung niedlich genannt wurde, dominiert von seinem Adlerhorst hoch über der Aare die gesamte Skyline. Zudem spiegelt es das perfekte touristische Schweizer Pauschalpaket wider. Welches andere Parlament hat schon Hotel, Seilbahn und Gebirgsblick inklusive?

Eigentlich grenzt es an ein Wunder, dass das Bundeshaus so beeindruckend geraten ist. Denn in der Ausschreibung von 1850 ermahnten die sparsamen Auftraggeber die Architekten, auf »unnütze Pracht und übertriebene Dimensionen« zu verzichten. Wichtiger war, was nicht sofort ins Auge stach: die Zentralheizung von Sulzer etwa oder die für ihre Zeit hochmoderne Gasbeleuchtung.

Mit seiner Kuppel, die allerdings erst später nach heftigen Debatten hinzugefügt wurde, sprengte das Bundeshaus freilich die bescheidenen Dimensionen. Seitdem erinnert es nicht zufällig an das Kapitol in Washington. Denn die 1848 als moderner Bundesstaat runderneuerte Eidgenossenschaft kupferte nicht nur die Verfassung der Vereinigten Staaten ab, sondern nahm freiherzig auch architektonische Anleihen. Auf der ganzen Welt wurden damals nur zwei Staaten nicht von Monarchen beherrscht: die junge Schweiz und die nur wenig älteren USA.

Die Schweizer Politiker waren so sehr von ihrer »Schwesterrepublik« besessen, dass sie nach dem Sieg der Nord- über die Südstaaten 1865 ein Wandbild mit bekannten US-Persönlichkeiten für den Plenarsaal in Auftrag geben wollte. Dazu kam es dann zum Glück nicht. Stattdessen badeten die Innenausstatter gleichsam in von Sinnbildlichkeit triefender Symbolik: Da thront Helvetia auf dem Dach, flankiert von den Gestalten Exekutive und Legislative mit Federkiel und Richtmaß. Im Vestibül hocken zwei Geschichtsschreiber als Sinnbilder von Vergangenheit und Zukunft, dazu Landsknechte, welche die vier Sprachen des Landes darstellen, ein Hirte für die Berge, ein Fischer für die Seen, Bären für die Gastgeberstadt Bern und sechs Figuren für typische Schweizer Berufe. Ein Banker befindet sich allerdings nicht darunter.

Theatralisch sind im Schweizer Parlament eher die Kulissen – und seltener die Darsteller. Nicht, dass es unter schweizerischen Parlamentariern keine selbstverliebten Egomanen gäbe, die sich gerne reden hören, derweil andere ihnen still lauschen müssen. Aber anders als in den Parlamenten anderer Länder schwingt deutlich mit, dass die Volksvertreter in der Eidgenossenschaft nur die zweite Geige spielen. Sie treffen, wie es die Verfassung formuliert, ihre Entscheidungen »unter Vorbehalt der Rechte« von Volk und Kantonen. Keiner ihrer Entschlüsse ist endgültig gefasst, solange nicht der wahre Souverän zugestimmt oder auf sein Mitspracherecht verzichtet hat.

In der heutigen Parlamentssitzung geht es um die Landwirtschaft, was in der Schweiz stets in erster Linie die Milchwirtschaft ist und nicht der Anbau von Kartoffeln oder Wein. Sie ist eines der beiden Themen, welche die Volksvertretung ständig zu debattieren scheint. Der andere Dauerbrenner sind die Finanzwirtschaft und die Banken. Irgendwo muss es im Kern einen Zusammenhang zwischen Molke und Konten geben. Wer ihn durchschaut, hat vermutlich die DNA der Schweiz geknackt.

Davon bin ich weit entfernt. Zunächst einmal habe ich genug damit zu tun, mich zurechtzufinden. Denn dieses Parlament unterscheidet sich von anderen Volksvertretungen. Zunächst einmal enthält der Saal unglaublich viel Holz: die Wandpaneele, die Sitze, die altmodischen Pulte. Manche würden beim politischen Gegner wohl auch die Köpfe dazuzählen.

Die Damen und Herren Abgeordneten sitzen im üblichen Halbrund, und ich identifiziere den einen oder anderen Politstar. Sie sitzen jedoch nicht ganz vorne, sondern in der hintersten Bank. Fraktions- und Parteichef als Hinterbänkler? Da steckt schweizerischer Pragmatismus dahinter: Von hier aus hat man seine Fraktion im Blick, von hier aus kann man aber auch schnell und ungesehen aus dem Saal schlüpfen.

Ich vermisse eine Regierungsbank. An der Stirnseite sind alle möglichen Sitzbänke aufgebaut, von denen als Einzige das erhöhte Podium des Nationalratspräsidenten eindeutig zu bestimmen ist. In einer Art von Proszeniumsloge hat man links und rechts die Medien untergebracht, also vergleichbar mit der Loge, in der in der Muppet-Show die beiden stänkernden Greise saßen. Falls das Absicht war – Hut ab. War es Zufall, dann kann man es nur als glückliche Fügung bezeichnen.

Zwei Mitglieder der Regierung erkenne ich, einer der Minister wandert hin und her und lässt sich auf verschiedenen Plätzen nieder. Mein Nachbar erklärt mir, dass diejenige Sesselreihe mit den sechs Sitzplätzen eigentlich für die Bundesräte vorgesehen sei. Häufig würden ihre Plätze aber von Ministerialbeamten eingenommen. Sechs Sitze, vergewissere ich mich. Aber es sind doch sieben Minister? Mein Nachbar nickt und zuckt mit den Achseln.

Feste Plätze an der Stirnseite haben vier uniformierte Sicherheitsbeamte. In der Schweiz tragen sie den schönen altmodischen Namen Weibel, aber die dazu passende Uniform mit Radmantel und Zweispitz tragen sie leider nur zu zeremoniellen Anlässen. Was sie im Moment genau tun, ist nicht ganz klar. Sicherlich führen sie kein Protokoll. Genau genommen tut dies offenkundig niemand. Wieder hilft mein Nachbar: Die Schriftführer sind schon seit Jahren in einem Anbau des Parlamentsgebäudes untergebracht, wo sie die Debatten elektronisch verfolgen.

Sonst ist wenig Technik zu erkennen, abgesehen von den Laptops auf den Pulten der Abgeordneten. An der Stirnseite des Saales sind zwei Monitore in das hellbraune Holz eingepasst worden. Hier werden die Abstimmungsergebnisse angezeigt. Ehrlich gesagt: Ich kenne Leute, die haben größere Fernsehapparate zu Hause an der Wohnzimmerwand hängen.

Wenn man aus einem Land mit nur einer Amtssprache kommt, dann findet man es schon beeindruckend, wie in diesem Parlament nahtlos von Deutsch zu Französisch zu Italienisch und wieder zurück gewechselt wird. Noch mehr beeindruckt mich freilich, dass alle Volksvertreter fließend mehrsprachig sein müssen. Denn niemand greift zu den Ohrenstöpseln, um die Dienste der Übersetzer in Anspruch zu nehmen, die sich oben in ihrer Glaskabine offensichtlich für nichts und wieder nichts abmühen.

Je länger ich der Debatte folge, desto mehr verringert sich indes meine Hochachtung. Offensichtlich hört hier niemand zu, egal, in welcher Sprache gerade geredet wird. Der Saal ist zwar voll und immer steht jemand vorne am Pult, aber für die Menge der Abgeordneten scheint das so zu sein, als ob ein Radio mitläuft, derweil man mit Freunden schwatzt, einen Kaffee bestellt oder im Internet surft. Jeder sagt sein Sprüchlein auf und tritt brav wieder ab. Es gibt keinen Applaus, keine Buhs, keine Zwischenrufe.

In der »Neuen Zürcher Zeitung« beklagte sich übrigens schon 1853 ein Parlamentarier über die »schleppenden und langweiligen« Debatten und über die langatmigen Reden. Heute gibt es zwar Redezeitbeschränkungen, aber ein Cicero oder ein Demosthenes oder auch nur ein Gregor Gysi ist dem Schweizer Parlamentarismus bis heute nicht erwachsen.

Allerdings würde man dies in der Eidgenossenschaft auch weniger erwarten. Anders als etwa den Bundestag – übrigens bis auf wenige Ausnahmen auch keine Hochburg der Redekunst – bevölkern den Schweizer Nationalrat keine Berufspolitiker, sondern biedere Bürgerinnen und Bürger. Das ganze Jahr über gehen sie ihrem Beruf nach, nur viermal – im Frühling, Sommer, Herbst und Winter – reisen sie für jeweils drei Wochen nach Bern, wo sie an zwei bis fünf Sitzungstagen pro Woche Gesetze beratschlagen und verabschieden. Das Ganze nennt sich Milizsystem, nicht weil es so martialisch wäre, sondern weil es an eine Truppe von Freiwilligen erinnert, die nur im Kriegsfall zu den Waffen greift.

Das ist sehr sympathisch und klingt in der Theorie auch ganz gut. Tatsächlich ergreifen unter mir echte Bauern, Unternehmer oder Angestellte das Wort und nicht Partei-Apparatschiks, Beamte oder die üblichen Juristen. Und so hört man Sätze, wie sie in anderen Parlamenten kaum mehr gesagt werden: »Ich als Bank-Angestellter«, »Sie und Ihr Gemüsebetrieb« oder: »Ich sage Ihnen als Bäuerin«.

Die Realität droht dieser Romantik vom Bürger-Politiker allerdings den Garaus zu machen. Politische Sachverhalte und Zusammenhänge sind auch in der Schweiz so komplex und kompliziert geworden, dass irgendetwas unter der Doppelbelastung leidet: Der Hauptjob, die Politik oder gleich das menschliche Wesen in der Mitte, das versucht, einen zunehmend unmöglichen Spagat durchzuhalten: »Zero Privatleben, wenig Schlaf, keine Hobbys, kein Sport«, wie es ein Abgeordneter auf den Punkt brachte.

Dennoch scheint der Nationalrat in Bern ein wenig von seiner Unschuld bewahrt zu haben – obwohl natürlich auch dort machiavellistisch unsauber intrigiert und politisch gemeuchelt wird. Die Meinung des Schweizer Wählers über seine Abgeordneten ist denn auch weit von deren eigenem Selbstverständnis entfernt. Aber der Schweizer Nationalrat kann für sich in Anspruch nehmen, das einzige Parlament der Welt zu sein, das als Synonym für Fröhlichkeit gilt – zumindest auf YouTube. Gibt man die Stichwörter »Schweiz« und »Parlament« ein, ergänzt Autocomplete mit dem Wort »lachen«. Das erste Video zeigt, wie der Poltiker Hans-Rudolf Merz durch ein Minenfeld aus bürokratischem Text und Lachanfall stolpert, wobei beim Wort »Bündnerfleisch« die ungebremste Heiterkeit obsiegt.

Bescheidener ist dieses Parlament, überlege ich, als ich mich durch die engen Sitzreihen zum Ausgang quäle. Bescheidener und näher an den Bürgern, die es repräsentiert. Auch wärmer und menschlicher, ja sogar liebenswerter kommt es mir vor. Wie zur Bestätigung höre ich den Redner, der soeben einen feurigen Appell an seine Mit-Parlamentarier richtet – ohne Widerhall zu ernten, versteht sich. Er wendet sich nicht pathetisch an »das Hohe Haus«, nicht anbiedernd an die »werten Kolleginnen und Kollegen«. Er sagt ganz einfach: »Liebes Parlament«.

# Jodelnde Cowboys in gelben Lederhosen:
## Alpabfahrt im Appenzell

Schweizer verstehen von vielem etwas, darunter auch von Ferien. Sie fahren gern und ausgiebig in Urlaub. Im Gegensatz zu anderen Völkern wissen sie freilich auch, dass zu viel von einer guten Sache unversehens ins Schlechte umschlagen kann. Nicht von ungefähr haben sie deshalb mit großer Mehrheit bei einer Volksabstimmung einen Vorschlag abgelehnt, der ihnen sechs Wochen Urlaub im Jahr eingeräumt hätte.

Karin und ihre Freundinnen sind ebenfalls Schweizerinnen. Sie waren sogar vier Monate lang in der Sommerfrische, und ihre Freude darüber, dass es nun wieder nach Hause geht, kennt schier keine Grenzen. Vor allem Karin kann sich nicht halten. Trotz ihres ziemlich substanziellen Körpergewichtes führt sie richtiggehende Bocksprünge auf. Wenn sie jauchzen könnte, dann würde sie es sicher tun. Das kann sie aber nicht, denn Karin ist eine Kuh.

Seit Mitte Mai hat sie zusammen mit 36 Artgenossinnen den Sommer knapp unterhalb der Hochalp im Schatten des Säntis im Appenzell verbracht. Nun wird es Zeit zusammenzupacken. Bauer Roland Ehrbar und sein Vater Paul fegen den Mist im Stall zusammen und rücken die Milchkannen zurecht. Dann treiben sie die Kälber in einen Transporter und die Kühe auf die Weide. Zuvor haben sie die Tiere mit einem Schlauch sauber gespritzt. Sie sollen ja gut aussehen, wenn sie am Ende des langen Marsches durch die Straßen von Urnäsch ziehen. Die Einheimischen unter den Schaulustigen im Dorf sehen genau hin und stellen unüberhörbar Vergleiche an, welcher Bauer die schöneren Tiere hat. Da wird so manche

Vorentscheidung getroffen für die Viehschauen, die dann bald in den Dörfern von Appenzell Ausserrhoden stattfinden werden.

Überall im Alpenraum verbringen die Kühe die Sommermonate hoch oben in den Bergen. Das hält sie fit und gesund, und Spaß macht es ihnen auch – jedenfalls so lange, bis die Nächte anfangen kalt zuzubeißen und sie sich nach der Wärme des heimischen Stalles unten im Tal zu sehnen beginnen. Dort bekommen sie ihr Futter zudem serviert, derweil sie es sich auf der Alm selbst zusammensuchen müssen. »Ja, was sind wir denn«, übersetzt Paul Ehrbar die Gedanken der zur Bequemlichkeit neigenden Rinder. »Wilde Tiere?« Irgendwann muss Schluss sein mit der Selbstverpflegung.

Nicht nur die Nächte, auch die Morgen sind bereits ziemlich kalt. Zwischen den grünen Hügeln mit den stattlichen Bauernhöfen haben sich noch dicke Nebelschwaden eingenistet. Die Sonne müht sich vergeblich hinter einer grauen Wolkendecke ab. Wir mussten früh aufstehen, denn es ist ein ziemlich langer Weg hinunter ins Tal. Gut drei Stunden veranschlagt Roland Ehrbar für den Marsch, wenn alles glattgeht und nichts dazwischenkommt. Und dies, obwohl so eine Kuh ein flottes Tempo vorlegen kann, wie er versichert.

Mich fröstelt. Seit die Kühe den Stall verlassen haben, hat sich die Wärme im Raum rasch verflüchtigt. Aus der Stalltür waren die Tiere mit einem Selbstbewusstsein getreten, das an den Bühnenauftritt einer umjubelten Operndiva erinnerte – hoch aufgerichtet, mit einem herrischen Blick, als ob sie ein ihnen zu Füßen liegendes Publikum mustern wollten. Doch seitdem sie sich auf der Weide herumtreiben, sind sie wie ausgewechselt. Sie sind aufgekratzt, als ob sie eine Mischung aus Rodeo und Stierkampf spielen wollten. Deshalb bleibe ich lieber hinter dem dünnen Draht, den sie als Grenze respektieren, obwohl er gar nicht elektrisch geladen ist.

Alpauffahrt und Alpabfahrt, wie Almauf- und -abtrieb hier genannt werden, gehören zu den Höhepunkten des Appenzeller Kalenders, der ohnehin nicht arm ist an markanten Daten. Die beiden Klein-Kantone Inner- und Ausserrhoden decken dabei jede Jahreszeit ab – vom Silvesterchlausen über die sommerlichen »Stobeden«, die traditionellen Feste mit Jodel, Tanz und Musik, bis zum Räuchle am Heiligabend. Für zwischendurch gibt es für zahlende Gäste Erlebnisbauernhöfe mit allerlei Getier zum Anfassen sowie Käsereien mit reichlich Degustiermöglichkeiten.

Weil die Appenzeller bei festlichen Gelegenheiten gerne ihre unverwechselbare Tracht tragen, hat sich ihre Heimat als Inbegriff einer kleinen Schweiz im Bewusstsein etabliert. Dies dürfte wohl auch der Grund sein, weshalb sie so häufig für die Werbewirtschaft fotografiert werden. Das Plakat dreier griesgrämig dreinblickender Appenzeller Käseproduzenten beispielsweise verfolgt den Betrachter schon seit gefühlten Jahrzehnten in allen Teilen der Eidgenossenschaft.

Wer so oft vor ein Kamera-Objektiv gebeten wird, entwickelt früher oder später ein fotogenes Talent, ein Umstand, von dem auch ein Berufsfotograf profitiert, der ebenfalls auf die Alm gekommen ist. Für einen Bildband über Schweizer Brauchtum will er einen Senn mitsamt Kuh vor dem Hintergrund der lieblichen Appenzeller Landschaft ablichten. Sehr schnell wird mir klar, weshalb Appenzeller als Motiv so beliebt sind: Die Farben sind es. Sattes Grün, blauer Himmel, braune Kuh. Davor die Tracht mit schwarzem Hut, roter Joppe und gelber Kniebundhose. Ein wenig sieht das aus, als ob jemand eine deutsche Flagge in die Berge gerammt hätte. Doch obwohl die Farbtöne sich eigentlich beißen müssten, harmonisieren sie – vermutlich auf eine typisch appenzellerische Weise.

Der Fotograf und sein Team haben die Wiese neben Stall und Alphütte in ein Fotostudio verwandelt. Lichtreflektoren werden zwischen Kuhfladen gepflanzt, Blitzlicht erhellt den Morgenhimmel. Anfangs denke ich, dass der Mann in Sennentracht von einer Agentur angeworben, kostümiert und herauf auf die Alm geschleppt wurde. Das muss ein Model sein. Ein Bauer kann einfach nicht so selbstsicher vor der Kamera agieren.

Doch es handelt sich um einen echten Landwirt, und seine Routine beim Fotoshooting wird nur noch von jener der Kuh übertroffen, die neben ihm steht und ebenso willig und professionell den Anweisungen des Fotografen folgt. Aus der Entfernung beobachten die anderen Kühe die Szene. In ihren Augen glaube ich ablesen zu können, wie sie ihrer Kollegin Haltungsnoten verleihen: nicht schlecht, aber der Wimpernaufschlag hätte überzeugender sein können. Ein »hochkomplexes Wesen«, hat der Schweizer Experte Martin Ott die Kuh einmal genannt: »engagierte Mutter, Milchfabrik, ein kommunikatives Wesen.« Das bisschen Modelling kommt da von ganz allein.

Die Selbstsicherheit der Appenzeller vor der Kamera hat sich bis zum Fernsehen herumgesprochen. Der Staatssender SF ist am heutigen Tag denn auch mit einem Großaufgebot an Journalisten und viel Technik in Urnäsch eingefallen, wie man es sonst nur von wichtigen Sportübertragungen kennt. So einen Aufwand gab es zuletzt bei einer Hornussen-Meisterschaft.

Bei der Fahrt auf die Alm hatte ich beobachten können, wie im Dorfzentrum eine Bühne für Live-Interviews aufgebaut wurde. Auf den Bergpfaden waren an strategischen Punkten Übertragungswagen in Stellung gegangen. Kameraleute hatten die besten Aufnahmewinkel gesucht, Techniker meterlang Stromkabel durchs Unterholz gezogen.

Sie werden sich freilich noch ein wenig gedulden müssen, denn hier oben auf der Alm sind die Vorbereitungen noch nicht abgeschlossen. Zwei Autos haben inzwischen drei zusätzliche Senner heraufgebracht, dazu die Ziegen, die vor dem Zug hergehen werden. Sie sollen von zwei kleinen Buben angeführt werden, die ebenfalls in gelben Hosen stecken.

In der Sennhütte hat Rolands Frau Anita mittlerweile den kleinen Holzofen angefeuert. Die Hütte ist eine Mischung aus Hightech und Heidi-Realität: Sonnenkollektoren auf dem Dach sorgen für Strom, doch geheizt wird mit Holz, und die Toilette besteht aus einem Loch in einem Brett. »Im Winter«, schüttelt Roland den Kopf, »gibt es doch tatsächlich Leute aus der Stadt, die die Hütte mieten.«

Archaisch ist das Gericht, das Anita zur Stärkung der Truppe zubereitet. In einem Metallkessel schmilzt sie Butter, fügt Milch und Mehl hinzu und rührt geduldig um. Vor allem die Kinder hocken erwartungsvoll am Tisch, den Löffel in der Rechten, den Zuckerstreuer fest im Blick, denn gesüßt schmeckt es besser. Das Rezept mag schlicht sein, aber Fenz – wie der Milchbrei heißt – ist eine wahre Energiebombe. Deshalb wird er traditionell vor Beginn der Alpabfahrt gegessen. Auch ich sollte wohl besser tüchtig zulangen. Aber so anstrengend wird es wohl nicht werden. Der Weg mag sich zwar ziehen, aber es geht doch immer nur bergab.

Inzwischen haben auch Vater und Sohn Ehrbar ihre Festtagstracht angelegt, leider ohne gelbe Hosen. Nun stellen sie sich zusammen mit den Sennen vor der Hütte im Kreis auf. Zwei Männer halten die schweren Schellen, die gleich den Leitkühen um den Hals gelegt werden, und beginnen, sie leicht hin- und herzuschwingen. Dann stimmen die fünf Männer einen merkwürdig klagenden, melancholischen Gesang an. Ein Lied ohne Worte ist es, nur Silben – traurig und wehmütig, als wollten sie endgültig dem Sommer Adieu sagen, der nun unübersehbar den kalten, grauen Herbst- und Wintermonaten weicht. »Zäuerli« heißt diese Form des Natur-Jodlers, der nur im Appenzell gesungen wird. Er ist so schlicht und erhaben wie ein gregorianischer Gesang, und er rührt ganz stark ans Herz. Die Appenzeller Alpabfahrt mag mittlerweile Touristen aus halb Europa und Asien sowie das Fernsehen anlocken. Aber den Zäuerli oben auf der Alm singen die Bauern nicht für zahlende Gäste, sondern nur für sich und vielleicht noch für den lieben Gott.

Jetzt endlich kann der Zug aufbrechen, und wenn er auch mangels Masse nicht so viel Staub aufwirbelt wie einer jener vieltausendköpfigen Rinder-Trecks, welche Cowboys im Wilden Westen von Texas nach Kansas trieben, so kann er sich doch sehen lassen: an der Spitze die beiden Buben in ihrer Tracht, dahinter die kleine Ziegenherde und Rolands vierjährige Tochter mit akkurat geflochtenen blonden Zöpfen. Dann kommen die Sennen, gefolgt von den Leitkühen mit den schweren Glocken, danach die ganze Herde. Den Abschluss machen traditionell der Bauer und ein Leiterwagen, auf dem die Gerätschaften, mit denen der Senner früher die Milch in Butter und Käse verwandelt hat, ins Tal gebracht werden: ein geschnitztes Butterfass, ein paar Milchkübel und ein Kupferkessel.

Ich kriege freilich nicht viel mit von dieser imposanten Anordnung. Weil ich genügend Filme gesehen habe, in denen John Wayne und andere Western-Schauspieler Rinderherden durch Wüsten und Prärien getrieben haben, bin ich mit panisch davonstiebenden Tieren vertraut. Roland Ehrbars Herde mag mit 37 Tieren zwar überschaubar sein, aber deren Temperament beim Aufbruch von der Alm hat mir zu denken gegeben. Deshalb ziehe ich es vor, hinter den Tieren herzulaufen.

Aus der unmittelbaren Gefahrenzone bin ich damit heraus. Stattdessen wird mein Blickfeld nun von drei, vier wippenden Rinderärschen ausgefüllt. Kühe strahlen insgesamt viel Ruhe aus, und das gilt grundsätzlich auch für ihre Hinterteile. Über kurze Zeit hat ihre Betrachtung beinahe etwas Meditatives. Dass ich gleichwohl nicht in Trance verfalle, liegt unter anderem daran, dass die Tiere auf Schritt und Tritt etwas fallen lassen, dem im letzten Augenblick auszuweichen nicht immer ganz leicht ist.

Außerdem kann ich die Befürchtungen von Klimaforschern bestätigen, die der Kuh gleich nach dem Menschen die Hauptschuld an der Erderwärmung zuschreiben. Bei den friedlichen Wiederkäuern ist es ihr Methan-Ausstoß. Verständlicher ausgedrückt: Sie furzen – oft und laut. Roland Ehrbars Kühe dürften auf der Route von der Alm nach Urnäsch das Appenzeller Mikroklima spielend um ein halbes Grad erwärmt haben.

Daher bin ich nicht beleidigt, als mich Roland bittet, hinter den Leiterwagen ans Ende des Zuges zurückzufallen. Er hat weiter unten den ersten Übertragungswagen des Schweizer Fernsehens erspäht. »Du musst schon verstehen«, erklärt er mir und deutet mit dem Daumen hinunter, »aber du siehst nicht wirklich wie ein authentischer Appenzeller Bauer aus.«

Wo er recht hat, hat er recht, und nicht nur, was meine Kleidung betrifft. Roland Ehrbar pflegt das Brauchtum, weil es zu seinem Leben und zu seinem Jahresrhythmus gehört. Aber er vergisst dabei nicht, dass er auch eine Art von Verpflichtung gegenüber der schweizerischen Volkswirtschaft und der Fremdenverkehrsindustrie hat. Bilder der Appenzeller Alpabfahrt sind weltweit Werbeträger und locken zahlende Gäste an. Ein Typ mit Jeans, Windjacke und Notizblock würde diesen Eindruck trüben.

Ich bekomme auch keine Wegzehrung zugesteckt, die nun immer häufiger den Bauern und Sennen angeboten wird. Bier, Rotwein, Sekt werden von den Dorfbewohnern am Wegrand zur Stärkung bereitgehalten. Dazu Basler Läckerli, ein trockener Keks, der vor allem in diesen Breiten mit Vorsicht zu genießen ist. Der Legende nach erstickte ein gewisser Gidio Hosestoss an dem Gebäck, und dieser Tatsache gedenken die Appenzeller jedes Jahr, indem sie eine Strohpuppe des Unglücklichen verbrennen.

Eigentlich finde ich es ja unnötig, dass die Bauern aufgepäppelt werden müssen. Roland und seine Sennen sind kräftige Männer, und so lange waren wir auch nicht unterwegs. Aber vielleicht brauchen sie den kleinen Alkoholschub für den Endspurt, das große Schaulaufen durch das Dorf.

Hier falle ich mit meinen Klamotten nicht mehr auf unter all den Fremden, die ihre Camcorder, Handys und Fotoapparate der Herde und ihren Hirten entgegenrecken. Es klackt, summt, surrt und blitzt. So müssen sich Hollywood-Stars fühlen, wenn sie bei der Oscar-Verleihung im Sturm der Blitzlichter über den roten Teppich ins Dolby Theatre schreiten.

Mich macht so viel Aufmerksamkeit verlegen, und ich verdrücke mich an den Straßenrand. Hier kann ich meine müden Beine ausruhen und verfolgen, wie die nächste Herde in die Hauptstraße einbiegt. Auch hier braucht das Leittier einen Vergleich mit einer Film-Diva nicht zu scheuen. Als sie auf meiner Höhe ist, verlangsamt die Kuh ganz bewusst ihren Schritt und blickt abwechselnd nach links und nach rechts, damit jeder die Chance auf einen Schnappschuss bekommt. Als Appenzeller Kuh weiß sie, was sich gehört: The show must go on.

# The perfect match: **Wilhelm Tell und seine blonde Tochter Heidi**

So einen Wirbel hat der Marktplatz von Maienfeld wahrscheinlich schon lange nicht mehr erlebt. Und mittendrin Chico. Er ist mein Hund, und normalerweise steht er gerne im Mittelpunkt der Aufmerksamkeit. Aber dies hier scheint auch ihm unheimlich zu sein. Eine ganze Busladung japanischer Touristen hat sich aufgeregt tuschelnd und gestikulierend um ihn geschart. Immer näher wagen sie sich an ihn heran, vereinzelt berührt ihn eine Hand am Fell, und überall werden Handys und Fotoapparate in Anschlag gebracht. Jetzt kann ich auch das Wort verstehen, das sie einander verzückt zuraunen: »Heidi-Dog, Heidi-Dog«.

Nun kommt in »Heidis Lehr- und Wanderjahre« weit und breit kein Hund vor. Noch nicht einmal Kühe spielen eine Rolle, was umso erstaunlicher ist, als eine der beiden männlichen Hauptpersonen auf einer Alm lebt und daher eigentlich von Berufs wegen mit Kühen, Milch und der Herstellung von Käse befasst sein müsste.

Ich kann mir das Interesse der Asiaten an Chico nur so erklären, dass wir uns a) in einer Region mit dem gesetzlich geschützten Namen Heidiland befinden und er b) weitläufige Ähnlichkeit mit einem Berner Sennenhund aufweist. Außerdem trägt er heute sein rotes Halsband mit den Schweizer Kreuzen. Phänotypisch ist er also Schweizer und somit im Moment das einzige Lebewesen weit und breit, das in den Augen der Japaner dem Heidi-Ideal nahekommt.

Zwar biegt gerade ein Mädchen um die Ecke, das im passenden Heidi-Alter wäre. Aber es hat pechschwarze Haare, trägt Jeans und T-Shirt, und seine Mutter hat ihre Haare unter einem Kopftuch versteckt. Und der weißhaarige Alte mit dem Dreitagebart, der im Garten des Gasthofes an einem Bier nippt, taugt auch nicht zum Öhi. Dagegen spricht schon das lila Hemd mit der Aufschrift »Arkansas Football«.

Da kommt der Heidi-Dog wie gerufen. Vielleicht, so denke ich, könnte man Chico ja zeitweise an den Fremdenverkehrsverein von Maienfeld vermieten. Das Sarganserland lässt sich die Nutzungsrechte an dem Namen Heidiland ohnehin schon 10 000 Franken im Jahr kosten (und zwar für die nächsten 20 Jahre oder so), da könnte doch ein wenig für Chico und sein Herrchen abfallen.

Heidi ist wahrscheinlich die berühmteste Schweizerin aller Zeiten, die Schutzpatronin Helvetia eingeschlossen. Das Problem liegt nur darin, dass sie nie gelebt hat. Dieses Schicksal teilt sie mit dem berühmtesten männlichen Schweizer aller Zeiten (sorry, Mister Federer): Wilhelm Tell. Schon bemerkenswert, dass ein derart fest auf dem Boden der Realität verwurzeltes Volk seine Identität maßgeblich aus zwei fiktiven Figuren gewinnt.

Wie um den Mangel an greifbarer Wirklichkeit auszugleichen, kann man diesen Ausgeburten der Fantasie wenigstens an sehr konkreten Orten nachspüren: im schmucken Heidiland zwischen Bad Ragaz und Liechtenstein und in der mythischen Zentralschweiz, wo Rütliwiese, hohle Gasse, Altdorf und der Vierwaldstättersee von großen, heldenhaften Taten künden.

Meine Spurensuche hat mich und meinen zur Celebrity gewandelten Hund zuerst in Heidis Heimat geführt, die übrigens so eine Art von eingetragenem Warenzeichen ist. Die Urheberrechte am Wort »Heidiland« besitzt erstaunlicherweise der Schickeria-Ort St. Moritz. Als dort das Kinderbuch fürs Fernsehen verfilmt wurde, reklamierten clevere Marketingmanager den Namen vorsorglich gleich für ihre Region. Bald freilich erkannten sie, dass sie wohl zu clever gewesen waren. Denn ein barfüßiges Bauernmädchen, ein Ziegenhirte und ein schrulliger Greis passten nicht so recht zum Image des internationalen Jetsets. Also trat man diese Rechte leihweise ab: an eine Autobahnraststätte an der A3, an die Rhätische Bahn für einen Heidiland-Express und eben an das Sarganserland, das im innerschweizerischen Tourismus-Wettbewerb mangels zugkräftiger Attraktionen schon immer hinterherhinkte. Unter der Nummer CH 350.3.006.255.7 ist zudem eine Aktiengesellschaft Heididorf AG ins Handelsregister eingetragen. Ebenfalls registriert ist da die Heidiinvest AG.

Die Maienfelder haben in der Tat mehr Anrecht auf die Romanfigur als irgendwelche touristischen Trittbrettfahrer in anderen Teilen der Schweiz. Schließlich heißt es schon im ersten Satz von Johanna Spyris »Geschichte für Kinder und auch für solche, welche die Kinder lieb haben«: »Vom freundlichen Dorfe Maienfeld führt ein Fußweg durch grüne, baumreiche Fluren bis zum Fuße der Höhen, die von dieser Seite groß und ernst auf das Tal niederschauen.«

Einmal abgesehen davon, dass die Höhen auch von der anderen, der sanktgallischen Seite des Tales aus groß und ernst niederschauen und es Frau Spyri erstaunlicherweise nie für notwendig hält zu erwähnen, dass ein immerhin nicht unbekannter Fluss wie der Rhein durch dieses Tal fließt, trifft die anderthalb Jahrhunderte alte Schilderung noch heute ziemlich genau zu.

Kleinere Abstriche sind freilich notwendig. So muss man akzeptieren, dass heute nicht mehr »kräftige Bergkräuter dem Kommenden« entgegendufteten, sondern die Abgasschwaden der Reisebusse, welche die Scharen von Fremden den Heidi-Weg entlang bis zum Parkhaus des Heidi-Hotels bringen, von wo aus man mit einem kurzen Fußmarsch das Heidi-Dörfli mit dem Heidi-Haus erreicht. Wer sich fit fühlt, kann noch den Aufstieg zur Heidi-Alm anpacken: eine Stunde und 45 Minuten, Ziegen bei der Ankunft nicht garantiert.

Ziegen gibt es dafür im Dorf, gleich neben dem Postamt, das neben Sonderstempeln vor allem diverse Souvenirs feilbietet: Heidi-Wein, Heidi-Kosmetik, Heidi-Mineralwasser, Heidi-Bilder, dazu die obligatorischen T-Shirts, Baseballkappen, Kühlschrankmagnete und Schlüsselanhänger. Keinen auf den ersten Blick erkennbaren Heidi-Bezug hat eine außergewöhnliche Badewannen-Gummiente, die man mit einer schwarzweiß gefleckten Kuh gekreuzt hat.

Auch wenn es zunächst danach aussieht: Das Heidi-Dorf ist kein Vergnügungspark aus der Retorte eines Investors, sondern ein echter, lebender, bewohnter Ort mit dem Namen Rofels. Gegründet wurde er von stolzen Walsern, wovon noch die Aufschrift auf dem prächtigen Rathaus zeugt. Ein paar Schritte vom touristischen Zentrum entfernt leben echte Bündner Männer und Frauen. Hier wird täglich die Post zugestellt und wöchentlich der Müll abgeholt. An Walt Disney erinnern nur die Gartenzwerge im Rosengärtchen vor dem Rathaus: Grumpy, Happy, Sleepy, Dopey und die anderen Gnome aus dem Schneewittchen-Film.

Die Einheimischen lassen sich freilich erst blicken, wenn der letzte Fremde am Abend ihren Ort verlassen hat. Ansonsten überlassen sie ihr Dörfchen gerne den Besuchern aus der ganzen Welt. Und diese Welt liebt Heidi, schließlich wurde der Roman in so gut wie alle geläufigen Sprachen übersetzt plus obendrein noch in ein paar exotische. Das war durchaus geplant: Johanna Spyri und ihr Verlag schielten auf den ausländischen, zumal den deutschen Markt. Das Rührstück sollte die Deutschen bergsehnsüchtig machen nach der schönen, grünen Schweiz, was ja auch funktionierte.

Schön grün und recht schweizerisch lieblich ist es auch auf der Rütliwiese, der zweiten Station auf meiner Reise zu den legendären Quellen des Schweizertums. Auf das Rütli, so der erste Eindruck, scheinen nur die Schweizer zu pilgern. Japaner, Russen oder Amerikaner bleiben lieber in Brunnen, wo sie sich mit schweizerroten Armeetaschenmessern eindecken. »Vom Faustkeil bis heute«, verspricht die Werbung. »The essential tool for generations«. Es bleibt offen, ob Victorinox schon für Ötzis Großvater Faustkeile hergestellt oder ob die Firma dieses neolithische Werkzeug inzwischen nur so weit verkleinert hat, dass es in ein Taschenmesser passt.

Sobald das Schiff in Brunnen in Richtung Rütli abgelegt hat, hört man nur noch die verschiedensten Schweizer Dialekte, dazu Französisch und Italienisch. Dass die welschen Schweizer sich ebenfalls mit einem sehr germanisch angehauchten Ereignis wie dem Rütlischwur identifizieren, zeugt für eine bemerkenswerte Integrationsleistung der Eidgenossenschaft. Noch bemerkenswerter finde ich freilich den Umstand, dass sie kein eigenes französisches Wort für die Wiese der Nation geprägt haben, sondern »Grütli« über die widerstrebende Zunge rollen.

Alle kommen sie irgendwann hierher, aus Basel und aus Bellinzona, aus Genf und aus Graubünden. Als Schweizer muss man offensichtlich mindestens einmal im Leben jenen sagenhaften Ort besucht haben, an dem die Erfolgsgeschichte der 26 Kantone vor mehr als 700 Jahren begann. Was für den gläubigen Muslim die Kaaba in Mekka, für den patriotischen Amerikaner das Kapitol in Washington, das ist für den Eidgenossen eine Wiese mit Blick auf einen See.

Nur Tell hat seinen Fuß nie auf die Rütliwiese gesetzt, noch nicht einmal in der Legende. Das schmerzt, denn für einen Helden wie ihn würde man schon gerne das eine oder andere historische Zeugnis vorweisen können. Friedrich Schillers Drama liest sich zwar recht flott und hat den Ruf der freiheitsliebenden Eidgenossen in Schulklassen in die ganze Welt getragen. Doch leider ist der Autor Deutscher und die Geschichte allem Anschein nach frei erfunden. Daran ändert auch der Umstand nichts, dass man sie mittlerweile vertont und als Musical auf die Bühne gebracht hat, aufgeführt im Wechsel mit »Heidi, the Musical«.

»Außerdem hat der Schiller nur 'nen Haufen geflügelter Worte zusammengeklöppelt«, schnaubt mein deutscher Freund Marc verächtlich, der mich auf das Rütli begleitet. »Die Axt im Haus, es lächelt der See, durch diese hohle Gasse – also wirklich, wo ist da die eigene Leistung. Ich frage mich, wie er damit durchgekommen ist.« Zu einer Antwort komme ich nicht, weil in diesem Augenblick der Schaufelraddampfer an der Rütlistation anlegt.

Zusammen mit einer dichten Traube Menschen machen wir uns an den Aufstieg. Ich habe keine Ahnung, wie weit die Wiese noch entfernt ist, stelle mich aber vorsorglich auf einen längeren Fußmarsch ein. Wenn sich drei Schweizer Patrioten gegen den Unterdrücker verschwören, denke ich, dann werden sie das sicher irgendwo in unzugänglicher Höhe getan haben und nicht unmittelbar neben dem Schiffsanleger.

Ich teile meine Überlegungen Marc mit, der mir zustimmt und dankbar auf meinen Vorschlag eingeht, im Restaurant Rast zu machen, bevor wir den Aufstieg fortsetzen. Wir stärken uns an dicken Rütli-Steaks, die patriotischen Charakter haben, weil sie angeblich von Rütli-Rindern stammen. Um keine Zweifel aufkommen zu lassen, steckt in jedem Rib-Eye eine kleine Schweizer Fahne. Heidi-Steaks gibt es keine, schießt es mir durch den Kopf. Aber sonst könnte man jedes beliebige Nomen sowohl mit Heidi wie mit Rütli koppeln.

Die Wegzehrung war eigentlich gar nicht nötig, denn nur wenige Minuten, nachdem wir die Rechnung beglichen haben, treffen wir auf der Wiese ein. Sowohl das Dach des Wirtshauses als auch der See sind zum Greifen nahe. Vor allem aber ist die Wiese von allen Seiten aus einsehbar. Schon leichtfertig von den Herren Stauffacher, Fürst und von Melchtal, dass sie sich nicht besser versteckt haben. Selbst mit Tafelspitz und Kaiserschmarrn randvoll abgefüllte Habsburger Häscher hätten ihnen hierher folgen können, ohne außer Puste zu geraten.

Ein wenig enttäuscht blicke ich mich um. Die Wiese liegt nicht nur recht tief am Hang, mit ihren fünf Hektaren ist sie auch ziemlich klein. Würde man ein Einfamilienhaus bauen, dann bliebe nicht viel Umschwung übrig. Allerdings müsste man dann das Gestrüpp ausreißen, das den Blick auf den See verstellt. Und auf diesem kleinen Grundstück wollte man ein Hotel hochziehen? Das war 1859, und wenn es nicht die Schweizerische Gemeinnützige Gesellschaft gegeben hätte, die den heiligen Grund im letzten Augenblick kaufte, dann gäbe es im patriotischen Schrein der Nation heute vermutlich eine Rütli-Stube sowie einen Wellness-Bereich mit einem »Schwur-Pool«.

Eine schlichte Bergwiese als Zentrum nationaler Identifikation ist zwar recht sympathisch, freundlicher allemal als ein blutgetränktes Schlachtfeld. Dennoch fehlt mir irgendetwas. Ich weiß zwar nicht, was ich erwartet habe, aber doch ein wenig mehr als eine aus dem Felsen gehauene Bank und einen Fahnenmast, von dem schlapp ein Schweizerkreuz herabhängt. Schweizer Fahnen wehen schließlich überall im Land. Nur in den Vereinigten Staaten dürfte die Fahnendichte vor Privathaushalten größer sein als in der Schweiz.

Marc hat sich mittlerweile schnaufend auf die steinerne Sitzgelegenheit niederfallen lassen und bedeutet mir, mich neben ihn zu setzen. »Tell war doch hier oben«, flüstert er mir verschmitzt zu.

»Sieh doch mal, worauf wir sitzen. Wenn das nicht die Bank aus Stein ist, auf die er sich laut Schiller setzen wollte, was dann.«

Gut möglich, dass Marc recht hat. Gut möglich, dass es Tell gab. Jahrzehntelang hatte es in der Schweiz im Diskurs der Intellektuellen zum guten Ton gehört, seine Existenz zu bestreiten. Im Kanton Uri sei der Familienname Tell unbekannt gewesen, sagte man, und Wilhelm nannte damals auch kein Vater seinen Sohn. Noch nicht einmal eine Armbrust wollte man ihm zubilligen. Viel zu teuer sei so eine Importwaffe für einen einfachen Bauern gewesen, hieß es. Aber womit hätte er dann den Apfel vom Kopf seines Sohnes holen sollen? Mit einer Hornussen-Schindel und einem Nouss vielleicht?

Inzwischen dreht der Wind, tauchen Zweifel an den Zweifeln auf. »Tell kann schwerlich ein reines Fantasiegebilde gewesen sein«, meint der Historiker Jean-François Bergier. Und da der Wissenschaftler aus der französischen Schweiz stammt, haben seine Worte zusätzlich Gewicht. »Am Beginn der Geschichte steht ein leibhaftiger Tell.«

»Hatte ich nie einen Augenblick lang bezweifelt«, meint Marc. »Der Typ ist so unreal, den kann man sich nicht ausdenken. Und weißt du was? Tell hatte wahrscheinlich gar keinen Sohn. Bei Aegidius Tschudi, der die Geschichte als Erstes aufgeschrieben hat, ist das Geschlecht des Kindes, dem er den Appel vom Kopp schießt, unbestimmt.«

»Du meinst«, frage ich. »Genau«, nickt er. »Es war wohl eine Tochter, aber Mädchen hat man damals ja eher versteckt. Stell dir mal vor, wie das die ganze Geschichte verändern würde: Tell legt auf seine Tochter an.«

Vor meinem geistigen Auge nimmt das Bild Gestalt an. Blond müsste diese Tochter sein, denn schließlich steht sie für das Gute. Ihre Haare müssten zu Zöpfen geflochten sein, weil das damals ohnehin üblich war. Ja, und Heidi, das wäre doch ein schöner Name: A match made in heaven – nicht nur die Amerikaner würden diese perfekte Verbindung lieben.

Natürlich sollten die beiden dann auch einen Hund haben. Ich wüsste schon, wie der aussehen müsste.

## Den trinken wir am liebsten selber: **Bei der Weinlese am Zürichsee**

Bernarda ist die letzte Person, die ich hier erwartet hätte, und es dauert eine Weile, bis der Groschen fällt. Sie ist die Frau meines Friseurs. Im Geschäft geht sie ihm zur Hand, wickelt Krepppapier um Männerhälse, bindet Schutzumhänge fest, bürstet Haare von den Schultern und brüht den Kaffee auf. In einem Weinberg scheint sie völlig fehl am Platze.

Sie ist nicht das einzige bekannte Gesicht, das mir erwartungsvoll entgegenblickt. Auch den anderen Männern und Frauen in abgetragenen Arbeitsklamotten bin ich in unserem Dorf sicher schon das eine oder andere Mal auf der Straße oder bei Post und Migros begegnet. Aber jetzt kraxeln sie alle unter großem Holla auf einen Traktoranhänger, um sich zur Arbeit schaukeln zu lassen.

Eigentlich hatte ich gedacht, dass ich der einzige Freiwillige wäre, der Martin Wetli seine Dienste anbieten würde. Wahrscheinlich würden er und seine Familie, so meine Erwartung, höchstens noch ein paar portugiesische oder polnische Saisonarbeiter anheuern, um die Weintrauben zu lesen. Da dürfte ihm jede Hilfe gelegen kommen, auch von einem Anfänger wie mir. Getrunken hatte ich Schweizer Wein bereits, und zwar von Flasche zu Flasche mit wachsender Begeisterung. Nun aber wollte ich auch herausfinden, wie es sich anfühlt, ihn zu ernten.

Doch diesen Wunsch verspüren auch andere, und ich erfahre, dass der Anmarsch freiwilliger Hilfskräfte zur Weinlese keine unbekannte schweizerische Besonderheit ist. Anders als in Frankreich, Italien oder gar in Kalifornien sind die meisten Weingüter in der

Schweiz zu klein, als dass es sich lohnen würde, Arbeiter zur Ernte zu verpflichten. Andererseits sind sie nicht klein genug, um von der eigenen Familie bewirtschaftet werden zu können. Deshalb stellen sich jeden Herbst Freunde, Bekannte, Verwandte und Kunden ein, um zu helfen. Ihr schönster Lohn ist, dass sie beim Öffnen einer Flasche vor Gästen angeben können, dass sie diesen Tropfen schon kannten, als er noch als Traube an der Rebe hing.

Mit diesem Gefühl kann ich mich voll identifizieren. Zum ersten Mal in meinem Leben wohne ich in einem Haus, wo ich vom Fenster aus dem Wein, den ich trinke, beim Wachsen zusehen kann. Das ist ein erhebendes Gefühl, das wahrscheinlich nur vom Besitz eines eigenen Weinberges übertroffen wird. Weil mir dies aber bis auf Weiteres unerreichbar zu sein scheint, sind die Wetlis mit ihren zehn Weinbergen die nächstbeste Alternative. Sie sind sozusagen unsere persönlichen Winzer.

Die Familie lebt in Uerikon, also gleich in unserem Nachbardorf, und damit im größten und wichtigsten Weinanbaugebiet des Kantons Zürich. Wir wurden auf sie aufmerksam, als an einem grauen Herbsttag ein Flugblatt im Briefkasten lag, das zu einem Treberwurst-Essen in ihren Hof einlud.

Meine Frau und ich konnten mit dem Begriff nicht viel anfangen. Dennoch gingen wir hin, und seitdem kennen wir nicht nur die wohl beste Verwendungsmöglichkeit für ansonsten eher ungenießbare Trester-Schnäpse und Grappas – nämlich zum Flambieren würziger Würste –, sondern auch den Silvaner, den Räuschling, den Blauburgunder und all die anderen Weinsorten der Familie Wetli.

So stehe ich nun in der mir zugeteilten Reihe von Rebstöcken und lasse mich einweisen. Eigentlich sollte es ja nicht schwierig sein, Weintrauben zu pflücken und in eine Plastikkiste zu befördern. Aber schon bald stellt sich heraus, dass es nicht schlecht wäre, wenn man über gewisse Grundkenntnisse des Friseurhandwerks verfügt, wie sie Bernarda mitbringt. Denn manche Trauben klammern sich wie Lianen an ihrem Rebstock fest. Man muss schon recht präzise und vorsichtig vorgehen, um die Rebe an der richtigen Stelle abzutrennen. Denn es soll auch keine einzige Traube verloren gehen.

Martin Wetli spürt jeder Weinbeere nach, die auf den Boden gefallen, aber verwendbar ist. Ebenso scharf achtet er darauf, dass wir verfaulte Exemplare von der Rebe entfernen, bevor wir sie in die Kiste werfen.

»Aber nicht alle verfaulten Trauben sind schlecht«, ermahnt er mich, als ich wieder einmal großflächig alles entfernt habe, was nicht grasgrün leuchtet. »Es gibt auch Edelfäule, und das sind die besten Trauben.« Mit Vorsicht zu behandeln sind dagegen die Trauben auf der Rückseite der Rebe. Sie sind sonnenscheu und daher genauso säuerlich wie ein schlecht gelaunter Stubenhocker, der auch im Sommer nie vor die Tür tritt.

Das ist alles leicht gesagt, aber wie soll ein Laie diese Unterschiede herausfinden? Indem er probiert, empfiehlt Martin und drückt mir ein Träubchen in die Hand, das für mein ungeübtes Auge geradezu prädestiniert zu sein scheint, zu einem spritzig-leichten Tropfen verarbeitet zu werden. Arglos stecke ich es in den Mund – bevor mir Sekundenbruchteile später das ganze Gesicht aus den Fugen gerät.

»Das«, verkündet Martin stolz, »nennen wir Essigbeeren. Warum, das wirst du jetzt ja wissen.« Ja, und ich erinnere mich an meine Jugend, als Essig noch nicht mit Vornamen Balsamico hieß und im Bedarfsfall als schwer säurehaltiges Putzmittel zur Reinigung hartnäckig verkrusteter Pfannen eingesetzt wurde.

Von Weitem betrachtet vermitteln Weinberge ein friedliches, ja liebliches Bild. Wie puschelige, grüne Decken legen sie sich über sanfte Hügel und schwingen sich elegant hinab zu einem See. Man sieht schon, dass hier ein edles Produkt heranreift, eine Frucht für wahre Genießer – anders als die vulgäre Kartoffel oder der biedere Apfel, den man ohne Umschweife aus den Ästen schüttelt. Doch wenn man im Weinberg drinsteckt, verschwindet die Romantik ziemlich schnell. Eigentlich sollte ich von meiner erhöhten Warte aus einen wunderbaren Blick über den Zürichsee haben. Aber selbst wenn mir die Reben nicht die Sicht verstellen würden, so hätte ich kein Auge dafür. Schon nach ein paar Stauden beginnt der Rücken zu schmerzen, weil die Reben so unangenehm halbhoch wachsen, dass man sich immer halb bücken muss. Allmählich kommen mir Zweifel am Wahrheitsgehalt der Fabel vom Fuchs und den Trauben. Sie müssen wirklich zu sauer, und nicht zu hoch, gewesen sein.

Bald rinnt zudem der Saft der vom Stiel gekratzten schlechten Trauben über die Hände und lässt die Finger verkleben. Natürlich habe ich die Einweghandschuhe verschmäht, die mir Martins Frau Andrea vor der Abfahrt vom Hof angeboten hatte. Ich wollte schließlich so naturverbunden wie möglich arbeiten. Irgendwie kam mir das Gleichnis von den Arbeitern in Gottes Weinberg in den Sinn. Dort pflückt man auch nicht mit Latex an den Fingern.

Nun steigt auch noch ein ätzender Geruch von den essighaltigen Trauben auf, ganz zu schweigen von den diversen Geschmacksrichtungen, die sich in meiner Mundhöhle ausbreiten, weil ich selbstverständlich fleißig koste, bevor ich sortiere.

Vor allem aber ist so ein Weinberg unglaublich steil. Auch hier täuscht der Blick aus der Distanz. Tapfer versuche ich, auf dem glitschigen Erdreich nicht ins Rutschen zu kommen. Dennoch muss ich mich an einem Rebstock festklammern, damit ich nicht unten auf der Seestraße ende. Martin Wetli sieht es nicht gerne, dass ich blindwütig in die Früchte grabsche, um einen Absturz zu vermeiden. Hatte er uns nicht ermahnt, keine Traube anzufassen, die wir nicht auch abschneiden?

Ich bin jedenfalls froh, dass seine Weingärten nicht im Wallis liegen. Im Rhonetal soll es Weinberge mit einer Steigung von 70 Prozent geben. Als Bergsteiger würde man da wohl schon über den Einsatz von Seil und Steigeisen nachzudenken beginnen. Das Wallis rühmt sich auch des höchsten Weinberges Europas: Auf 1100 Meter Höhe gedeihen bei Visperterminen noch Reben. Ich befürchte, dass dort keine Seilbahn die Erntearbeiter hochfährt.

Anfangs hatte ich mir noch die Mühe gemacht, jede Rebe sorgfältig in die Kiste zu legen, damit sie nicht beschädigt würde. Eine Zeit lang hatte mir Ueli, der die Reihe neben mir abarbeitete und seine Trauben in hohem Bogen in die Box beförderte, wortlos zugesehen. Schließlich hatte er sich erbarmt und unschuldig gefragt: »Du weißt schon, dass die Trauben gleich zerquetscht werden, wenn wir auf dem Hof sind?«

Insgesamt zehn eigenständige Winzer gibt es im Raum Stäfa. Martin Wetli ist erst seit Kurzem einer von ihnen. Vor sieben Jahren hat der Sohn eines alteingesessenen Obstbauern aus Männedorf seinen Job bei der Landi an den Nagel gehängt und sich mit Weinbergen selbstständig gemacht. Sie waren ihm vom Vorbesitzer, der keine Kinder hatte und sich zur Ruhe setzen wollte, zum Kauf angeboten worden. Damit stellte sich Wetli in eine lange Tradition. Denn Wein wurde in der Schweiz nachweislich zum ersten Mal im sechsten Jahrhundert angebaut. An den Uferhängen von Stäfa kultiviert man bereits seit mehr als 900 Jahren Reben. Die ersten und lange Zeit die größten Winzer in der Gegend waren die Benediktiner des Klosters Einsiedeln, bis sie in der Reformation ihre Berge verloren.

Generell waren es in Europa die Mönche, die den Weinbau aus den Ruinen des untergegangenen Römischen Reiches ins europäische Mittelalter hinüberretteten. Es war ein genialer theologischer Schachzug, das köstliche Getränk ins religiöse Ritual zu integrieren. Und weil sich der ganze Aufwand nur für die paar Schlückchen bei der Messe nicht lohnte, mussten die frommen Herren den Überschuss eben bei ihren Mahlzeiten wegschlucken, ob sie wollten oder nicht.

Dass die Schweiz ein Weinland ist, hat sich in der Welt inzwischen herumgesprochen. Ausprobieren freilich können nur die wenigsten die Schweizer Weine. Denn von der Jahresproduktion von 1,1 Millionen Hektolitern trinken die Eidgenossen 100 Millionen Liter lieber selber. Allerdings wären ihre Preise im Ausland nicht wirklich konkurrenzfähig: Ausgedehnte Weinplantagen wie in Südafrika, Australien oder den Vereinigten Staaten gibt es in der kleinteiligen Schweiz nicht. Die Preise für Schweizer Sauvignons oder Pinot Noirs wären daher abschreckend hoch für Konsumenten außerhalb der Landesgrenzen, zumal es sich bei den meisten Sorten um leichte, junge Weine und nicht um schwere, edle Premier Crus handelt.

Gesegnet ist die Schweiz indes insofern, als hier fast in allen Landesteilen Wein gedeiht. Ganz oben im Norden in Schaffhausen legen sich die Weinberge wie ein grüner Reifrock rings um den Munot, tief unten im Tessiner Süden sprießt und reift die Merlot-Traube. Im fernen Westen wird in 35 der 45 Gemeinden, aus denen sich die Weltstadt Genf zusammensetzt, Wein angebaut. In den übrigen Bezirken wird er wenigstens getrunken – nämlich in den noblen Restaurants der Innenstadt. In der Bündner Herrschaft wiederum macht der junge Rhein seine erste Bekanntschaft mit jener Pflanze, die ihn später entlang den Ufern in Deutschland und Frankreich begleiten wird.

Nicht zu vergessen der Thurgau, dessen Name weltweit in einer eigenen Rebsorte fortlebt. Aus diesem Kanton stammte der Önologe Hermann Müller, der 1882 aus Riesling-Trauben und einem Madeleine Royale eine neue Mischung kreierte, die auch seinen Namen trug – sehr zum Leidwesen des bescheidenen Schweizers. Er verfügte daher, dass in seiner Heimat nicht von Müller-Thurgau die Rede sein soll, sondern von Rivaner.

Im Mittelland nimmt der Kanton Zürich die führende Stellung als Weinproduzent ein, wo man mit dem Räuschling seine ganz exklusive eigene Sorte züchtet, die auf angenehme Weise das erzeugen kann, was der Name verspricht. Hier wiederum liegt Stäfa an der Spitze, was mich mit nicht geringem Lokalstolz erfüllt.

Ziemlich stolz bin ich auch, als wir auf dem Traktoranhänger zurück auf den Hof der Wetlis rumpeln und unsere Ernte wiegen. Gut und gern 1200 Kilogramm haben wir gesammelt. Da wir zu zwölft waren, kommen auf jeden von uns 100 Kilo. Meine Muskeln bestätigen, dass dies hinkommt.

Noch erfreulicher freilich ist die Rechnung, die Martin Wetli aufmacht, als wir uns zu einer stärkenden Vesper an einem ausladenden Holztisch niedergelassen haben. Denn die geerntete Menge Trauben ergibt 800 Liter Wein, sagt er und schenkt mir nach. Kein Grund also, bescheiden am Glas zu nippen. Wir haben ja dafür gesorgt, dass die Bäche, ja, Ströme leckeren Rebensaftes nicht versiegen werden.

Und doch behalte ich die Flüssigkeit im Mund, bevor ich sie langsam die Kehle hinunterrinnen lasse. Im Wein, so sagten die Römer, liege die Wahrheit. Es ist wohl die Wahrheit, dass nur aus harter Arbeit etwas wirklich Gutes hervorgeht. So gesehen ist es nicht schade, dass fast nur Schweizer in den Genuss ihrer Weine kommen. Dieser Tropfen ist viel zu gut, um irgendwo auf der Welt schnell hinuntergekippt zu werden.

# Adrenalin statt Ovomaltine: **Der Rausch der Geschwindigkeit**

Es gibt eine ganze Reihe bestimmter Wirkstoffe, die in der Schweiz hergestellt und verwendet werden und die in erster Linie nur einen Zweck verfolgen: Sie sollen dem körperlichen Wohlbefinden dienen. So verwandelt Kasein die Molke in leckeren Käse, Codein aus Basler Pharma-Laboren lindert den Hustenreiz, Vitamin findet sich in Spurenelementen in Ricola-Bonbons wieder, und eine Tasse dampfender Ovomaltine am Ende eines langen, stressigen Tages macht sowieso – fast – alles wieder gut.

Adrenalin hingegen, so scheint es, kommt in des Schweizers Natur eher selten vor. Man geht die Dinge eher ruhig an.

So weit jedenfalls meine Vermutung.

Im Moment schießt mir das Adrenalin allerdings mit Hochdruck durch alle Gefäße. Laut Lexikon löst das Hormon eine Steigerung der Herzfrequenz aus (stimmt), lässt den Blutdruck hochschnellen (stimmt) und wandelt Körperfett in Energie um (schön wär's).

Wenn ich in mich hineinfühle, dann hat das Adrenalin die Innenseite der Schädeldecke erreicht, hat sich dort in den Haarwurzeln eingenistet und drückt die Haare langsam, aber sicher in die Höhe. Oder es ist vielleicht doch nur der Wind, der mir die Haare zu Berge stehen lässt. Denn es ist kalt, lausig kalt, viel zu kalt. Es ist einer jener mitteleuropäischen Sommertage, die einen Vorgeschmack auf die Wintersaison geben. Vor allem, wenn man wie ich knapp unterhalb eines Berggipfels hängt und ein Panorama aus Matten, Schründen und Wäldern bewundern kann. Bewundern könnte, sollte ich vielleicht besser sagen. Denn mein Blick geht unverwandt in eine Richtung: in die Tiefe, dorthin, wo soeben die fünf Kameraden vor mir verschwunden sind, und zwar ziemlich schnell. Soeben hingen sie noch vor mir am Seil, dann waren sie nur mehr ein Pünktchen weit unten, wo sie schließlich von finsteren Tannenspitzen verschluckt wurden.

Ein paar Mal hätte ich ja die Chance gehabt, mich zu drücken. In der Talstation zeigte ein Monitor die Bergstation. Soll heißen: Sie zeigte sie nicht, weil die Kamera nur eine einzige Nebelsuppe einfing. Aber mit jener positiven Grundeinstellung, wie sie im schweizerischen Fremdenverkehr seit Generationen eingeübt wird, hatte man mir versichert, dass es schon aufreißen würde, wenn ich erst einmal oben angelangt sei.

Zusammen mit der Fahrkarte für die Seilbahn hatte man mir ein Heftchen mit Pflastern in die Hand gedrückt. War das ein Zeichen? Und wenn ja, wofür? Erste Hilfe bei den sehr wahrscheinlich drohenden Verletzungen? Oder eher das Gegenteil, eine spöttische Beruhigung? Denn nach einem Absturz aus dieser Höhe würde mir ein Heftpflaster auch nicht weiterhelfen können.

Inzwischen hat es tatsächlich aufgeklart, was sich leider nicht auf die frostigen Temperaturen ausgewirkt hat. Indirekt bin ich ganz glücklich über die Kälte. Bianca und Verena könnten mein Schlottern als Zeichen der Kälte deuten und nicht als Ausdruck meiner Panik. Die zwei jungen Frauen hatten uns zunächst gewogen, wobei die Prozedur weniger peinlich verlief als befürchtet, weil die Waage grundsätzlich fünf Kilo vom Lebendgewicht abzog. Dann hatten die beiden uns in unförmige Ganzkörper-Harnische gepackt, ringsum Haken, Ösen und Schnüre festgezurrt und uns einen Helm auf den Kopf gestülpt.

Ich war ja aus eigenem Verschulden in diese missliche Situation geraten. Unter Schweizer Freunden hatte ich mich über den Mangel an Mut und Nervenkitzel der Eidgenossen ein wenig lustig gemacht. Es sei doch bezeichnend, hatte ich gehöhnt, dass die einzigen literarisch bekannten Schweizer Abenteurer, die Swiss Family Robinson, ausgerechnet in ihrer eigenen Heimat total unbekannt seien. Der grüne Heinrich, Gantenbein, das Heidi hingegen seien alle keine persönlichen Risiken eingegangen. Dieser Mangel an Risikofreude sei sogar im Sport zu beobachten, war ich fortgefahren, ohne auf das immer bedeutungsschwerere Schweigen zu achten, das sich wie eine Felswand vor mir aufbaute. Worin die Schweizer denn gut seien? Im Tennis, das nur für Anfänger gewisse Gefahren berge, weil sie von einem schnell gespielten Ball schmerzhaft an einem Weichteil getroffen werden könnten. Oder im Orientierungslauf. Also mal ehrlich. Das sei doch nichts anderes als ein Dauerlauf durch den Wald, bei dem Helsana vorher die Wegweiser entfernt habe.

Spätestens an diesem Punkt war mir aufgefallen, dass ich zu weit gegangen war. Man schlug mir alpine Abfahrtsläufer und Extrembergsteiger um die Ohren und selbstverständlich wurden auch Auguste, Jacques und Bertrand Piccard als Kronzeugen für die Falschheit meiner These und die Forschheit der Eidgenossen angeführt. Einer erwähnte dann noch Postauto-Chauffeure, ein anderer FC Zürich-Fans bei Auswärtsspielen in Basel und ein Dritter die Einwohner des vierten Zürcher Stadtbezirks.

Dann wurde das Gespräch persönlich. Ich solle doch selbst einmal schweizerische Nervenkitzel ausprobieren, bei denen es mir das Adrenalin zu den Ohren hinaustreiben würde. Als ob Deutsche geborene Helden wären. Ja, Maulhelden vielleicht.

Und so hatten mir meine Freunde Vorschläge gemacht, von denen einer haarsträubender als der andere gewesen war.

Wie es denn mit einem Bungee-Sprung wäre? Aber nicht irgendeinem, sondern einem veritablen Promi-Hüpfer. Vom Verzasca-Staudamm gehe es 220 Meter in die Tiefe, 7,5 Sekunden nackter Terror in freiem Fall. Kein geringerer als 007 sei dort gesprungen, im Film »Goldeneye«, gespielt von Pierce Brosnan. Der sei doch sowieso einer der lascheren Bonds gewesen. Was der kann …

Als Alternative bot man mir auch die Abenteuervariante der behäbigen Schweizer Nationalleidenschaft des Wanderns an: Eine Suonenwanderung im Wallis, ließ sich ein seinem Aussehen nach in Tausenden von Marschkilometern gestählter Schweizer vernehmen, würde mir ganz bestimmt das Herz, wenn schon nicht stocken, so doch wenigstens in die Hose rutschen lassen. Obwohl die Aussicht, das müsse er zugeben, ganz wundervoll sei.

Seiner Schilderung nach zu urteilen erinnert dieser Ausflug weniger an eine Eskapade von James Bond als vielmehr an das Finale eines Indiana-Jones-Films. Wenn ich den Mann richtig verstanden hatte, meißelten die Walliser einst eine Art von Aquädukt in steile Felswände, um auf diese Weise das kostbare Wasser in ihre Obsthaine in den Tälern zu befördern, bevor es nutzlos in irgendwelche Schluchten hinabstürzte. Heute freilich droht ein solcher Sturz dem unvorsichtigen Wanderer, der auf Holzplanken, die in den Fels geschraubt sind, um die Steilwände herumgeht. Ein Geländer gibt es keines. Für Schwächlinge hat man eine Haltestange oder ein Seil in Griffhöhe im Gestein befestigt. Das Wort »Griffhöhe« ist jedoch mit Vorsicht zu genießen. An manchen Stellen trennt eine Kluft von gut einem Meter den Holzweg (selten war ein Ausdruck semantisch treffender gewählt) von der Felsmauer und dem rettenden Haltegriff. Es erübrigt sich zu sagen, dass diese Wege meist feucht und schlüpfrig sind.

Am wenigsten haarsträubend erschien mir lediglich die dritte Mutprobe, die man mir vorschlug: der Welt längste Seilrutsche im Berggebiet Hoch-Ybrig. Vielleicht hatte ich mich von dem vermeintlich harmlosen Begriff einlullen lassen: Seil klingt nach Seilziehen, Rutsche nach Kinderspielplatz. Nach einem Kinderlied scheint auch das ganze Vergnügen benannt: Sternensauser. Was soll da schon schiefgehen?

Recht viel, wie mir nun klar wird, da ich vom Wind hin- und hergewiegt in der Luft hänge, den Hintern einen halben Meter über dem Boden. Ein wenig komme ich mir vor wie eine Einmann-Seilbahn aus Fleisch und Knochen, nur dass es hier keine Pylonen zwischen Berg- und Talstation gibt. Wo, verdammt, ist überhaupt meine Talstation? Erst jetzt bemerke ich, dass von meiner zugigen Warte aus überhaupt nicht zu sehen ist, wo das Seil eigentlich endet.

Vor mir blinkt eine rote Lampe, unter ihr befindet sich ein Gummiknopf. Springt das Licht auf Grün um, muss ich auf diesen

Knopf drücken und den Mechanismus in Gang setzen, der mich in die Tiefe sausen lassen wird. Ich kann mir nicht helfen, die Schweizer Regeln für die Sterbehilfe fallen mir ein. Muss da nicht auch der Todeswillige selbst den Becher an die Lippen führen, das Ventil zur Infusion öffnen?

Verena hatte mich an einer Laufkatze befestigt und diese in das Stahlseil eingeklinkt, das sich irgendwo unten im Tal verlor. Dort wartete Bianca, die als Erste losgefahren war, um mich in Empfang zu nehmen. Ach ja, hatte sie uns mit wölfischem Grinsen zugerufen, bevor sie verschwand, wir sollten jede Sekunde genießen. Denn es würde schnell gehen. Genauer gesagt: 120 Stundenkilometer schnell. Dies sei die Geschwindigkeit, die wir erreichen würden.

Auf Englisch nennen sie dieses Vergnügen »Rope Runner«. Wahrscheinlich soll es an den Road Runner erinnern, jenen schwarzen Vogel, der im Zeichentrick der Looney Tunes stets den Kojoten austrickst. Jahrmarktattraktionen erobern die Schweizer Bergwelt, und sie haben natürlich englische Namen: Der Cliff Walk in 3000 Meter Höhe auf dem Titlis ist die höchste Hängebrücke Europas: 100 Meter lang und unter den schwankenden Füßen 500 Meter Luft. Auf dem Flumserberg flitzt man auf der Rodelbahn Floomzer den Hang hinab und versucht sich am CliiMBER, einem 15 Meter hohen Kletterturm.

Jetzt. Grün das Licht, schwarz der Gummiknopf, schweißnass die Hand, die sich zu ihm reckt. Wie im Todesgriff klammere ich mich an den Haltegriffen fest. Nicht nötig, flüstert ein schüchternes Stimmchen, der letzte Rest meiner Vernunft, du hängst sicher in deinem Harnisch. Ruhe dahinten, meldet sich sogleich mein Stammhirn. Was hier riskant ist oder nicht, entscheide immer noch ich.

Trügerisch langsam gleite ich von der Plattform weg, aber das dauert nur einen Sekundenbruchteil. Dann schlägt mir der Fahrtwind wie eine feuchte Faust ins Gesicht und presst den Schrei, der sich Bahn brechen wollte, zurück in meine Kehle.

Der erste Gedanke, der sich nach dem ersten Schrecken einstellt, ist seltsamerweise – Verwunderung. Haben sie bei mir eine

Bremse eingebaut? Das sollen 120 Sachen in der Stunde sein? Die anderen waren doch viel rasanter abgedüst. Noch nicht einmal die Kühe, die 80 Meter unter mir friedlich und entspannt grasen, zischen verschwommen an mir vorbei. Allmählich dämmert es mir: Da ich völlig freischwebend durch die Luft sause, fehlen mir alle Bezugspunkte, an denen ich mein Tempo festmachen könnte. Und die Kühe sind einfach zu weit unten. Es ist wie im Flugzeug. Von dort aus gesehen gleitet die Landschaft am Boden ja auch majestätisch langsam vorüber.

Mit der Majestät ist es allerdings schlagartig vorbei, als ich mich dem Wäldchen nähere. Von der Bergstation aus sah es sehr weit entfernt aus, doch nun scheinen die Tannen ihre Wurzeln aus dem Erdreich gezogen zu haben und mit Riesenschritten auf mich zuzustürmen. Als ob dies nicht genug wäre, recken sie sich noch höher, um mich von meinem Stahlseil zu fegen und in die Tiefe zu reißen. Ich presse die Augen zu und hebe die Beine so hoch, wie es meine Bauchmuskulatur erlaubt.

Als ich es schließlich wage, die Augen wieder zu öffnen, liegt das Wäldchen hinter mir, und ich sehe zum ersten Mal die Talstation. Unmerklich werde ich langsamer, und einen Augenblick lang befürchte ich schon, an dem Seil in lichter Höhe hängen zu bleiben. Im Schneckentempo nähere ich mich der Plattform. Endlich habe ich wieder festen Boden unter den Füßen. Bianca klinkt mich aus und hilft mir aus dem Harnisch. »Isch guet gsi?«, fragt sie. »Ja, sehr gut«, höre ich mich zu meinem eigenen Erstaunen sagen. »Es war nur viel zu langsam.« Vielleicht bin ich ja reif für den nächsten Kick. Wo war doch gleich diese Staumauer?

## Für Halsweh gibt's doch Ricola: **Die Fallstricke der Landessprache**

Die Entscheidung war wohl an jenem sonnigen Sonntagnachmittag im Gartenrestaurant auf dem Pfannenstiel gefallen. Der Herr am Nebentisch schien einen Erstickungsanfall zu erleiden, und ich stand kurz davor, ihm Erste Hilfe zu leisten. Zum Glück hatte ich gezögert, denn sonst hätte ich mich wahrscheinlich unsterblich blamiert. Der Mann begann plötzlich zu würgen und unverständliche Geräusche zu produzieren. Es klang wie »Gäärn es ggoggi«. Woher hätte ich auch wissen sollen, dass er eine Cola bestellen wollte.

Das war der Moment gewesen, in dem ich mich entschloss, die Landessprache ordentlich zu erlernen. Denn Fallstricke lauern für den Deutschen in der Schweiz ja nicht nur im gesprochenen, sondern auch im geschriebenen Alltag. Lange hatte ich geglaubt, dass die Schweiz eine besonders enge Beziehung zu dem von Putschgeneral Augusto Pinochet gestürzten chilenischen Sozialisten Salvador Allende gehabt haben musste. Anders konnte ich mir die ganzen Chile-Wege und Chile-Straßen nicht erklären, die es noch im entlegensten Weiler gab. Woher sollte ich wissen, dass sie lediglich den Weg zur Kirche wiesen?

Wie oft war ich schon in sprachliche Fallen getappt: Wenn ein Schweizer verspricht, dass er dir »ein Telefon gibt«, kann man lange warten, dass er einem ein Handy schenkt. Er hat nur angekündigt, dass er anrufen wird. Suppen kochen Schweizer grundsätzlich in einer Pfanne, Gwüschterti sind keine Geschwüre, sondern Geschwister, und wenn es einen Eidgenossen fröstelt, überzieht ihn eine Hühner- und keine Gänsehaut. Ist Schnee gefallen, wischt man die Straße, den Küchenboden aber putzt man mit einem feuchten Mopp. Und als ich mein Auto kaufte, fragte mich der Verkäufer, ob ich betrieben werde. Er verwechselte mich nicht mit dem Wagen. Er wollte nur wissen, ob ich noch anderswo Schulden abbezahle.

Soll ich oder soll ich nicht? Die Frage, ob er Schwyzerdütsch lernen soll, ist für den Deutschen von beinahe Hamlet'scher Tragweite. Soll er rollende »R«s und knarrende »Ch«s erproben, nur um bei den Einheimischen den Verdacht zu nähren, er wolle sich anbiedern? Oder schlimmer noch: sich lustig machen über sie? Soll er vielleicht doch lieber stur hochnäsig hochdeutsch durchs helvetische Leben gehen und das Vorurteil vom arroganten Teutonen pflegen? Im zweiten Fall bleibt einem wenigstens die Peinlichkeit erspart, erst nach mühsamem Gestottere zu erkennen, dass der nicht minder radebrechende Verkäufer ebenfalls aus Deutschland kommt.

Franz Beerli sind solche Fragen gleichgültig. Ihn umwittert auch keine Tragik von Shakespeare'schen Ausmaßen. Er ist ein gemütlich rundlicher Typ mit Schnauzbart, der einem Käsefondue, Geschnetzeltem, einer grillierten Cervelat und anderen leiblichen Genüssen nicht abgeneigt zu sein scheint. Tagsüber unterrichtet er ABC-Schützen. Irgendwann im Laufe seines Berufslebens muss er zu der pädagogischen Überzeugung gekommen sein, dass man Schüler jedweden Alters am besten als Sechsjährige behandelt. Und das gilt wohl auch für uns. Ein knappes Dutzend Männer und Frauen sind wir, die sich unter gleißenden Neonleuchten an die niedrigen Tische gezwängt haben. Neugierig und ein wenig befangen mustern wir einander. So also sehen Leute aus, die Schwyzerdütsch lernen wollen.

Die Landessprache erlernt man in der Schweiz bei jenem Unternehmen, das sowieso für jede erdenkliche Lebenslage das passende Produkt, die richtige Dienstleistung im Angebot hat: die allgegenwärtige und allumfassende Migros. Ob Bananen oder Brie, Büroklammern oder Bürostühle, Badeurlaub, Bohrmaschinen, Benzin und Bankkonten – für die Migros gilt ein Spruch, mit dem ein Handwerkerladen in Amerika einmal für sich warb: Wenn wir es nicht haben, dann brauchen Sie es wahrscheinlich nicht. Da aber offensichtlich Bedarf an Schwyzerdütsch-Kursen besteht, führt das Unternehmen sie in seinen Klubschulen durch. Die gute Nachricht: Die Zweigstelle in Rapperswil hat noch Plätze frei. Die schlechte Nachricht: nur im Kurs für Fortgeschrittene.

An diesem Umstand wäre mein Unterfangen tatsächlich beinahe gescheitert. »Ja, wie wollen Sie denn da mitkommen, wenn Sie den Anfängerkurs nicht erfolgreich abgeschlossen haben?«, fragte mich die Dame am Telefon, als ich mich einschreiben wollte. »Die anderen sind doch schon viel weiter, oder. Da können Sie nicht nach Belieben hin und her gumpen.« Eigentlich hatte sie Hochdeutsch mit mir gesprochen. Nur ab und zu streute sie einen Dialektausdruck ein, vermutlich um meinen Kenntnisstand zu testen. Da »gumpen« mit dem englischen Verb »to jump« verwandt zu sein schien, wusste ich, was sie meinte.

Ich schien den Test bestanden zu haben, denn nun sitze ich als blutiger Anfänger hier unter den Fortgeschrittenen und soll mich vorstellen. »Grüezi, ichchch bi dr Wolfgang und ichchch schaffe für d Ziitig.« Mein Gesicht hat die Farbe der Schweizer Flagge angenommen, der Puls rast, und der Schweiß steht mir in großen Perlen auf der Stirn. Das ist ja schlimmer als vor einem Publikum zu singen. Probeweise blicke ich in die Runde. Einer nickt, die anderen schweigen. Keiner lacht. Ich werde mutiger, ja fast schon tollkühn. »Ichchch schruube Geschichten für d Ziitig«, ergänze ich nun noch triumphierend. »Interessant«, lässt sich da Franz auf Hochdeutsch vernehmen. »Wohin schraubst du deine Artikel denn? Du meinst wohl schriibe.«

Zum Glück scheinen die anderen Schüler nicht viel besser zu sein als ich, auch wenn sie einen ganzen Kurs Vorsprung haben und zum Teil schon seit Jahren in der Schweiz leben. Da ist die Engländerin Mary-Jane, die vor allem bei verwegenen Grammatikkonstruktionen die Augen aufreißt wie die Queen beim Anblick eines toten Corgis. Nehmen wir ein einfaches Beispiel: Die Bildung des temporalen Nebensatzes im Plusquamperfekt mit »wo« plus Partizip Perfekt des Vollverbs plus Personalform des Hilfs- verbs »sii« oder »haa« im Perfekt. Mary-Jane glaubt dann, aus Ver- sehen im Chinesischkurs gelandet zu sein. Dabei ist es ganz ein- fach: Wo-n-er abgfaare gsii isch, isch am Radio d Mäldig vom Tankstele-Sträik choo.

Für Jamila hingegen ist Grammatik in jeder Sprache ein Buch mit sieben Siegeln und ihr letztlich auch herzlich egal. Die Bosnierin sitzt hier, weil die Migros ihr als Mitarbeiterin irgendeinen Kurs fi- nanziert. Und Schwyzerdütsch kann sie schon recht gut, das garan- tiert Erfolgserlebnisse. Die lange, dünne Holländerin Petra wiede- rum will »endlich wissen, was die Polizisten wollen, wenn sie mich anhalten«. Aus Höflichkeit sagt ihr niemand von uns, dass ein Fahr- kurs vielleicht geeigneter wäre.

Unklar sind die Motive des ungarischen Rentners Ivan. Er lebt fast sein ganzes Leben in der Schweiz und beherrscht rudimentär sogar Elemente des auch für andere Helvetier undurchdringlichen Walliser Dialektes. Er sagt, dass seine Schweizer Enkel ihn nicht verstehen. Vielleicht sollte er lieber Zürich-Deutsch mit ihnen reden als Walliserisch. Die Tschechin Dana andererseits befindet sich auf der Suche nach einer Art allgemein verbindlichem Hoch-Schwyzer- dütsch, mit dem sie auf ihren Vertreterfahrten quer durchs Land nirgendwo aneckt. Franz muss sie enttäuschen: »In Rapperswil spricht man schon anders als in Zürich, es gibt ja noch nicht einmal ein einheitliches Züritüütsch, wie wir es hier lernen.«

Die beiden tragischsten Gestalten freilich dürften Axel und Daniela sein. Letztere ist Schweizerin. »Keiner glaubt mir, dass ich kein Schweizerdeutsch kann«, haucht sie. »Aber ich bin aus dem Tessin und habe nur Schriftdeutsch gelernt.« Dann musst du dich doch nur vorstellen, wundert sich Franz. Mit einem italieni- schen Namen sei doch alles klar. »Theoretisch schon«, schluckt Daniela. »Aber ich heiße Karrer, nicht Carraciola.« Ähnlich kom- pliziert verhält es sich mit Axel. Er ist Schwabe und befindet sich daher in der Situation eines Italieners, der Spanisch spricht. Oder umgekehrt. Soll heißen: Die Sprachen sind einander ähnlich, aber eben doch nicht gleich, genauso wie das alemannische Schwäbisch und das alemannische Schweizerdeutsch. Axel darf denn auch besonders häufig vorlesen – offenbar zum stillen Gaudium von Franz.

»Züritüütsch ist Millimeterarbeit«, schärft Franz jetzt Axel ein. »Ihr Schwaben sperrt den Mund viel zu weit auf. Wir Schweizer sind mit allem sparsam. Wir quetschen die Töne eher durch die Lippen. Außerdem verkürzen wir, wo es geht: ›Häsch Ziit‹ ist deutlich kürzer als ›Hast du Zeit‹ und ›öbd magsch‹ ist schneller gesagt als ›ob du vielleicht Lust hast‹.«

Das ist auch anderen nicht verborgen geblieben. Als »very efficient« beschreibt beispielsweise ein englischer Sprachführer das Schweizerdeutsche: »Wenn sie Laute formen, versuchen die Schweizer jede Zungenbewegung zu minimieren«, stellt das Buch lakonisch fest. »Deshalb verschmelzen die Klänge verschiedener Buchstaben schon im Mund miteinander.« Das klingt ein wenig wie die Beschreibung des Genusses von Studentenfutter, wenn knackige Nüsse und weiche Rosinen gleichzeitig im Mund zu einem Brei zermahlen werden. Und so hört sich die Sprache denn auch für Uneingeweihte häufig an.

Da Menschen ihre Umwelt in gut und böse, schön und hässlich teilen, fällen sie auch prinzipiell idiotische Werturteile über hübsch oder abstoßend klingende Sprachen und Dialekte. Italienisch rangiert ganz oben auf der Beliebtheitsskala, bei deutschen Idiomen kommen das Österreichische und das Bayerische ganz gut weg. (Allerdings nur bei Leuten, die sich nie in der Oberpfalz oder im Waldviertel aufgehalten haben.)

Auf dieser Beliebtheitsskala rangiert das Schweizerdeutsche im deutschen Bewusstsein eher im unteren Bereich. Trotz der mitunter als putzig empfundenen Endungen auf -li sprechen böse Zungen von einer Halskrankheit. Schon Martin Luther fühlte sich vom »filzigen, zottigen« Deutsch seines Zürcher Mit-Reformators Ulrich Zwingli abgestoßen. Der ewige Spötter Oscar Wilde schlug genial den Bogen von der Sprache zur gebirgigen Topografie: »Falls ein Schweizer in Versuchung kommt zu sprechen«, meinte er mit einem

Seitenhieb auf die grobkörnigen Rachenlaute der Bergler, »wird ihn niemand verstehen – außer vielleicht ein Geologe.«

Wer freundlicher gestimmt ist, der hält das Schweizerdeutsche mit seinen Verkleinerungen einfach nur für niedlich – und weitet dieses Urteil dann auch gleich auf die Sprecher aus. »Der Deutsche beugt sich über diese Mundart wie über einen Kinderwagen, macht ›Du, du!‹ und sagt dann ›Ist sie nicht herzig?‹«, hat der deutsche Literaturprofessor Dietrich Schwanitz diese Beziehung anschaulich umschrieben. »Das macht den Deutschen zum großen Bruder dieses sprachlichen Babys. Und in komplementärer Weise dazu macht sie die Schweiz zu einem Kinderhort, in dem alles – das Puppenstubenhafte, die Übersichtlichkeit, die lange Friedenszeit, das heißt, die Niedlichkeit von allem – im Reichsdeutschen das Bild der Erfahrungslosigkeit verstärkt, das er sowieso mit der Schweiz verbindet.«

Mit anderen Worten und krass ausgedrückt: In den Augen vieler Deutscher ist der Schweizer, so wie er nun mal klingt, ganz nett, aber ein Depp. Dass er damit total danebenliegt, erlebt der Deutsche ziemlich häufig. Konsequenzen zieht er freilich selten aus dieser Erkenntnis. Den Schweizer seinerseits treibt das Vorurteil gleich doppelt zur Raserei: einerseits, weil er sich zu Unrecht verunglimpft sieht, zum anderen, weil die Ursache für die Schmach ausgerechnet seine geliebte Muttersprache ist.

Sein Dialekt ist der »Augapfel« des Schweizers und zugleich seine »Achillesferse«, hat der Schweizer Autor Bruno Ziauddin erkannt. Augapfel, weil er diese Sprache liebt wie seine Mutter und weil sie seine Identität definiert. Achillesferse, weil der Dialekt ihn unter Fremden immer wieder in Peinlichkeiten stürzt. Denn er weiß, wie seine Muttersprache in deutschen Ohren klingt. Deshalb verfallen Schweizer bei der Begegnung mit Germanen reflexhaft in eine gestelzte schriftdeutsche Aussprache – und sofort kocht glühender Hass in ihnen hoch: sowohl auf sich selbst, weil sie sich in vorauseilender Unterwürfigkeit verbiegen, als auch auf das Gegenüber, das allerdings häufig gar nicht weiß, was sich in der Seele des Schweizers abspielt. Man muss kein Psychotherapeut sein, um zu wissen, dass derart gespaltene Emotionen auf Dauer nicht gesund sein können.

Vielleicht liegt hier die Ursache, dass Franz uns beiden Germanen grundsätzlich keine Hoffnung macht, jemals akzentfrei irgendeine Variante des Schweizerdeutschen sprechen zu können. Die Schlussfolgerung allerdings, dass unsere Aussprache in diesem Fall wohl egal sei, weil sicher irgendwo ein Schweizer genauso redet wie wir, lässt Franz nicht gelten. »Eure Sprachwerkzeuge – die Zunge, der Kehlkopf, die Zähne – haben sich im Laufe der Geschichte falsch entwickelt, da könnt ihr nichts machen«, sagt er und zieht bedauernd die Achseln hoch. »Ganz genau«, mischt sich Petra ein. »Im Krieg haben wir in Holland verdächtige Personen das Wort ›Scheveningen‹ aussprechen lassen. Wer das ›Ch‹ nicht richtig konnte, war wahrscheinlich ein deutscher Spion.« Da konnten die Holländer von Glück sagen, dass es keine Schweizer Freiwilligen in der Wehrmacht gab. Sie hätten diesen Test bestanden. Wer fehlerfrei Chuchichäschtli hervorbringt, für den ist S-cheveningen ein »Chlakchs«.

Interessant ist Franz' Theorie schon, die besagt, dass man quasi genetisch programmiert sein muss für bestimmte Sprachen. Findet man nicht viele Franzosen – siehe François Hollande – mit permanent gespitzten Lippen? Haben Amerikaner – siehe George W. Bush – nicht grundsätzlich breite Münder? Werden sie damit geboren? Oder zwingt die Sprache der Anatomie die Form auf? Einen Hinweis gibt die südafrikanische Sprache mit dem merkwürdigen Namen !Xoo. Sie schreibt sich wirklich mit einem Ausrufezeichen am Anfang, denn das ist der Buchstabe für die verschiedenen Knacklaute, die hinten im Gaumen erzeugt werden und für die das Idiom berühmt ist. Wissenschaftler haben herausgefunden, dass !Xoo-Sprecher weltweit die einzigen Menschen mit einem Knoten in den Stimmbändern sind. Ohne Knoten kein Knacken: Die Sprache formt sich den Menschen. Denn auch der Umkehrschluss trifft zu: Wer das Knacken erlernt, kriegt einen Knoten. Oder, wie es die Designer sagen würden: Form follows function. Hier aber liegt die Chance für Axel, für mich und für all die anderen Teutonen, die eintauchen wollen in die Welt des Schweizerdeutschen. Ja, auch wir können es schaffen, akzentfrei jeden Laut zu produzieren, den die Sprache uns entgegenstellt – und dann wehe euch Scheveningern. Es braucht nur Übung und Geduld, selbst wenn es noch so kratzt im Hals. Und das beantwortet letztlich auch die Frage, ob wir Schwyzerdütsch lernen sollen: natürlich. Denn gegen Halsschmerzen gibt es Kräuterbonbons.

Und wer hat die erfunden? Eben.

# Nightlife mit Weißbrot und geschmolzenem Käse: **Mit dem Fonduetram durch Zürich**

Schon komisch, dass Christy jetzt misstrauisch die Nase über ihrem Teller rümpft. Eigentlich sind Chinesen doch gar nicht heikel beim Essen, schon gar nicht jene, die aus dem Süden des Landes kommen. Sie essen alles mit zwei Flügeln, außer Flugzeugen, heißt es. Und alles mit vier Beinen, außer Küchentischen. Christy kommt aus Hongkong, und da sind der kulinarischen Fantasie wahrlich keine Grenzen gesetzt.

Nur bei Milchprodukten hört der Spaß auf, und dies gilt insbesondere für Käse. Die Abneigung geht so weit, dass Europäer für chinesische Nasen nach überreifem Brie müffeln, mithin Schweißfüßen nicht unähnlich. Es war also vielleicht doch keine so gute Idee gewesen, die Freundin meiner Tochter zu einem Fondue einzuladen, wenn sie schon mal aus Hongkong zu Besuch nach Zürich kam.

Christy ernährt sich an diesem Abend folgerichtig von trockenem Weißbrot, atmet sichtlich flach durch den Mund und starrt angestrengt aus dem regennassen Fenster, an dem schon zum dritten Mal der Bahnhofplatz vorbeizieht. Es ist ihr ja nicht zu verdenken: Warmer Käsebrei dürfte auf sie ähnlich appetitzügelnd wirken wie auf uns gebratene Hühnerdärme oder faschiertes Schlangenherz. Bei jeder Weiche rumpelt der Wagen und der Käse im Rechaud schwappt leicht hoch. Bei Christy löst dies einen ähnlichen Reflex aus.

Dabei ist es eigentlich die perfekte Kombination, wenn man die Schweiz und ihre Vorlieben kennenlernen will: eine Fahrt mit dem Zürcher Fonduetram. Schweizer lieben Schienenfahrzeuge jeder Art, und sie stehen auf Käse. Im ersten Fall spricht man von Ferro-

Sexualität, wobei nicht klar ist, ob es sich lediglich um einen Fachbegriff handelt oder um einen klinischen Befund. Im zweiten Fall haben die Eidgenossen es zur Weltführung gebracht – bei Weichgenauso wie bei Hartkäsen. Damit stellen sie die Holländer als auch die Franzosen in den Schatten, die nur bei jeweils einer Variante wirklich mithalten können: hier Edamer, dort Camembert.

Nur bei den Emmentalern ist etwas schiefgelaufen. Weil sie den Namen des wohl archetypisch helvetischsten aller Käse nicht schützen konnten, gibt es nun finnischen Emmentaler. Zur Vergeltung brennen die Emmentaler einen Emmentaler Single Malt Whisky. Dem Vernehmen nach hält er dem Vergleich mit dem schottischen Original eher stand als der finnische Käse dem mit dem schweizerischen.

Wir haben keine harten Getränke zu unserem Fondue bestellt, sondern nippen an heißem, schwarzem Tee, wie es uns von Experten geraten worden war. Der geschmolzene Käse, so erklärte man uns, habe die Tendenz, sich im Magen zur Konsistenz eines Marmorbrockens zu verfestigen, an dem sich noch die aggressivste Magensäure gewissermaßen die Zähne ausbeiße. Tee verhindert angeblich diesen fossilisierenden Prozess. Wir sind gespannt.

Die Kombination Tram und Käse mag zwar nach einer unschlagbaren Verbindung klingen, aber offenbar nicht unbedingt in schweizerischen Ohren. Außer uns Vieren sitzen nur noch zwei weitere Gäste in der Straßenbahn. Bei dem Pärchen handelt es sich ebenfalls um Deutsche, und auch der beinahe schon österreichisch überschwänglich freundliche Kellner stammt aus dem Großen Kanton. Der einzige Schweizer an Bord ist der Fahrer, der die gruyère-gelb gestrichene Straßenbahn durch den Zürcher Feierabendverkehr lenkt.

Bei aller Liebe zu ihrem Tram halten Zürcher den Genuss eines Fondues in einer Straßenbahn für ziemlich kitschig, oder »cheesy«, wie es die Angelsachsen in diesem Fall recht zutreffend nennen würden. Auch andere Spezialtouren der Zürcher Verkehrsbetriebe überlassen sie lieber Zugereisten und Touristen. Dazu gehört der Züritüütsch-Kurs, bei dem man zwischen Bellevue-Platz und Bahnhof Oerlikon die Grundzüge des lokalen Dialektes erlernen kann.

Was Schweizer im Allgemeinen und die Bürger von Zürich im Besonderen im ÖV, dem Öffentlichen Verkehr, viel lieber tun, ist flirten. Es war nur eine Frage der Zeit, bis die Zürcher Verkehrsbetriebe eine Dating-Webseite einrichteten. Über sie hoffen sich jene Tram-, Bus- und Zugpassagiere wiederzufinden, die einander schüchtern zugelächelt, sich aber nicht angesprochen hatten. So kann man dort rührende Einträge lesen wie diesen: »Du bist in Höngg ausgestiegen, obwohl ich doch mit dir noch bis China gefahren wäre.« Wenn zwei Turteltauben zueinandergefunden haben, können sie sich auf ein Fondue verabreden – gerne auch auf einem Schiff oder in einer Seilbahn. Da langen dann auch Schweizer zu.

Die Passanten auf den vor Nässe glitzernden Straßen mustern uns mit einer Mischung aus Spott und Verachtung, wenn wir an ihnen vorüberrattern. Aus ihrer Warte muss es wirklich ziemlich dekadent aussehen, wie wir da hinter Rüschenvorhängen in einem Straßenbahnwaggon an einem mit Blumen geschmückten Tischchen sitzen und unser Brot in den Käsekessel tunken. Ein wenig wie in einem Orient-Express für Arme. Noch weniger gut kommt es an, als ich versuchsweise huldvoll mit der Rechten den Leuten draußen im Regen zuwinke. Schweizer sind und bleiben nun einmal eingefleischte Republikaner.

Wir sind mittlerweile beim zweiten Brotkorb angelangt – Christy muss schließlich auch satt werden –, als ein grundsätzliches Problem offenkundig wird. Ein ausgedehntes Fondue-Essen mit Apéritif, Vorspeisenplatte, Nachtisch und Verdauungsobstler passt nicht in eine vergleichsweise kleine Stadt wie Zürich. Seien wir mal ehrlich: Die Schokoladenseiten sind schnell aufgezählt – Bellevue, Limmatquai, Bahnhofplatz, Bahnhofstraße, Bürkliplatz, Quaibrücke und wieder Bellevue. Wieder und wieder dreht unser Tram dieselbe Runde, was alsbald dazu führt, dass wir uns mehr und mehr auf den brodelnden Käse vor unserer Nase konzentrieren statt auf die Sehenswürdigkeiten vor der Fensterscheibe.

Nur ein einziges Mal bricht unser Fahrer aus diesem Karree aus und unternimmt einen kühnen Abstecher in Richtung SRF-Studios und Oerlikon. Doch rasch kehrt er reumütig auf die ausgetretenen

Pfade im Stadtzentrum zurück. Immerhin legt er neben der öffentlichen Toilette am Bellevue-Platz eine Rauch- und Pinkelpause ein. Bei dieser Gelegenheit könnten wir uns am Kiosk mit einer Cervelat versorgen, aber der Käse in unserem Magen hat trotz der unzähligen Tassen Tees bereits begonnen, sich in Stein zu verwandeln. Hoffnungsvoll blicken wir dem Digéstif entgegen.

So sehr das Fondue weltweit mit der Schweiz gleichgesetzt wird, so wenig ist es traditionell oder gar historisch in der Eidgenossenschaft verankert. Niemand kann genau sagen, wer es erfunden hat. Es ist ja kein wegweisender gastronomischer Quantensprung, Käse zu schmelzen. Ein reifer Camembert schafft das von allein, und auch der rassigste Appenzeller wird bei genügend Sonneneinstrahlung weich.

Schon der Name, der sich vom französischen Verb »fondre« (schmelzen) ableitet, weist auf zumindest westschweizerischen Ursprung hin. In Savoyen und im Piemont wird noch heute ein kulinarisch raffiniertes Fondue mit Knoblauch, Pfeffer und Kirschwasser angerührt. Im italienischen Aostatal fügt man dem Fontina-Käse Butter, Eigelb, Milch und weiße Trüffeln zu – nicht unbedingt ein Diätgericht.

Spätere Versuche, das vermeintlich uralte schweizerische Nationalgericht nachträglich zu helvetisieren, waren halbherzig und von vornherein zum Scheitern verurteilt. Sicher, möglich ist es schon, dass Schweizer Sennen an langen Sommerabenden Stücke von selbst gebackenem Brot in geschmolzenen Käse tunkten, den sie oben auf der Alp produzierten. Zum klassischen Wintergericht wurde Fondue, als sie das Rezept den Daheimgebliebenen verrieten. Aber schon die Geschichte, dass Schweizer Mönche das Fondue erfanden, um das Gebot zu umgehen, das ihnen feste Speisen während der Fastenzeit untersagte, klingt mehr nach einer frommen Legende als nach harter Faktenlage. Sehr weit hergeholt mutet schließlich auch die Theorie an, dass das Fondue auf die legendäre Kappeler Milchsuppe zurückgeht, mit der Innerschweizer und Zürcher Truppen 1529 einen bitteren Bruderkampf vermieden. Wie der Name schon sagt, beinhaltete diese Suppe nur Milch und Brot – gestiftet jeweils von Zuger und von Zürcher Söldnern. Von Käse war zu keiner Zeit die Rede.

Zu einem Schweizer Nationalgericht wurde das Fondue erstaunlicherweise erst in den 1950er-Jahren – also kurz bevor auch deutsche Wirtschaftswunderfamilien anfingen, aufwendige Rechauds auf ihren Nierentischen aufzubauen. Den Durchbruch ermöglichte, wie oft in der Eidgenossenschaft, die Armee. Erst als die Truppe das Fondue in ihre Kochbücher aufnahm, erhielt es gewissermaßen einen patriotischen Segen.

Kaum war der Fondue-Zug angerollt, sprang auch schon der Verband Schweizer Käsereien mit einer Werbekampagne auf. Diese ist ein schlagkräftiger Beweis dafür, dass Reklame umso nachhaltiger wirkt, je dämlicher sie formuliert ist. Die Käsehändler verwirrten nämlich ihre Landsleute mit einer sinnlosen Abkürzung, die noch nicht einmal den Vorteil hatte, das man sie sich leicht einprägen konnte: FIGUGEGL. Das stand für »Fondue isch guet und git e gueti Luune«. Man muss noch nicht einmal im Hochdeutschen die Buchstabenfolge abändern: »Fondue ist gut und gibt eine gute Laune«. Zur selben Zeit wurde in Deutschland mit ähnlich schwachsinnigen Sprüchen wie »Wer wird denn gleich in die Luft gehen« und »Das ist einen Asbach Uralt wert« für Zigaretten und Weinbrand geworben. Vermutlich sind diese Slogans gerade deshalb in den allgemeinen Wortschatz eingegangen. FIGUGEGL wiederum zaubert auch jungen Schweizern ein wissendes Lächeln ins Gesicht – vor allem, nachdem es in den 1990er-Jahren zu RIGUGEGL erweitert wurde: Raclette ist gut und gibt eine gute Laune.

Ich kann mich nicht erinnern, wie viele Runden wir nun schon mit unserem Käse-Tram durch die Innenstadt gedreht haben. Der Käse, vor allem aber der Obstbrand, dem wir doch reichlich zugesprochen haben, hat meine Sinne verwirrt. Mit einem leichten Quietschen bringt unser Fahrer den Waggon am Bellevue-Platz zum Stehen, von wo wir vor drei Stunden unsere Fahrt begonnen haben. Ich fühle mich ein wenig wie einer jener unglückseligen spanischen Konquistadoren, denen die Azteken flüssiges Gold in den Rachen träufelten, worauf sie warteten, bis es sich in ihrem Leib wieder festigte. Dass es meiner Frau und meiner Tochter nicht viel anders ergeht, erkenne ich daran, dass sie wie Steine von der untersten Stufe der Straßenbahn auf das Pflaster klatschen.

Nur Christy lächelt befreit, ja selig. Tief und glücklich atmet sie die schadstoffgefüllte Luft ein. Ihr muss es vorkommen wie kristallklare Alpenluft, versetzt mit Fichtenduft. Meine Frau hat die Geistesgegenwart besessen, noch einen Prospekt aus der Straßenbahn mitzunehmen. Wortlos deutet sie nun mit dem Finger auf eine Seite. Ja, da hat sie recht. Das sollten wir beim nächsten Mal machen: eine Fahrt mit einem Sushi-Tram. Nicht zuletzt im Interesse von Christy.

## Demokratie im Kälteschock: **Nicht zitternd, sondern erhaben**

Was, zum Teufel, mache ich eigentlich hier? Warum bin ich nicht zu Hause geblieben – auf der Couch, mit ein paar dicken Zeitungen und einer heißen Tasse Tee? Nicht zum ersten Mal kaue ich an diesem erbärmlichen Sonntagvormittag auf diesen Fragen herum. Niemanden würde man bei so einem Wetter vor die Tür schicken. Denn es ist kalt und neblig, es regnet ohne Unterlass, und ich sitze schon seit Stunden mehr oder minder reglos unter freiem Himmel inmitten einer riesigen Menschenmenge, der die misslichen klimatischen Umstände nichts anzuhaben scheint. Die Leute schielen weder auf die Uhr noch sehnsüchtig auf die Ausgänge an den Seiten des Platzes. Sie müssen imprägniert sein. Und auch andere Teile ihrer Anatomie scheinen besser konstruiert zu sein als bei mir. Die harten Biergartenbänke scheinen ihnen jedenfalls nicht in den Steiß zu drücken.

Stünde mir der Sinn danach, könnte ich mit wissenschaftlicher Freude beobachten, wie viele verschiedene Arten von Regen es gibt: einen ganz feinen wie ein gerade mal fühlbarer wässriger Hauch – der aber penetrant jedes Kleidungsstück bis auf die Haut durchdringt; einen Platzregen mit prallen, dicken Tropfen, die beim Auftreffen auf einer festen Oberfläche – meiner Kopfhaut zum Beispiel – detonieren wie kleine Wasserbomben oder sich, wenn der Wind auffrischt, in hauchfeine Akupunktur-Nadeln verwandeln, die Wangen aufritzen und Hände krebsrot anlaufen lassen.

Natürlich habe ich mich falsch angezogen. Wie immer, würde meine Frau sagen. Sie stammt aus Russland, und dort wissen Frauen intuitiv, dass geistig noch nicht voll ausgereifte Exemplare der Spezies Homo sapiens – wie beispielsweise Kleinkinder und Männer – immer dazu angehalten werden müssen, sich warm anzuziehen – schon in deren Eigeninteresse. Ich aber trage nur einen leichten Regenmantel, einen sogenannten Staubmantel, wie man das in meinem Elternhaus nannte. Erst viel später hatte ich die Bedeutung dieses Namens begriffen: Ein Staubmantel hält keinen Wind, keine Kälte und Nässe ab, sondern nur Staub. Im Grunde genommen könnte man sich genauso gut in eine Plastikfolie einwickeln, um den Anzug vor Verunreinigungen zu schützen.

Aber wer hätte denn ahnen können, dass es im Mai noch so kalt werden könnte. Das war schließlich auch seinerzeit die Überlegung der Bürger von Glarus gewesen, als sie bewusst den ersten Sonntag im Mai als Termin für ihre Landsgemeinde auswählten. So heißt die jährliche Zusammenkunft unter freiem Himmel, bei der die stimmberechtigten Bürgerinnen und Bürger die in den zurückliegenden zwölf Monaten aufgelaufenen politischen Geschäfte behandeln, besprechen und zur Abstimmung bringen, welche das Parlament ausgearbeitet und nun dem Souverän demütig zur gnädigen Billigung – oder Ablehnung – vorlegt. Anderswo hatte früher ein Fürst das letzte Wort, er konnte auf die Volksvertretung pfeifen. Hier aber haben der Elektromeister und die Friseuse das letzte Wort, denn sie vertreten sich selbst.

Traditionell kommt man zu diesem politischen Geschäft auf dem Marktplatz von Glarus zusammen, der heute »Ring« heißt, als ob hier ein Wettkampf stattfinden solle. Aber einen Wettkampf wird es ja tatsächlich geben, einen Wettkampf der Gedanken und Argumente. Soldaten in Kampfuniform kontrollieren die Zugänge zum »Ring« und überprüfen, dass auch nur Bürgerinnen und Bürger mit Stimmausweis oder besonderer Einladung den Platz betreten. Es gibt reservierte Bänke für die Honoratioren – Landrat, Kantonsgericht, Geistlichkeit – und für Gehörlose. In der Mitte erhebt sich ein Podium, auf dem die Regierung in Gestalt des Landammanns Platz genommen hat. Er wird von zwei Schreibern assistiert, die mit ihren tief über die Papiere gebückten Rücken aussehen, als ob man sie sich für den Tag aus einem Roman von Gottfried Keller ausgeborgt hätte.

Die da oben sind die Einzigen, die in den Genuss eines Regendaches kommen. Wir hier unten müssen uns mit den meteorologischen Widrigkeiten herumschlagen. Das Wetter in den Bergen ist eben unberechenbar, und Berge gibt es viele hier. Hoch ragen sie auf beiden Seiten des engen Tales in den wolkenschweren Himmel. Wie kann man hier nur leben? Ich komme mir vor wie in einem steineren Sack, aus dem man nur auf einer Seite herausschlüpfen kann. Denn der Hinterausgang, der Klausenpass, ist sowieso die meiste Zeit des Jahres gesperrt. Auch jetzt liegt dort wieder Schnee.

Zu Beginn der Versammlung war die vieltausendköpfige Gruppe vereidigt worden. Alle reckten die rechte Schwurhand mit den drei Fingern dem grauen Himmel entgegen, trotzig und selbstbewusst wie einst die legendären drei Männer auf der Rütliwiese. Der Ammann stellte Land und Volk von Glarus noch schnell »unter den Machtschutz Gottes« – und dann konnte es losgehen.

Das muss vor einer Ewigkeit gewesen sein, denke ich mir, derweil ich mir die klatschnassen Haare aus dem Gesicht wische. Insgesamt 17 Punkte umfasst die Tagesordnung, und wir haben nun gerade mal den fünften Punkt (Änderung des Gesetzes über die Einführung des Schweizerischen Zivilgesetzbuches im Kanton Glarus, Immobiliensachrecht) abgehakt – Gott sei dank per Akklamation und ohne jegliche Aussprache. Eine kurze Debatte war aufgeflammt beim Antrag des Paul Häusermann aus Näfels, tote Glarnerinnen und Glarner wieder wie einst auf Kosten des Kantons zu bestatten. Eine »Überwälzung der Kosten auf die Hinterbliebenen« sei ein »Verlust unserer kulturellen Eigenart und unserer Volkskultur«, hatte er argumentiert. Aber er war nicht durchgekommen. Vielleicht hatte es die Wähler abgeschreckt, dass dann auch herrenlos auf Glarner Territorium aufgefundene kantonsfremde Leichen auf Staatskosten beerdigt werden müssten.

Reibungslos durchgewinkt hatte man auch die Steuersätze für das kommende Jahr. Als ich meinem Banknachbarn zu verstehen geben wollte, für wie außergewöhnlich ich es hielte, dass Wähler selbst über ihre Steuerlast befinden könnten, ergab sich einer jener Momente grundlegender kultureller Unvereinbarkeit, wie sie im

Zeitalter der Entdeckungen an der Tagesordnung gewesen sein müssen, als in Blechbüchsen gehüllte spanische Konquistadoren auf unbekleidete Eingeborene trafen. Der Glarner jedenfalls hatte mich angesehen, als ob ich es gerade als bemerkenswert bezeichnet hätte, dass Menschen mit Lungen und nicht durch Kiemen atmeten. Wer sonst sollte denn die Steuersätze festlegen, wenn nicht der Steuerzahler?

»Traktandenliste« nennt man so eine Tagesordnung in der Schweiz. Unter den gegebenen Umständen ein kluges Wort, denn ich fühle mich traktiert wie in einer missratenen Kneippkur: kalte Güsse, gefolgt von noch eisigeren Brausen, unterbrochen von langwierigen Ausführungen in einem schwer verständlichen Dialekt.

Neidisch wandern meine Blicke die Fassaden rings um den Landsgemeindeplatz entlang. An fast allen Fenstern stehen Menschen. Sie haben es warm, sie haben zu essen, sie haben zu trinken, und sie können aufs Klo. Aber sie sind auch nur Schaulustige. Von dort oben können sie nicht eingreifen in den demokratischen Prozess. Die an den Fenstern sind gar keine Glarner. Einer hat sogar eine australische Fahne am Fenstersims befestigt. Pah, was verstehen die schon von direkter Demokratie. Die schaffen es ja noch nicht einmal, ihre Königin abzusetzen.

Trotz der Kälte in meinen Knochen wird mir allmählich warm ums Herz, und das nicht nur, weil man mir eine spezielle, leckere Wurst versprochen hat, wenn ich brav bis zum Ende ausharre. Ich bin beeindruckt von der Ernsthaftigkeit und Ausdauer der »hoch vertrauten, lieben Mit-Landsleute«, die hier die Geschäfte abwickeln. Niemand verlässt den Platz, um Schutz zu suchen vor den Elementen. Denn das hier ist Business, wichtiges Business. Seit 625 Jahren kommt man jedes Jahr auf diesem Platz zusammen, um »zu raten, zu mindern und zu mehren«. Es geht hier, wie man so schön sagt, um die Wurst, manchmal auch buchstäblich. Einmal, 1920 ist es gewesen, verabschiedete die Landsgemeinde feierlich das Rezept für jene legendäre Chalberwurst, die man mir verheißen hatte. Man wollte sie vor Nachahmern schützen. Im Jahr 1920, geht es mir durch den Kopf, also zwei Jahre nach dem Ende des Ersten Weltkriegs, konnten die meisten anderen Europäer von Würsten nur träumen. Ähnliches galt für die Beteiligung der diversen Völker am politischen Prozess.

Als der Weibel wiederum mit einer Faust voll Redemeldungen das Podium in der Mitte des Platzes erklimmt, glaube ich zu hören, wie ein Aufstöhnen durch die Menge geht. Es ist aber nur mein eigenes Stöhnen, das zurückgeworfen wird vom Dach der Regenschirme, die meine Nebenmänner über mich halten. Nicht, dass die Schirme langfristig einen Schutz böten. Beim Abstimmen werden sie zugeklappt, damit der Landammann auf dem Podium die Mehrheitsverhältnisse abschätzen kann. Wenn die Stimmenmehrheit aber einmal auf den ersten, zweiten oder gar dritten Blick nicht ersichtlich ist, bittet er seine vier Kabinettskollegen zu sich herauf. Die Minister postieren sich – in Gehrock und Zylinder die Herren, im kleinen Schwarzen mit gewagten Hut-Kreationen die Damen – an den vier Ecken des Podiums und inspizieren jeweils ein Segment des Plenums. Es geht, so scheint es, auch ohne Hammelsprung und Elektronik.

Nur noch in Appenzell-Innerrhoden stimmen die Bürger derart archaisch basisdemokratisch ab. Aber auch dort tun sie es nicht mehr mit dem Säbel, der früher vom Vater auf den Sohn vererbt wurde und Ausdruck freien Bürgertums war. Inzwischen lassen die Appenzeller sogar Frauen in die Politik. Angeblich drohten die, mit dem Nudelholz zu den Volksversammlungen zu kommen, als ihnen die Männer das Stimmrecht abermals mit dem Hinweis verwehrten, dass ihnen der wichtigste Bestandteil dafür fehlte. Nein, nicht der Verstand, der Säbel.

Wir hier in Glarus sind inzwischen bei Punkt 14 angelangt: Einführungsgesetz zum Bundesgesetz betreffend die Lotterien und die gewerbsmäßigen Wetten. Niemand nimmt Rücksicht darauf, dass meine Füße sich anfühlen wie Mammut-Beine im Permafrost. Hinter dem dichten Regenvorhang ist die australische Fahne nur mehr schemenhaft zu erkennen. Aber das alles spielt keine Rolle, denn nun geht es um das teuerste Gut überhaupt, um das Geld: Wer soll wie viel aus den Glücksspieleinnahmen erhalten – der Breitensport, die Kultur, das Soziale –, und wer soll das entscheiden? Das klingt in Gemeinderäten und Parlamenten auf der ganzen Welt zwar genauso, nur mit zwei Unterschieden: Anderswo ist geheizt, und hier argumentieren die Leute, die es direkt betrifft – der Trainer der Fußballjugend, der Kurator des Heimatmuseums, die Krankenpflegerin.

»Deutsch sein heißt, eine Sache um ihrer selbst willen zu tun«, soll Richard Wagner gesagt haben. Nun, der hat ja lange in Zürich gelebt, vielleicht war er auch mal in Glarus und hat sich dort zu der Bemerkung inspirieren lassen. Denn obwohl die Chalberwürste in ihren Sudkesseln bestimmt schon längst heiß sind, zeigen sich in der Menge keine Ermattungserscheinungen. Das Beharrungsvermögen mag wohl auch dem Umstand geschuldet sein, dass man das umstrittenste Thema ganz bewusst als letztes auf die Traktandenliste gesetzt hatte: Sollen Hunde überall im Kanton an die Leine genommen werden?

»Das ist wie in einem Konzert in der Tonhalle in Zürich«, hatte mir mein Sitznachbar auf der harten Holzbank das Konzept erklärt. »Da muss man das populärste Stück auch ans Ende stellen, den Tschaikowsky oder so. Den modernen Seich, den niemand hören mag, klemmt man dazwischen, gleich nach der Mozart-Ouvertüre und noch vor der Pause. Damit keiner wegrennt.«

So musikalisch ist mir Politik noch nie erklärt worden, und selten eingängiger und logischer. Persönlich kann ich die Aussprache zum letzten Punkt auf der Traktandenliste nicht unvoreingenommen beurteilen. Ich habe selber einen Hund. Nur so viel: Wie der Rest der Welt zerfällt auch Glarus grundsätzlich in zwei einander befehdende Menschengruppen – Katzenliebhaber und Hundebesitzer. Die Abstimmungsergebnisse fallen denn auch entsprechend knapp aus und werden keine der beiden Gruppen ganz glücklich machen. Aber Politik ist letztlich immer auch Kompromiss.

Endlich ist es vorbei, der Ammann löst die Versammlung auf. Obwohl mir beim Aufstehen die Knochen knacken, als ob sie eine Eiskruste wegzusprengen hätten, kann ich doch ein Gefühl der Befriedigung nicht unterdrücken. Nicht, dass ich ein einziges Mal die Hand gehoben hätte, um dem Polizeigesetz zum Durchbruch zu verhelfen oder die Bahnverbindung nach Zürich zu beschleunigen. Als Nicht-Stimmbürger wäre mir das sicher nicht gut bekommen. Wahrscheinlich hätte mir ein nicht angeketteter Glarner Kampfhund in die Stimmhand gebissen.

Aber ich kann nachvollziehen, was ich in den Gesichtern der Männer und Frauen lese, die jetzt langsam den »Ring« durch die Holzschranken verlassen und entweder ihren Wohnungen oder einem Gasthaus zustreben, wo Chalberwürste mit gedörrten Zwetschgen und Kartoffelbrei auf sie warten. In ihren Gesichtern steht Befriedigung, wie nach einem gelungenen Tagwerk. Das gute Gefühl, etwas geleistet zu haben – ein Gefühl, wie man es nicht empfindet, wenn man nur einmal alle vier Jahre in einer kahlen Turnhalle in der Grundschule unten an der Ecke einen Stimmzettel in eine Urne wirft. Falls man sich überhaupt die Mühe macht, dorthin zu gehen, wenn es am Wahlsonntag regnet.